给大忙人读的易经

指点生活迷津的圣典
体悟人生奥秘的学问

孙颢/编著

企业管理出版社
ENTERPRISE MANAGEMENT PUBLISHING HOUSE

图书在版编目（CIP）数据

给大忙人读的《易经》/孙颢编著．—北京：
企业管理出版社，2010.5
ISBN 978－7－80255－519－8

Ⅰ.①给… Ⅱ.①孙… Ⅲ.①周易—通俗读物 Ⅳ.①B221－49

中国版本图书馆 CIP 数据核字（2010）第 072531 号

书　　名：	给大忙人读的《易经》
作　　者：	孙　颢
责任编辑：	灵　均
书　　号：	ISBN 978－7－80255－519－8
出版发行：	企业管理出版社
地　　址：	北京市海淀区紫竹院南路 17 号　邮编：100048
网　　址：	http：//www.emph.cn
电　　话：	出版部 68414643　发行部 68467871　编辑部 68428387
电子信箱：	80147@sina.com　zbs@emph.cn
印　　刷：	北京东海印刷有限公司
经　　销：	新华书店
规　　格：	170×240 毫米　16 开本　18 印张　260 千字
版　　次：	2010 年 6 月第 1 版　2010 年 6 月第 1 次印刷
定　　价：	32.00 元

版权所有　翻印必究·印装有误　负责调换

前言 Preface

《易经》是一部奇书，它讲象数，讲义理，同时也讲占筮，讲命理，讲风水。正因为它的博大精深，也因为它身上那一层揭之不掉的神秘外衣，几千年来，人们膜拜它、研究它、利用它、怀疑它、批判它。但时至今日，谁也不敢妄言已经看清了它的本来面目。

但是《易经》也绝非不可解读，即使我们不能完全还原其本义，至少可以以自己的视角去体悟它，只要你找到了这样一个"进入"《易经》的门径，你就能徜徉其中，并能从中汲取丰富的智慧营养。有人说，读《易经》，哲学家能悟得思辨，史学家能悟得历史，政治家能悟得治世，军事家能悟得兵法，企业家能悟得经营与管理的真义，普通人也能悟得人生处世的良方。其实，悟的过程本身就是一种收获，是一种追求真理、不断接近真理的享受。

一阴一阳之谓道，一奇一偶之谓数，从《易经》中我们也能体悟到"祸兮福所倚，福兮祸所伏"的道理。天地间任何事物都包含着矛盾的两个基本面，并在相互的转化中发展。能从《易经》中悟得这一点，我们就能永远谋动在先，占得先机。

《易经》是经典中之经典，哲学中之哲学。同时他离我们普通人的生活也并不遥远。它还是一面激励人们奋发向上的重棰战鼓，身处逆境者更能从中汲取源源不断的生活的智慧和前进的动力。我们品读《易经》，体悟《易经》，也完全可以以之来谋划和指导我们的事业和生活。

为了使汲汲于事业的大忙人们能够理解《易经》，深悟《易经》，我们将对每一卦的解释分为四个部分：

一是摘录该卦卦辞和易传的原文，并予以提纲挈领式的解说，使读者可以初步领会卦辞的意义。

二是对每一爻的意义都逐一解释，至少提出一家之言，供读者作为领悟和进一步研究的参考。

三是就作者的个人理解，从中挖掘其象证意义和引申意义，并力图与我们的生活实际相结合，给出忠告，给出警示。

四是以活生生的实例，给该卦的意义以具体生动的旁解。例子古今中外不拘一格，只要把道理说清、说透，能便于读者对该卦的理解即可。

对于大多数人来说，《易经》称得上一部天书，读解之难正是构成"《易经》热"的要素之一。当然，我们读《易经》不能抱着凑热闹的心态，而应以十二分的虔诚和用心，只要你心有所指，相信必能悟有所得。

一千个人读《易经》，会有一千种不同的感悟和收获，对于生活境遇千差万别，在名利场中挣扎的现代人更是如此。相信这本《给大忙人读的＜易经＞》一定能给你以有益的启示。

编著者

2010年5月

目 录 Contents

乾卦第一 ☰乾下乾上——人生在世应奋发图强 ……………………（1）
　　[心得] 乾卦的精神实质，在于勉励人们效法"天"的刚健努力，奋发向上，勇往直前，事必有成。

坤卦第二 ☷坤下坤上——为人处世要宽大为怀 ……………………（7）
　　[心得] 君子应当效法大地，以宽厚的德行，负载万物。做人首先要宽厚为怀，这是基础。

屯卦第三 ☳震下坎上——万物初生步履维艰 ……………………（12）
　　[心得] 开创事业，举步维艰，但只要志坚不变，定能建功立业。

蒙卦第四 ☵坎下艮上——启蒙发智需正确教导 ……………………（17）
　　[心得] 成就事业、立足社会的第一步必须先解除自己的蒙昧状态。

需卦第五 ☰乾下坎上——等待也是一种智慧 ……………………（22）
　　[心得] 在事物的发展进程中遇到困难时，要审时度势，耐心地等待时机。能进则进，如果不能前进时，要善于等待。

讼卦第六 ☵坎下乾上——不争为上和为贵 ……………………（26）
　　[心得] 人际交往中，要注意理顺各种关系，从事情的起端就止息

事端，消弭芥蒂，防患于未然，免得自陷于争讼之泥淖，难以自拔。

师卦第七☷坎下坤上——获得人心是最大的财富……………（31）
　　[心得]"名正言顺"——这既可以增强自身军队的凝聚力和战斗力，甚至可以决定人心向背，以及最终的成功和失败。

比卦第八☷坤下坎上——帮助别人就是帮助自己……………（35）
　　[心得]人家来亲附你，你想将自己的人际圈子扩大，你想团结更多的人，那就要帮助别人，而且要慷慨地帮助。

小畜卦第九☷乾下巽上——时机未到应守正待时……………（39）
　　[心得]由于内因而受挫停滞时，应一本初衷，返归正道；以中庸、诚信结交同志携手共进，但不可与志向不同的人谋道。

履卦第十☷兑下乾上——谨慎行事可一生平安……………（44）
　　[心得]人处世上，危机四伏，但只要谨慎小心，循礼而行，则可化险为夷。

泰卦第十一☷乾下坤上——顺应规律可永保泰势……………（48）
　　[心得]成往败来，败往成来。事物都在成败的交替中轮回、递进、发展。

否卦第十二☷坤下乾上——身处劣势应灵活应对……………（53）
　　[心得]君子在否闭之时，应收敛锋芒，不形于外，以免在形势不利时目标太大，被小人围攻而衰亡。

同人卦第十三☷离下乾上——精诚团结可战胜一切……………（57）
　　[心得]为了成就大业，除了避免内部互相争斗之外，团结一切可以团结的力量，必不可少。

大有卦第十四☷乾下离上——顺应规律得硕果……………（61）

[心得]"大有"是因为诚信所致，只有以诚待人，以信为本，才能实现"大有"。

谦卦第十五☷☶艮下坤上——谦虚做人终自益 ……………………（65）
　　[心得]谦逊的人不仅可以长进学业，而且可以增益道德修养；同时，又可以免除灾祸。

豫卦第十六☷☳坤下震上——得意不可忘形 …………………………（69）
　　[心得]千万不可让一时的胜利冲昏了头脑。

随卦第十七☳☱震下兑上——随时随心随天道 ………………………（72）
　　[心得]在人际交往中必须惟善是从，追随他人的动机必须纯正，应以大众的利益为依归，不能贪图个人近利。

蛊卦第十八☴☶巽下艮上——应积极去蛊自医 ………………………（77）
　　[心得]衰败中蕴含着新生，因为衰败激起了人们的改革之心，正是才德之士有所作为的时候。

临卦第十九☱☷兑下坤上——领导者不能独断专行 …………………（81）
　　[心得]"临国"、"临民"事关重大，因而领导艺术大有讲究。

观卦第二十☷☴坤下巽上——以心观天察地 …………………………（85）
　　[心得]居于领导地位的人，必须以自己的高尚品德感化他人，才能获得别人的由衷敬仰。

噬嗑卦第二十一☳☲震下离上——以公正刑罚解决问题 ……………（88）
　　[心得]为排除障碍，建立及保持秩序，往往不得不采取不得已的刑罚手段，罪恶必须及早加以阻止，以防止蔓延。

贲卦第二十二☲☶离下艮上——装饰自己要恰如其分 ………………（92）
　　[心得]物的聚合，必然有秩序与模式；人之交往，也需要有礼仪

装饰，这是人类集体生活必需的。

剥卦第二十三䷖坤下艮上——不妄进就不会自取其辱……………（96）

[心得] 行动受限，所以必须谨慎而隐忍，否则有所行动便是不利，正是"君子道消，小人道长"，有所进便会见害于小人，所以不利于前进。

复卦第二十四䷗上震下坤——知错必须能改……………………（101）

[心得] 要恢复元气，必须根绝以往的错误。恢复中难免要犯错误，但必须及时改正并谨防一犯再犯。

无妄卦第二十五䷘震下乾上——顺应自然莫走极端……………（105）

[心得] 九五阳刚与"六二"阴柔相应，大的亨通是位置正当，这是天命。若不如此则有灾，不利于行动。

大畜卦第二十六䷙乾下艮上——蓄才蓄德成大器………………（109）

[心得] 既然是待时求发展，那么就不能躲在家中的安乐窝里，而是应该去闯荡世界，在社会的风雨中增长见识和本领。

颐卦第二十七䷚震下艮上——本分求"食"无灾祸……………（113）

[心得] 守正则吉。顺应生命成长的规律就是守持正道，如此则利人生。

大过卦第二十八䷛巽下兑上——君子独立无惧…………………（117）

[心得] 就像栋梁的受重压弯曲变形很容易被人发现一样，过度引起的危险也很容易被人们察觉，这是好事，可以及时得到纠正，使事情能够顺利发展。

坎卦第二十九䷜坎下坎上——以自制和诚信渡过艰险…………（121）

[心得] 虽然总是不顺利，大志难伸，但还应该讲信用，保持心胸开阔、品行高尚。

目录 Contents

离卦第三十 ☲☲ 离下离上——谋划人生要善于借势 ………………（124）
　　[心得] 依附于一个强有力的人或集团，可以得利；但需坚守正道，才会顺利通达。

咸卦第三十一 ☶☱ 艮下兑上——通达和顺是生活之基 ………………（128）
　　[心得] 异性之间的"一见钟情"，情投意合，相互恋爱，无须旁人说三道四，一切都是自然而然。

恒卦第三十二 ☴☳ 巽下震上——有恒才有胜利 ………………（132）
　　[心得] 夫妇关系贵在长久，以天长地久、白头偕老为夫妇之理想。

遁卦第三十三 ☶☰ 艮下乾上——明退即大智之举 ………………（138）
　　[心得] 君子在必须退避的时候便应该退避，因为退避从表面上看为消极，其实也是以退为进，亦即退的目的是为了更好地进。

大壮卦第三十四 ☰☳ 乾下震上——盛旺守正戒骄矜 ………………（142）
　　[心得] 持守正义、力戒骄溢才能获致真正意义的"大壮"。

晋卦第三十五 ☷☲ 坤下离上——进取高升要看清极限 ………………（147）
　　[心得] 在中国古代，中国的官吏无不以柔顺、依附为晋升的必要条件，恭顺和人身依附成为升官途中必不可少的两大要素。

明夷卦第三十六 ☲☷ 离下坤上——在"黑暗"中向"光明"进取 ……（151）
　　[心得] 世道黑暗，光明正大之人必受伤害。在这种形势下，对于光明正大的君子来说，宜于知艰难不轻易用事，而又不失贞正，守持正固。

家人卦第三十七 ☲☴ 离下巽上——家和万事兴 ………………（156）

[心得] 在一个家庭中，每个成员都应尽各自的本分，这样，家庭伦理也便纳入了正规；家庭是社会的细胞，家庭入正规，社会就安定。

睽卦第三十八☲兑下离上——求同存异共发展 ………………… (160)
　　[心得] 任何事物都由正反两个部分组成，因而异中有同；只要因势利导，终究可以化解前嫌，把分离变为合作，化干戈为玉帛。

蹇卦第三十九☵艮下坎上——共谋相帮度艰险 ………………… (165)
　　[心得] 西南乃阴卦所居处，东北乃阳卦所居处，因而往西南可得同类，往东北便失去同类而处于异类之间，故西南主"利"而东北主"不利"。

解卦第四十☳坎下震上——解决问题应尽快行动 ……………… (169)
　　[心得] 当解脱困境的时机到来时，要及时迅速地脱离险境。千万不可迟疑，机不可失，时不再来。

损卦第四十一☶兑下艮上——吃小亏得大便宜 ………………… (174)
　　[心得] 受到损害，失去了一些东西，但取信于人，也是大有好处的。去拜访一些人物，送去些礼品以联络友情，还是有益处的。同时也不要争什么名位。

益卦第四十二☴震下巽上——益人终能自益 …………………… (177)
　　[心得] 在中国古代，高明的统治者善于使用损上益下之道，从上方施利于下，其统治才能光明昌盛。

夬卦第四十三☱乾下兑上——除奸去恶须一举成功 …………… (181)
　　[心得] 君子势力强大，仅有少数的小人，有待驱除。不过，小人诡计多端，仍然会有危险，不可掉以轻心。所以，首先应当告知自己领地的人。先获得支持，不可立即动用武力，这样进行，才会有利。

姤卦第四十四☰巽下乾上——阴阳失衡致祸乱 ………………… (186)

[心得] 阴阳谐和的正义中正之道的相遇相庆，与不中不正的阴邪之道誓不两立。无论是天地自然之道，或社会男女、君臣际遇，其遇合之时，都必须首先分清是正，还是邪，理智对待。

萃卦第四十五☷☱坤下兑上——凡人可识不可全交 ………………（190）

[心得] 天地万物的普遍情理不外乎聚合与离散。阴阳和悦顺从就能聚合，互相违逆则离散。而聚合则兴旺，离散则衰止，所以从天地万物的聚散中可以看出事物兴衰的端倪。

升卦第四十六☴☷巽下坤上——积小成大稳步升 ………………（195）

[心得] 建立群众基础，得到人民拥护，就可以施展抱负，向前升进，应有诚意，才得到支持。

困卦第四十七☵☱坎下兑上——应付困境尤需策略 ………………（199）

[心得] 虽然困乏，只要安贫乐道，守正不阿，也能亨通畅达的。君子为小人遮蔽，所以不应图一时口舌之快，而要沉住气，三缄其口。

井卦第四十八☴☵巽下坎上——役物也应予以养护 ………………（203）

[心得] 无论是用人还是役物，包括对于自己的才智体力，都不可图一时方便省事而不顾后果。

革卦第四十九☲☱离下兑上——变革要把握时机 ………………（207）

[心得] 进行变革，必须最大限度地赢得人们的认可和信服，变革的前途才可能至为光明，大大吉祥。

鼎卦第五十☴☲巽下离上——养贤用能革故鼎新 ………………（211）

[心得] 能虚心地接纳供养圣人、贤人，所以大为亨通。

震卦第五十一☳☳震下震上——处变不惊则无险 ………………（215）

[心得] 震动来时，令人恐惧，恐惧而能使人警惕，人应有警惕而不惊变。

艮卦第五十二 ䷳ 艮下艮上——行止有格心无扰 ……………………（219）

[心得] 形体保持稳定状态的关键在于背部，行动保持稳定状态的关键在于内心。内心宁静，不受外界环境所影响，就不会妄动。

渐卦第五十三 ䷴ 艮下巽上——循序才能渐进 ………………………（224）

[心得] 进取，不应急功近利，而要循序渐进；这就如同女子出嫁一般，按照婚嫁规矩，一步一步地来，才是吉利的。循序渐进，还应坚守正道，才会有利于进取、发展。

归妹卦第五十四 ䷵ 兑下震上——修德去伪循礼而行 …………………（228）

[心得] 正夫人的妹妹以介妇的名义从姐姐嫁去为妾，这类婚嫁包含着凶险。男大当婚、女大当嫁是天地之间的第一正事，但是不可违逆常理，不能太贪。

丰卦第五十五 ䷶ 离下震上——丰大之后要回报社会 …………………（233）

[心得] 当你丰大之时，也要像太阳一样普照大地，为社会和他人做出贡献，这样也更有利于自己的发展，因为贡献与发展是互动的。

旅卦第五十六 ䷷ 艮下离上——人在旅途要谨慎自强 …………………（237）

[心得] 人生如旅，必须小心行事。惟有持纯正的态度，才能逢凶化吉，遇难呈祥。

巽卦第五十七 ䷸ 巽下巽上——柔顺处世刚正做人 …………………（242）

[心得] 风能在每一角落和每一缝隙中穿行，并且风可以随时令变化而变化，智者应遵循这一原则，不断调整自己，以顺应社会环境的变化，增强生存和竞争的能力。

兑卦第五十八 ䷹ 兑下兑上——不能专听好话 ……………………（245）

[心得] 两个泽连在一起，泽水相连流通，滋润万物，所以其象为"亨"；有愉悦之情由内及外溢于言表之象。

目录 Contents

涣卦第五十九 ䷺ 坎下巽上——治"涣"必须有力 …………… (249)
　　[心得] 当天下离散时，君王应以至诚，到宗庙祈祷，获得神的保佑，使人们看到君王的诚意，因而感化，再重新聚结。

节卦第六十 ䷻ 兑下坎上——自我节制方可成事 …………… (253)
　　[心得] 坚守正道，使自身具有良好的操守，必须能够节制自己的行为。将节制自己视为一种痛苦，就难以真正节制，就会出问题。

中孚卦第六十一 ䷼ 兑下巽上——诚信是做人做事之道 …………… (257)
　　[心得] 有信念之人，无论做什么事情，都能如愿以偿，无论遇到什么困难都能克服。即使会受苦遭难，只要心中有坚定的信念，最后终可得到你想要的结果。

小过卦第六十二 ䷽ 艮下震上——"过"与"敛"都要适度 ………… (261)
　　[心得] 超越常规要讲究分寸，才可通达顺利。做小的事情可以超越常规，做大事不能超越常规。

既济卦第六十三 ䷾ 离下坎上——居安当思危 …………… (265)
　　[心得] 水在火上可以煮成食物，象征事已成，这是水火相济发挥功用的一面；但是水火还有相灭的一面，水决则火灭，火炎则水涸。

未济卦第六十四 ䷿ 坎下离上——前进的路上不可冒进 ………… (269)
　　[心得] 未济是亨通的，是未穷之意，未穷则有"生生不息"之理。

乾卦第一 ☰乾下乾上

——人生在世应奋发图强

乾：元亨，利贞。

彖曰：大哉乾元，万物资始，乃统天。云行雨施，品物流形。大明终始，六位时成。时乘六龙以御天。乾道变化，各正性命。保合大（太）和，乃利贞。首出庶物，万国咸宁。

象曰：天行健，君子以自强不息。

乾卦上乾下乾，由八卦中的乾卦（☰）重迭而成。"—"是阳的符号。用"—"的三迭为☰，象征天；再用两个"☰"的重迭，象征天道万物复杂的关系及其微妙变化。乾卦象征着天道刚健，运动不息。

本卦作为《周易》六十四卦之首，以"天"、"龙"为象征形象，揭示了"阳刚"元素、"强健"气质之本质作用及其发展变化规律。乾卦的精神实质，在于勉励人们效法"天"的刚健努力，奋发向上，勇往直前，事必有成。

[爻辞新解]

初九：潜龙，勿用。

象曰：潜龙勿用，阳在下也。

潜即潜伏、隐藏的意思。龙是中华民族的图腾，有"八十一鳞，九九之数，变化不测，纯阳之物"的说法。因为这一爻处在最下方，"初阳在下，故有潜龙之象"，所以用潜伏之龙为取象来喻示"勿用"。"勿用"是说还不能有所动作或还不能发挥作用。但"潜龙"虽"潜"毕竟是"龙"，所以力量是潜在的，而且不可限量。

这一爻是说力量还在潜伏当中，应该像"潜龙"那样韬光养晦，以伺时机，不要轻举妄动。

九二：见（现）龙在田，利见大人。

象曰：见（现）龙在田，德施普也。

见（xiàn），为出现。田，为田野。大人，原意指贵族王公，后引申为贵人。

潜藏着的"龙"，已经出现在田野上。中国古代传说中的"龙"，可以潜伏在水中，可以行走在陆地，也可以飞腾在天空。水中的龙，是潜伏；陆上的龙，是准备腾飞；天上的龙，才得以发挥"神威"。田野，实际上就是比较开阔、比较显露的地方。在"田野"上出现，已不再隐藏，或已隐藏不住。

这一爻是说一个有才干且胸怀大志的人，已经崭露头角，被人发现，但还没有处在能够施展才干的位置上。这时候，能够结识贵人，会有利于自身的发展。

九三：君子终日乾乾，夕惕若。厉，无咎。

象曰：终日乾乾，反复道也。

乾乾：努力不懈怠的样子。惕：警惕戒备。厉：危险的意思。若：语气助词。咎：灾难。"终日乾乾"与"夕惕若"是古汉语中的互文手法，其意是：终日终夕，乾乾且惕。

这一爻是说，处于上位而不骄傲，处于下位而不忧郁，在不断前进的同时能够保持警惕，这样，虽处境危险也无害了。

九四：或跃在渊，无咎。

象曰：或跃在渊，进无咎也。

"或"有惑与似的含意。"跃"虽然还没有飞腾，但已经在活动。"渊"是上面空，下面无底的深水洞穴。当这一时刻，龙是否要飞腾，还没有下定决心；但已经在深渊中，或跃动，或潜伏，进退有据，跃跃欲试，具有不可限量的潜在力量。

这一爻，说明已经到了跃跃欲试的阶段，决定进退应当谨慎，应把握好最有利的时机。

九五：飞龙在天，利见大人。

象曰：飞龙在天，大人造也。

"九五"在上卦居中，又是阳爻在奇数的阳位得正，所以是最理想的地位，"爻辞"也最吉祥。

龙得到天时地利，飞腾在天，具有无限的活动空间，又如日正当中，居高临下，普照天地，潜力无穷。以人事比拟，则是刚健中正的伟大人物，已据有统治者的地位。古时皇帝被称做"九五至尊"，虽然不是源自这一"爻辞"，但却是依据易理。"九"是阳数的最高位，"五"是阳数的最中位，含有"至尊中正"的意思。因而，这一爻，以飞龙在天，普降甘雨，象征伟大人物的恩泽，普及万民。

这一爻，说明已经到了大展鸿图的极盛时期，应当力选贤能，贤能当然也会鼎力支持。

上九：亢龙，有悔。

象曰：亢龙有悔，盈不可久也。

亢，为"高"、"极"、非常。悔，为懊悔、后悔。

胸怀大志的人，在获取了很高的职位以后，不要贪求更多的东西；就像飞腾到一定高度的龙，不应再向高处飞。

这就是说，物极必反，干什么事情都不能走极端，而应该"见好就收"。"龙"飞在高空之上，再向上飞就危险了。好比登山，一旦爬上最高峰，再走就是下坡路了。快要到最高峰时，最好是停下来，或者向下退一退，不达到顶点，就无须走下坡路，导致后悔莫及。

这一爻是告诫人们做事不要知进忘退，才会吉祥如意。

用九：见（现）群龙无首，吉。

象曰：用九，天德不可为首也。

在六十四卦中，只有乾卦与坤卦附有额外的"用九""用六"的断语。

刚阳盈满，就会产生"亢龙有悔"。以乾卦来说，阳极阴生，全卦与各爻势在必变，没有不变的可能性；反而阳刚势极，必然变为阴柔，才会安定。因而，乾卦要由"初九"开始，彻底了解各爻的变化，善加运用，不要被变化拘束，才能"用九"而不被"九"所用。也就是必须超然于事物之外，客观地观察分析，掌握变化的法则，适切因应，才会无往不利。

这一爻，说明运用法则而不可被法则拘束，惟有冷静、客观，不冲动，不逞强，不妄动，通权达变，才能掌握变化，善用法则。

[乾卦点悟] 胸怀大志才会有大发展

胸怀大志，对一个人的发展来说是至关重要的。只有胸怀大志，才会有大

的发展，成就一番宏伟事业。任何人在一开始都是平凡的，但是只要奋发进取、自强不息，弱小终会变得强大起来。这是一种指引人生方向的大谋略。同时，我们做任何事都必须认清客观形势。它包括两方面的内容，一是客观现实，二是客观规律。如果客观条件不允许，就要在暂时隐忍中创造条件，而顺应并利用客观规律更为重要，否则，只靠盲目的努力，恐怕结果未必能尽如人意。

[乾卦例解] 自强不息，闯荡天下

任何事物，都有一个潜藏、萌发、成长、茁壮、全盛，然后由盛而衰的发展过程，人的行为应当效法这一自然规律，在自强不息的同时，把握时机，善知进退。当力量薄弱的时候，应该隐忍待机，切忌妄动；当可以出世而又羽毛未丰的时候，应该以诚待人，积聚力量；在成长时期，一方面应该奋发有为，同时也要戒骄戒躁，谨慎处事；当机会来临可以放手一搏的时候，应该把握最有利的时机，一举成功。

这里要说的是一个小人物发誓要做出个样子的故事。

1970年7月，徐云刚出生于东北一个普通工人家庭。高考时，他没考上大学，就进了一所职业高中读酒店管理专业，可眼瞅着职高快毕业了，又因为打架被学校开除。徐云刚的母亲非常伤心失望，常常当面追问他："明年的今天你干什么？"

1988年，徐云刚离开学校，开始闯荡社会。卖过菜、烤过羊肉串……他慢慢明白了生活的艰辛。1989年4月，一家饭店公开招人，这是东北最好的五星级酒店之一。

经过几天的培训，徐云刚上岗了，当大厅服务员。可缺乏英语基础的他第一天就现了眼，把一个要上厕所的客人领到了咖啡厅。客人到值班经理处投诉，并用英语将他大骂了一通，徐云刚一句也听不懂。随即，徐云刚被降职到了行李员。1991年秋天，香港富商李嘉诚下榻该饭店，徐云刚给李嘉诚拎包。饭店举行了一个隆重的欢迎仪式，一大群人前呼后拥着李嘉诚，他走在人群的最后一位。他清楚地记得那两只箱子特别重，人们簇拥着李嘉诚越走越快，他远远地被抛在了后面，气喘嘘嘘地将李行送到房间，人家随手给了他几块钱的小费。身为最下层的行李员，伺候的是最上流的客人，稍微敏感点儿的心，都能感受到反差和刺激。徐云刚既羡慕，又妒忌，但更多的是受到激励。"我就想看看，是什么样的人住这么好的饭店，为什么他们会住这

么好的饭店，我们为什么不能？那些成功人士的气质和风度，深深地吸引着我，我告诉自己，必须成功。"

不久，徐云刚与同事为一个香港来的旅游团送行李，全团有100多件各式行李，要求30分钟内送到不同楼层的个人房间，他们俩人累坏了。徐云刚与那位行李员同事跑到饭店14层楼顶上吸烟，脚下是车水马龙的大街，楼房鳞次栉比，看着看着，徐云刚突然指着下边说："将来，这里会有我的一辆车，会有我的一栋房。"

"你没病吧？"同事不以为然。他认为徐云刚累病了。1991年11月，徐云刚做了门童。门童往往是那些外国人来饭店认识的第一个中国人，他们常问徐云刚周围有什么好馆子，徐云刚把他们指到饭店隔壁的一家中餐馆。每个月，徐云刚都能给这家餐馆介绍过去两三万元的生意。餐馆的经理看上了徐云刚，请他过来当经理助理，月薪800元，而徐云刚在饭店的总收入有3000多元，但他仍旧毫不犹豫地选择了这份兼职。他看中的并非800元的薪水，而是想给自己一个机会。

为了这份兼职，徐云刚主动要求上夜班。那段时间，徐云刚在饭店上晚班要上到早晨6点，然后找个地方匆匆睡上一觉，餐馆营业时间一到，他就要西装笔挺地站在大堂上。几十号人，男女老少大大小小都归他管，一会儿都不能闲着，一直忙到晚上，他再从墙头爬过去回到王府饭店，换上工作服做门童，见人就哈腰，还要跟在一群群昂头挺胸的人后头，拎着包，颠颠地一路小跑。

这样的生活过了4个月，徐云刚的身体和精神都有些顶不住了。他知道鱼和熊掌不能兼得，他必须做出选择。

徐云刚在父母不解的眼光和叹息中辞职进了隔壁的餐馆，做一月才拿800元工资的经理助理。可事情并没有像当初想象的那么顺利，经理助理只干了5个月，徐云刚就失业了，餐馆的上级主管把餐馆转卖给了别人。

闲在家里，徐云刚不愿听家人的埋怨，经常出门看朋友、同学和老师。一天，他去看幼儿园的一位老师。老师向他诉苦：我们包出去的小饭馆，换了4个老板都赔钱，现在的老板也不想干了。徐云刚眼中一亮，忙不解地问："怎么会不挣钱？那把它包给我吧。"

徐云刚用1000元钱起家，办起了饺子馆。

来吃饺子的人一天比一天多，最多的时候，一天营业额超过了5000元

钱。为了进一步提高工作人员的积极性，徐云刚想出了一招，将每个星期六的营业额全部拿出来，当场分给大家。这样一来，大家每周有薪水，多的时候每月能拿到 4000 元，热情都很高。一年下来，徐云刚自己挣了 10 多万元。

徐云刚初获成功，他又寻思着更大的发展。1993 年 1 月，他在火车站开了一家饺子分店。一个客人在上车前对他说："哥们儿，不瞒您说，好长时间以来，今天在这儿吃的是第一顿饱饭。"当时徐云刚就想，为什么吃海鲜的人，宁愿去吃一顿家家都能做、打小就吃的饺子呢？川式的、粤式的、东北的、淮扬的、中国的、外国的，各种风味的菜都风光过一时，可最后常听人说的却是，真想吃我妈做的什么粥，烙的什么饼。人在小时候的经历会给一生留下深刻印象，吃也不例外。

一有这样的想法，他就着手实施，随即他终于领悟到了自己要开什么样的饭馆了。他要把饺子啦、炸酱面啦、烙饼啦，这些好吃的、别人想吃的东西搁在一家店里，他要开家大一些的饭店。

他以每年 10 万元的租金包下了一个院子，在院里拴了几只鹅，从农村搜罗来了篱笆、井绳、辘轳、风车、风箱之类的东西，还砌了口灶。大杂院餐厅开张营业了。开业后的红火劲儿，是徐云刚始料不及的，徐云刚觉得成功来得太快了。300 多平方米的大杂院只有 100 多个座位，来吃饭的人常常要在门口排队，等着发号，有时发的号有 70 多个，要等上很长一段时间才有空位子。大杂院不光吸引来了平头百姓，有头有脸的人也慕名而来，武侠小说大师金庸、台湾艺人凌峰等都到过大杂院吃饭。

后来，大杂院的红火已可用日进斗金来形容。每天从中午到深夜，客人没有断过，一天的营业流水在 10 万元以上。3 年下来，有人估算，徐云刚挣了 1000 万。

胸怀大志是一个人发展必备的主观因素。是指引一个人在任何情况下都不会迷失方向的路标。但当你渴望成功时，不要忘记顺时而动。否则，只会空怀大志而无大业可成。

坤卦第二 ䷁ 坤下坤上

——为人处世要宽大为怀

坤：元亨。利牝马之贞。君子有攸往，先迷后得主，利西南得朋，东北丧朋。安贞吉。

彖曰：至哉坤元！万物资生，乃顺承天。坤厚载物，德合无疆。含弘光大，品物咸亨。牝马地类，行地无疆，柔顺利贞。君子攸行，先迷失道，后顺得常。西南得朋，乃与类行。东北丧朋，乃终有庆。安贞之吉，应地无疆。

象曰：地势坤。君子以厚德载物。

坤的上下二卦六爻皆阴，是一个纯阴卦。象征纯净阴柔而能涵容一切的德性。君子应该效法这种像大地一样包容万物的宽厚胸怀。

牝：雌性，在这里可引申为母性。贞：占问。攸：所。攸行：有所作为、有志向的意思。主：此字前人多解释为主人，近人多解释为主见的意思。先：在前面。后：在后面。

本卦在于说明君子应当效法大地，以宽厚的德行，负载万物。做人首先要宽厚为怀，这是基础。本卦教导我们，做人要像大地一样坦荡宽广。这里强调了厚德的基本原则是直率、方正、宽大。宽大，必然存在了包容。像大地一样，容得下万事万物。这样，不仅会令我们的事业"有容乃大"，也会令我们人生的境界走向阔大。

[爻辞新解]

初六：履霜，坚冰至。

象曰：履霜坚冰，阴始凝也；驯至其道，至坚冰也。

这一爻是坤卦最下面的阴爻，因此阴气长而阳气消。

这一爻是说，踏踩在霜上，就知道结冰的寒冷季节快到了。这是在告诉人们这样的道理：发现事物的萌芽，就可以推断出事物的后果，所以谋事之

初，要慎之又慎。另外，此爻还有防微杜渐之意。

六二：直、方、大，不习，无不利。

象曰：六二之动，直以方也，不习无不利，地道光也。

"六二"的爻位，阴据阴位，处于下卦之中，居中得正，非常吉利。

这一爻是说，在阴柔上升的第二阶段，立位正直，居体端方，胸襟宽广，包容万物，从位、体、用三方面保持自然品质，这样虽然"不习"也无不获利。"不习"的正确解释，就是王弼所说的"不假营修而功自成"，强调自然的品质，反对虚伪矫饰，也就是大地的柔顺之道发出的自然光辉。

六三：含章，可贞。或从王事，无成有终。

象曰：含章可贞，以时发也。或从王事，知（智）光大也。

这爻处在下卦的最高位，是奇数的阳位，阴爻处在阳位，不吉，所以说"无成"。

这一爻说的是，将自己的才华收敛起来，才可得到吉庆，如果去为君王做事，是没有什么成就的，只有谨慎从事才能守其终。

六四：括囊，无咎无誉。

象曰：括囊无咎，慎不害也。

"六四"为"六爻"中的上爻，地位很高，此时更需明哲保身，故有"括囊"之语，阴爻处阴位，位正，故有"无咎"之语，且因"括囊"而"无誉"。

这一爻是说地位愈高，愈应收敛锐气。像封闭的囊袋一样，谨言慎行，便不会有过错发生，虽然得不到赞誉，也不致有灾难临头。

六五：黄裳，元吉。

象曰：黄裳元吉，文在中也。

第五爻为上卦的中位。

"黄裳"是象征尊贵的华丽外衣。"文在中"，是指虽然有一定身份，但为人做事很谦逊而不张狂；或者说是出身高贵，但平易近人。

这一爻是说，身居高位，应该谦虚谨慎、礼贤下士。这样，才会受到人们的尊崇，才会平安无事。

上六：龙战于野，其血玄黄。

象曰：龙战于野，其道穷也。

"上六"是事物发展到顶点的转化阶段。但阴气盛极而衰，阳潜其中而生，阴阳摩荡，对立转化，所以用"龙战于野"作譬喻。所谓"战"，象征天地阴阳的矛盾与碰撞。也有人把"战"释为"接"，认为阴阳二气交接互合。解释有异，但精神实质并无二致，都强调了阴阳矛盾的对立和转化。其血玄黄，其实即指天地，古人说"天地玄黄，宇宙洪荒"，以血色喻天玄地黄，天地为阴阳和合，所以能产生万物，厚载不偏。

这一爻是说，在矛盾的双方力量悬殊很大时，较弱的一方千万不要轻易行动，以防以卵击石，应积蓄力量，等待和创造成熟的时机，审势而后动。

用六：利永贞。

象曰：用六永贞，以大终也。

在六十四卦中，只有乾卦与坤卦会多出"用九"与"用六"的一条爻辞。因为两卦分别是纯阳与纯阴之卦。

"用六"，即综合起来看坤卦的六个阴爻。

从整体来看坤卦的六个阴爻，除了位置不同外，它们都是一样的，都是阴爻，意味着柔顺、顺从。但"柔顺"和"顺从"应该有一定的原则，所以坤卦是讲为人做事之道的。

这一爻是说，为人做事，要永远坚守自己所信奉的原则和道德规范。只有这样，才会顺利、平安。柔顺、顺从，固然是可以赢得人们的好感，但是不讲原则地盲从，也会招惹是非和祸事。

[坤卦点悟] 厚德载物，有容乃大

坤代表地。人们常常把大地比喻成母亲，母亲对自己的孩子可以说是无限的宽容。在我们日常生活中，人与人之间难免出现矛盾，别人也许有意或无意间伤害了你，如果不是原则问题，要试着学会原谅对方。水至清则无鱼，人至清则无友。倘若不能宽容他人，那么他人也将难以容忍你的不宽容，最终导致关系不谐，甚至由此积怨成仇。而真正的聪明人，不仅会以宽广的胸怀包容人，也会以柔中有刚的方法妥善解决矛盾。这实在是一种人生的大智慧。

[坤卦例解] 曾国藩宽容待人

"诚"、"宽"两字是坤卦的要义，也是大胜者修养心志的主要内容，有之，则事成；无之，则事败。

曾国藩强调严以律己，宽以待人，不怨天，不尤人。他一向主张"以能立能达为体，以不怨不尤为用"。

曾国藩奉行的"待人以恕"的品德集中体现在他正确地处理与左宗棠的关系上。曾国藩为人拙诚，语言迟讷，而左氏恃才傲物，自称"今亮"，语言尖锐，锋芒毕露。左宗棠只比曾国藩小一岁，但他屡试不中，科场失意，蛰居乡间，半耕半读。咸丰二年（1852年），已41岁，才由一个乡村塾师入佐湖南巡抚张亮基，当了个"刑名师爷"。后张亮基迁为湖广总督，左宗棠于咸丰四年（1854年）三月又入湖南巡抚骆秉章幕共达六年之久。曾、左虽非同僚，却同在湖南，常有龃龉。

咸丰六年（1856年）正月，曾国藩奏左宗棠接济军饷有功，因而，朝廷命左宗棠以兵部郎中用。左宗棠性情刚直，又得罪了不少人，在湖南"久专军事，忌者尤众"，于是碰上了樊燮事件。樊燮为永州镇总兵，其私役兵弁，挪用公款，左宗棠为此代巡抚骆秉章拟奏折，请将樊燮撤职查办。谁知樊燮受人唆使，向湖广总督官文反告左宗棠。官文这位满族官员较为颟顸，竟将这案子报到朝廷，朝廷因命考官钱宝青审讯，传左宗棠到武昌对簿。咸丰帝甚至密令官文，"如左宗棠有不法情事，可就地正法"。京城内外闻之者莫不震惊。骆秉章与湖北巡抚胡林翼均上疏力辩其诬。胡林翼的奏折中且有"名满天下，谤亦随之"的话。京中官员如侍读学士潘祖荫，与左素不相识，也上疏痛陈"天下不可一日无湖南，湖南不可一日无左宗棠"，官文似不可"引绳批根"。

在这种情况下，咸丰帝才有"弃瑕录用"的旨意，肃顺也趁机以人才难得进言。官文接旨后，才不再催左宗棠对簿，草草了结此案。此案刚发生之时，左宗棠曾写信给友人，陈述自己的委曲与悲苦之情："弟性刚才拙，与世多忤，近为官相所中伤。幸所做之事容易明白，而当轴诸公尚有能知之谅之者，或可不预世网，然亦险矣！自念草野书生，毫无实用，连年因桑梓之故，为披发缨冠之举，忘其愚贱，一意孤行，又复过蒙优奖，名过其实，其遭此谤陷，固早在意见中。特欲借会试一游京师，脱离此席，非敢再希进取，以辱朝廷而羞当世之士也。"于是，左宗棠辞别骆秉章，于咸丰十年（1860年）正月离开长沙。

当时，曾国藩驻军宿松，胡林翼驻军英山，议欲分三路进攻安庆。左宗棠来营暂避锋芒，曾国藩热情地接待了他，并连日与他商谈。正在这时，四月初一，特旨询问曾国藩说："左宗棠熟悉湖南形势，战胜攻取，调度有方。目下贼氛甚炽，而湖南亦所必欲甘心，应否令左宗棠仍在湖南本地襄办团练等事，抑或调该侍郎军营，俾得尽其所长，以收得人之效？着曾国藩酌量处理。"曾国藩立即于四月十三日上奏说："左宗棠刚明耐苦，晓畅兵机。当此需才孔亟之际，或饬令办理湖南团防，或简用藩臬等官，予以地方，俾得安心任事，必能感激图报，有裨时局。"曾国藩与胡林翼在左宗棠极其潦倒、"四顾苍茫"的时候，向左宗棠伸出了援助之手。

在曾国藩一再保举之下，左宗棠于同治元年（1862年）二月即受命为浙江巡抚，并根据曾国藩的奏请，朝命左的部下蒋益澧为浙江布政使。曾国藩一方面请求辞掉自己节制浙江军务的谕令，一方面把左宗棠推到了浙江的最高位置上。他在奏稿中写道："以臣遥制浙军，尚隔越于千里之外，不若以左宗棠专为浙省，其才实可独当一面。"曾国藩如此谦让，又如此真心实意地为清朝廷保举人才，心中哪有半点对左宗棠的嫌隙之意？

同治二年（1863年）三月十八日，左宗棠被授命任闽浙总督，仍署浙江巡抚，从此与曾国藩平起平坐了。三年之中，左宗棠从被人诬告、走投无路的人，一跃而为封疆大吏，这样一日千里的仕途，固然出于他的才能与战功，而如此不断的报功保举，也只有曾国藩才能做到。所以，左宗棠在挽曾国藩的联中，深情地写道："谋国之忠，知人之明，自愧不如元辅。"

时人及后世常爱谈曾、左交恶。其实二人虽有龃龉，内里却交情至深，正如左宗棠自己所说的"同心若金，攻错若石"。共同的事业——中兴清室使他们走到了一起，这也正是曾国藩"待人以诚恕"的最好例证。

做人和交友能够胸襟坦荡，虚怀若谷，既可以使人与人之间以诚相待，互相信赖，也可以使自己像大海迎纳每一条河流那样，博取人们对你的支持和真诚相助，倘若真能做到这一步，事业就不会没有成功的希望。

屯卦第三 ䷂ 震下坎上

——万物初生步履维艰

屯：元亨，利贞。勿用有攸往。利建侯。

彖曰：屯，刚柔始交而难生。动乎险中，大亨贞。雷雨之动满盈，天造草昧。宜建侯而不宁。

象曰：云雷，屯，君子以经纶。

勿用：不宜。用，宜，应。建侯：授爵封侯，现意为出人头地。

本卦下卦为震，一阳动于二阴之下，象征雷；上卦是坎，一阳陷于二阴之间，象征水，都有危险的含义。屯指草木萌芽于地，富有生机，但萌芽之中少不了艰辛。此卦从卦序上看，列于乾坤二卦之后，表示天地形而万物生，但生长之初天地之气并未畅通，因此而有险象。

然而，随着事物的日茁月壮（有攸往），前途终究是光明的，能为列相封侯创造出有利的条件。屯卦，阴阳刚柔开始相交，随之而来的是艰险困苦。在困难中行动成长，最终会是亨通的吉庆。

全卦象征天地相交创造万物时，会遇到艰难险阻。因此，必须积聚实力，坚毅行动，才能有所作为。开创事业，举步维艰，但只要志坚不变，定能建功立业。

[爻辞新解]

初九：磐桓。利居贞。利建侯。

象曰：虽磐桓，志行正也。以贵下贱，大得民也。

虽然徘徊不前，但是思想和行为都没有偏离正道。尊贵者能够处于卑贱者之下，这是大得民心的。

处在创始之初期，不能轻举妄动，而应该守正而居。这正是爻辞中所说"勿用有攸往"的意思。此时动则难生，虽然"初九"为刚爻而勇于进，也不得不谨慎。这时"初九"惟一可做的有益之事是建立诸侯，以求资助。同时还要谦恭下士，以收揽人心。初爻是来自乾体的阳刚之下，这样就更得众望之所归了。

这一爻是指创始之初的行为原则。

六二：屯如邅如，乘马班如。匪寇，婚媾。女子贞不字，十年乃字。

象曰："六二"之难，乘刚也。十年乃字，反常也。

邅如：难行不进貌。班如：纷纷而来之状。字：许嫁。

"六二"的难以前进，由于阴柔凌驾于阳刚之上。过了十年才许嫁，说明终于返归于常道。反：即返。

"六二"居于"初九"之上，是以柔凌刚，逆而不比，"六二"无法借助"初九"之力出险，仍然难以前进。

"象传"说："'六二'之难，乘刚也。"

由此可见，摆脱创始时期的艰难，十分不易，要耐心等待各种条件成熟，有时甚至是长期等待。

这一爻是指守正待时的重要。

六三：即鹿无虞，惟入于林中，君子几不如舍，往吝。

象曰：即鹿无虞，以从禽也。君子舍之，往吝穷也。

虞：虞人，掌管山林鸟兽的官。

屯卦"六三"当创始艰难之际，又处在屯卦上下体之交的位置，处境很困难，本应守静以待，避免盲动，谨遵卦辞"勿用有攸往"之旨。如有所为，也要借助外力，"有虞"才能"逐鹿"。然而它贪求猎物，独往冒进，这是失策的。

懂得几微之理的君子就明智得很，知道在此种情况下主客观都不具备出击的条件，不能被猎物诱惑，迷不知返，不如断然地放弃。

这一爻是指在屯难中应借助外力，避免盲动。

六四：乘马班如，求婚媾。往吉，无不利。

象曰：求而往，明也。

"六四"，乘马纷纷而来，是求婚者。前往应婚是吉祥的，无所不利。

求婚者来，前往应婚，这是明智之举。

"六四"为阴柔之质，无力独自度过屯难之险，有待于外援。正好与"六四"有正应关系的"初九"向上仰攀，专程来求婚，"六四"便欣然俯允，前往应婚，喜结良缘。"初九"既有济险之志又有济险之力，只因所处条件不利，才坐而待时。"六四"十分明智，自知力量不足以济屯难，毅然地以上求下，取刚济柔，屈尊与贤者初九合作。初、四两爻一来一往，一求一应，同舟共渡，刚柔相济，必然能够脱出屯难之险。

知己不足，求贤自辅，凡成就大事业者无不是如此。

这一爻指出求贤自辅是明智的。

九五：屯其膏。小贞吉，大贞凶。

象曰：屯其膏，施未光也。

其：助词，用于祈使句，含有劝勉的语气。膏：膏泽，恩泽。"九五"，处于艰难草创之时，需要普施恩泽。柔小者，守持正道可获吉祥；刚大者，即使守正道也会有凶险。

"九五"虽然是以阳刚之质，居于上体中正之尊位，但处于屯难之时，陷入坎险之中，迫切需要辅助之力。作为居于尊位的"九五"，要想得到辅佐，必须广施德泽，收揽人心。

柔小处下者，处理小事，虽然恩泽未施，但能守持正道，尚可得吉。至于刚大处上者，处理国家大事，如果恩泽不能广施，即使守正道行事，其结局也是凶险的。因为他在人心归向、力量对比上不能取得优势。尤其在艰难的创业斗争中，更为明显。所以广施恩泽对于领袖人物特别重要。

这一爻指出居上位者必须广施恩泽。

上六：乘马班如，泣血涟如。

象曰：泣血涟如，何可长也。

班如：回旋。

"上六"位居屯卦之终，处于屯难之极，但它是阴柔之质，没有能摆脱困境，与"六三"又无正应关系，孤独无援，因而骑在马上盘旋（"乘马班如"），忧惧交加，血泪交流。

看来"上六"走入绝境，或者归于灭亡，或者屯极而通。屯难之极，也可能出现新的变化，绝处逢生，变屯为通。不管出现哪一种可能，目前的困境都不可能长久地存在下去。

"象传"说："何可长也。"这话里也有穷极应思变的意味。

屯极而穷，穷则变，变则通。这一爻指出屯极应思变。

[屯卦点悟] 做事不能知难而退

事物的初生并不太平，而是"动在险中"。但本卦所说的"勿用有攸往"，并不是因险不动、知难而退的意思，相反，应该创造条件，在较有利的环境中涉险而动。

只有深刻思考，周密安排，才有条件去涉险而动，从而获得新生。屯卦精神是奋发有为，排除艰难，强调积极有为以求新生。

[屯卦例解] 在艰难中向幸福靠近

通观《屯》之全卦，旨在阐明初生萌芽及创业的艰难。天地之初，草昧迷濛。大自然的一切，都混乱而毫无秩序，要从这里开创自己的新事业，又谈何容易！但新生事物，并不因艰难困苦而退缩不前，相反，迎难而上，才是克服困难，超越困难，从而向自己理想中的目标靠近的惟一途径。下面这个故事中的主角，他在艰难中奋发向上的精神，足以感动并激励每一个不甘于在困苦中沉沦的人。

张先生今年40来岁，身材矮壮敦实，前额宽阔，鬓角微秃，比起实际年龄，显得苍老了些。张先生现在的身份是一家广告公司的法人代表。作为一个没有上过大学的农民，张先生经过十几年的努力，一手创办起这家公司，让人不能不佩服感慨。

张先生是一个地地道道的农家子弟，他出生在一个穷乡僻壤的山沟里。从小学到中学，每天读书要走十几里山路，有时赶上下雪天气，一不小心跌倒在雪坑里，要费好大的劲才能爬出来。走到学校时，融化的雪水已经把棉衣棉裤冻在了身上，就像一层坚硬的铠甲。

终于到了高考的那一年，可是在他初中读书的那个学校，从来没有开过外语课，面对外语课本，如同面对天书一般无法解读。他拼命地用功，日以继夜地苦读，可是这一切努力都无法使他在最短的时间里学会外语。

高考的结果是可以想像的，他也像路遥笔下的高加林那样，重又回到了养育他的那个偏僻的小村庄。

不久，张先生来到省城，先是找到了一位同乡，求他帮助介绍一份工作，这位同乡也很同情他的处境，无奈眼下城市工人也都纷纷下岗，想找一份稳定的工作真是比登天还难。这位同乡很早就进了城，经过了十几年的奋斗，现在已经买了一辆农用汽车，每天站在路边等待雇用拉脚的活儿，经他介绍，张先生开始了他站在路边等人雇佣的农民工生涯。

马路边是一个特殊的"单位"，在这里人分三六九等，像张先生这样初来乍到的，自然只有受气的份儿了。每当有雇主光临惠顾，他总是抢不到前边，等到有了又脏又累，别人不想去的活儿时，才能轮到他的头上。他就这样，在生活的缝隙里艰难地活着，每天他吃的都是最低水平的饭菜，只要能填饱肚子就行，他把每一个用血汗换来的铜板全都攒起来，用来偿还沉重的债务。

没事的时候，他总是坐在马路牙子上看书，凡是能找到的有字的纸，都成了他的宝贝，出去干活时怀里还揣着一本揉搓得破烂不堪的《小说月报》。

张先生最愿意干的是给读书人搬家，搬家的时候他很注意收集别人丢弃的废纸，有些稿纸已经发黄变脆，有的还沾过油渍，他把这些大小不一的纸钉在一起，每晚趴在床上一直写到深夜。

有一次，张先生遇到了一位老人晕倒在马路旁，围观的人很多，可是没有一个人伸手将老人扶起，张先生将老人背起来送到医院，然后又在病床边一直守着，直到老人醒来。

原来老人是一所大学的教授，他是因为心脏病猝发而晕倒的。老人醒来后，得知是一位农民工救了他的命，老人十分感激，老人的子女坚持要付给张先生一笔钱，作为酬谢，却被张先生婉拒了。后来，张先生与老人成了忘年之交。一次，张先生拿出自己在马路边写成的"作品"请老人批评指正。老人看了以后，对他说，你写的东西距离发表还有一定距离，但是却从你的文字里，看到了一种新鲜的东西，那些俚语、俗语都非常鲜活而生动，不是躲在书房里的作家们能写出来的。

当老人得知张先生的理想是当一名作家，而眼下的处境又十分艰难的时候，平生不求人的老人给他的学生打了电话。他的学生毕业后开了一家广告公司，老人介绍张先生去搞文案和策划。张先生对于广告行业是个门外汉，但他有决心将这份工作干好，他比任何人都知道，得到一份工作不容易。

广告公司的工作必须从基层做起，张先生没有固定的客户，没有过硬的社会关系，想要在广告界立足谈何容易！但是，张先生生来有一种不服输的劲头，他没有社会关系，只能拼耐力、体力，为了拜访客户，他一个冬天走坏了三双鞋。有一次，为了争一家客户，还被另外一家广告公司的业务员打得鼻青脸肿。好在广告公司的工资上不封顶，张先生平生第一次领到了1500元的工资，拿到这笔钱的时候，张先生像孩子一样哭了。

张先生经过了几年的努力，成为一个小有名气的广告策划人，后来他的老板准备出国，他就盘下了公司，自己做了老板。他相信命运掌握在自己手里，只要不懈地努力，终究不会被淘汰出局。如今的张先生，在乡亲们的眼里，已经成了进城上班的人，而在城市人的眼里，他还是一个农民。

在张先生的生活里，生存的话题显得过于沉重，但他深深懂得万事开头难的道理，所以他并不气馁，而是一步一个脚印，踏踏实实地迎难而上。柳暗花明的前景已经显现。也许在不久的将来，他会像"屯卦"里所说的，拨开乌云见天日，取得更辉煌的成就。

蒙卦第四 坎下艮上

——启蒙发智需正确教导

蒙：亨。匪（非）我求童蒙，童蒙求我。初筮告，再三渎，渎则不告。利贞。

彖曰：蒙，山下有险，险而止，蒙。蒙亨，以亨行时中也。匪（非）我求童蒙，童蒙求我，志应也；初筮告，以刚中也。再三渎，渎则不告，渎蒙也。蒙以养正，圣功也。

象曰：山下出泉，蒙。君子以果行育德。

匪：即"非"。筮：原指用蓍草占问，此处指学童问蒙师问疑求决。

本卦上艮下坎。上为山，下为水，山水蒙。蒙卦象征蒙昧。不是我去求蒙昧的童子，而是蒙昧的童子来求我。初次请问应该回答，对同一问题再三地滥问，那是对先生的亵渎，就不再回答。利于守持正道。

一个人或者一个社会，如要摆脱蒙昧，需要的是启蒙和教育。从谋略的

角度看，本卦在于启示我们，成就事业、立足社会的第一步必须先解除自己的蒙昧状态。

[爻辞新解]

初六：发蒙，利用刑人，用说桎梏，以往吝。

象曰：利用刑人，以正法也。

"初六"，启发蒙昧，施加惩罚手段是有利的，使人免犯罪过。听任其发展下去必然造成遗憾。刑人：罚人。说：即"脱"。桎梏：木制刑具。

"象传"说：施加惩罚手段有利，因为这样可以让人就范于正确的法则。正法：以法为正。

中国传统的教育思想一向认为"严师出高徒"。初爻是蒙卦的始爻，位置最下，以阴爻居于阳位，不中不正，是个蒙昧最甚、不守正道的学童。所幸的是，毕竟处在蒙昧的最初阶段，可塑性强。然而必须严加管教，必要时应给以惩罚，非如此不能使归于正途。若听任其滑下去，结果就成为受桎梏之苦的罪犯。

姑息迁就，后患无穷，虽说爱之，实则害之。发展下去，后悔莫及，这就叫"以往吝"。

这一爻指出严加管教的必要。

九二：包蒙，吉，纳妇，吉。子克家。

象曰：子克家，刚柔接也。

"九二"，包容蒙昧，吉祥；容纳昏暗，吉祥。儿辈能够治家。

"象传"说：儿辈能治家，这是刚柔相济的结果。

"包蒙吉，纳妇吉"两句含义相似，是互文见义的"包"就是"纳"。意思是说，聪明的人能够包容蒙昧的人是吉祥的。

启蒙者要有普渡众生的博大胸襟，要有"包蒙"、"纳妇"的精神，无所遗弃。这当然是吉祥的，所以爻辞接连用了两个"吉"字作了热情的赞美。

"儿辈能够治家"，既是教育启蒙的目的，也是其结果。

只有这样，才是成功的教育，才能造就"克家"之才。

这一爻指出宽容包纳的必要。

六三：勿用取女，见金夫，不有躬。无攸利。

象曰：勿用取女，行不顺也。

"六三"，不要娶这样的女子，因为她见到有钱的男子就失身了，娶她为妻是不利的。取：娶。不有躬：失身。

"象传"说：不要娶这样的女子，因为她的行为违反正道。

外因只能通过内因起作用。教育并不是无往而不利的。连号称"圣人"的伟大教育家孔子也曾有"朽木不可雕也"的感叹。

不过，逐出门庭，弃而不教，鸣鼓攻之，在某些特定情况下，也可以说是施教的特殊方式吧！

这一爻指出品质不端的人难以施教。

六四：困蒙，吝。

象曰：困蒙之吝，独远实也。

"六四"，困在蒙昧之中，这是憾事。

"象传"说：困于蒙昧的遗憾，说明惟独"六四"与阳刚之师最疏远。实：指阳爻。

阴虚阳实，这是中国古代的传统观念。在本卦中，阳实之爻指蒙师，阴虚之爻指蒙童。蒙童没有知识，空空如也，所以要虚心向学，开发智慧。如果远离蒙师，不主动亲近，必然困于蒙昧。"六四"就是指这样的人。

这一爻感叹不从师向学的人被蒙昧所困。

六五：童蒙，吉。

象曰：童蒙之吉，顺以巽也。

六五，童子蒙昧，吉祥。

"象传"说：童子蒙昧而吉祥，是因为他的恭顺和谦逊。巽：音（xùn）。谦逊。

"九二"阳刚居中，启迪群蒙，是有道"师表"的象征；"六五"居尊谦逊，以"童蒙"自处，是好学"君子"的象征。"九二"与"六五"正应，是最理想的师生关系的象征。这也就是卦辞中所肯定的"童蒙求我"，当然是吉祥的。

这一爻是赞扬恭顺谦逊的好学君子。

上九：击蒙，不利为寇，利御寇。

象曰：利用御寇，上下顺也。

"上九"，以过于严厉的方法来启发蒙昧，是不利的，而宜采用适当的严格方法。

"象传"说：教育者的方法得当，被教育者也就会心悦诚服地学习，这样教与学的关系就顺了。

这一爻蒙卦的两个阳爻代表两种施教方法不同的师长，"九二"主张"包蒙"，"上九"却主张"击蒙"。但"击蒙"之法容易产生弊病，要特别注意掌握分寸。爻辞中提出的原则是："不利为寇，利御寇。"就是说，可以采取适当的严厉之举，但不能超越限度，如果采取暴烈过甚的举动，就会适得其反。

这一爻是说凡事要把握尺度，过尤不及。

[蒙卦点悟] 教育应讲究方式方法

人类社会是从蒙昧走向开化、走向文明的过程，推进这一过程的教育起着重要的作用。现在，重视教育，将教育作为最有"圣功"的光辉事业，已成为现代人的共识。一个人要避免自身的蒙昧，摆脱落后的状态，不能不重视学习，而教学的方法又关系到德与智的教育效果。对于教育者来说，教育应当严厉，但也应适度，过严反而引起抗拒。应当包容，有教无类。应当坚定信念，贯彻始终，不可见异思迁。必须切合实际，不可好高骛远。否则，这种启蒙发智的功业将不会有什么效果，甚至适得其反，培养出扭曲的畸形"人才"。所以，为人师者不可不察。

[蒙卦例解] 聪明的老师善教导

培养后来人纯正的品行，即"蒙以养正"，是一项神圣的功业，也是本人事业和抱负得以实现的前提保证。但育人也有一定的方法和技巧，特别是遇到"不听话"的学生，这些技巧就显得更加重要了。

康熙末年、雍正初年，清军中出现一位足智多谋的勇将年羹尧。他之所以能成大器，是与他小时候老师的正确教导分不开的。

年羹尧是汉军旗人出身，其父年遐龄在康熙朝曾任尚书。年羹尧自小顽皮，生得浓眉大眼，臂力过人，虽然不好读书，但书到面前，一览便知。为教儿子读书，其父曾请过三个老师，有举人进士，也有翰林鼎甲，到得他家，不是被年羹尧骂走，就是被年羹尧打跑。

无奈中年遐龄以重金悬榜招聘老师。一天，有一古稀之老者登门应聘。年遐龄怕老者不能胜任，将儿子不肖、目无先生的情况实言相告。老者说："令郎骄横，逐赶老师，我早有风闻，但我自有办法教好他。"年遐龄见老者十分诚恳，就择定一个吉日，令年羹尧拜师。

礼也行了，师也拜了，但年羹尧依然故我，照样不好好学习，只顾自己玩耍。老师见年羹尧不学，也不搭话，而是关起门来，大门不出，在屋内自拉胡琴，抑扬顿挫地唱将起来，唱得十分动听。年羹尧闻声破门而入，向老师行个礼，说："请老师教我弹唱！"老师说："你学这个做什么，还不快出去玩。"年羹尧执意要学，老师就开始教他。

教上没几天，年羹尧失去兴趣，又去自己玩耍，不肯再学下去了。老师这次不仅闭门，连窗户也不打开。年羹尧感到奇怪，偷偷从门缝里观看，见老师正在练习拳脚，东躲西闪，有时似大鹏展翅，有时像鹞子翻身，看得人眼花缭乱。年羹尧高兴极了，用力推门而进，向老师说："习拳弄棒，我最喜欢。"老师说："听说你力大无穷，请与众仆一斗，如何？"年羹尧一听有如此好事，忙不迭地答应了。

很快，年羹尧在家中召来16个健壮有力的家仆，对老师说："请看我的臂力。"一边说，一边把棍横举，让16个仆人持以棍相压。仆人们使尽平生之力，都不能使年羹尧手屈。正当仆人齐声用力呼喊时，只见年羹尧猛跨一步，用力将棍往前一送，16个仆人便仰天倒下。

老师见此，夸奖说："果然好臂力，不过，你敢和我搏击吗？"年羹尧说："这有什么不敢的。如果我胜了，可不要说我又赶走一个老师。"老师答道："这个你就放心吧！"

此番话说罢，两个人就摆开架式，搏击起来。

年羹尧身手敏捷，一拳一脚，迅急向老师踢打过去，老师也不着忙，在拳、腿要到未到之时，一个飞跃，腾身空中，用手将年羹尧的小小发辫提在手中，任凭年羹尧跳上跳下，拳脚齐来，只是踢打不着老师。年羹尧虽有些小小武功，没把常人看在眼中，但自知今日遇上高手，忙高声喊叫："好先生，你可饶了学生。"

老师住了手，稳站在他面前。年羹尧赶紧上前说："请您教我这一招！"老师说："学此何用，你还是出去玩吧！"年羹尧跪地不起，一再请求。老师

见他此时才算开窍，便说道："快起来吧，我教你！"

两人坐下后，老师从床旁取出一卷兵书，交给年羹尧，说道："你真的想学，就学这个万人敌。"年羹尧说："我想搏击，读此书有何用？"老师说："读了它，就可以万人敌！"年羹尧又道："你骗人，这一卷书，不用吹灰之力，就可以踢到数丈之外，哪来的万人敌！"老师说："我说你不能读，还是去玩吧。"年羹尧见老师不高兴，觉得老师说得也有道理，便回答道："我读此书。"

从此，年羹尧任性的脾气开始改变，老师每日严格督学，他说一句，年羹尧便学一句，院内书声琅琅。除兵书外，老师每日还利用剩余时间，教授年羹尧圣贤书和一些武林绝技。年羹尧既有怪脾性，一旦明白，又极有耐性，能刻苦，三年中，几乎脱掉几层皮，终成一员有万夫不挡之勇的骁将。

年羹尧先任川陕总督、抚远大将军，在前往青海讨伐罗卜藏丹津叛乱中，立下赫赫战功，平定了青海，后被加封为一等公，青史留名。

对学生的教育，不能盲目灌输，也不能打击排斥，而应该讲究方法，因材施教，实行启发诱导的方法，提倡学生独立思考，让求学者产生强烈的求知心理，而童蒙一旦自觉，则可塑性很强，可收事半功倍的良好教育效果。

需卦第五 乾下坎上

——等待也是一种智慧

需：有孚，光亨。贞吉。利涉大川。

彖曰：需，须也。险在前也，刚健而不陷，其义不困穷矣。需，有孚，光亨。贞吉。位乎天位，以正中也。利涉大川，往有功也。

象曰：云上于天，需。君子以饮食宴乐。

本卦上坎下乾，"坎"为水、为雨，古字形与"水"同；"乾"为天，古字形与"而"同，故此卦卦名为"需"。天上有雨，一旦时机成熟便会下降。上卦坎为水，象征前方有涉渡之险。然而下卦为乾，乃刚强有力者，只要耐心等待，有信心，"坎"之险终能克服。光亨：光是指光明，亨是指亨通。贞吉：因为正就有定力，有定力就有耐心，有耐心就能等待。所以它就吉祥。

本卦揭示了善于等待的重要意义，在事物的发展进程中遇到困难时，要审时度势，耐心地等待时机。能进则进，如果不能前进时，要善于等待。本卦安排在蒙卦之后也是有深意的。启蒙之后，智识大开，必然以勃勃的生机求发展，这时往往会遇到险阻，不可急躁地盲目闯关。这里就要用需卦所讲的等待哲学，要懂得善于待时。

[爻辞新解]

初九：需于郊，利用恒，无咎。

象曰：需于郊，不犯难行也。利用恒无咎，未失常也。

"需"是等待，因为前面有"坎"的险。"初九"在开始的最下方，离上卦的险最远，所以是在"郊外"等待。

又，"初九"是阳爻，刚毅有恒，能够坚持常规，所以，不会有过失灾难。恒心，意志不可动摇。

这一爻是说，人生的旅程有坦途，也有艰难。当前面出现险阻时，要善于远离并勇于坚持，如此，才会达到最终的目的。

九二：需于沙，小有言，终吉。

象曰：需于沙，衍在中也。虽小有言，以吉终也。

"九二"比"初九"接近上卦"坎"的水，所以，用"沙"象征。"言"是责难的意思。"九二"比"初九"，稍为接近险阻，虽然不会有大的灾害，但已经比较困难。但"九二"阳爻得中，因而仍然可以安闲地等待，最后还是吉祥。

"衍"是水向四处漫延、引申为延长、推演的意思。象辞说：水流在沙中漫延，不可急进，虽然会被责难，但忍耐最后还是会吉祥。

这一爻，强调等待必须忍耐，不可急进，不可被闲言闲语动摇。

九三：需于泥，致寇至。

象曰：需于泥，灾在外也。自我致寇，敬慎不败也。

"九三"更接近上卦"坎"的水，以"泥"象征，随时有陷入的危险。下卦接连三个阳爻，刚强过度，又离开中位。以灾害的程度来说，已相当于

随时会有外敌来袭的状态了。

"象传"说：上卦"坎"的危险，虽然还没有到来，但妄进就会自己招来灾难，所以，必须谨慎，才不会失败。

这一爻，强调愈接近危险，愈应当谨慎，不可妄进，以免自己招祸。

六四：需于血，出自穴。

象曰：需于血，顺以听也。

"六四"已经进入上卦"坎"的险，可能造成伤亡，所以，用等待在"血"中象征。不过，"六四"阴爻阴位，虽然柔弱但得正，因而不会轻举妄动。不久就会由陷入夫的"穴"中走出。

"象传"说：陷入穴中时，应当用柔，顺应变化，最后才会脱险。

这一爻，强调陷入危险，不可逞强，应顺应变化以化险为夷。

九五：需于酒食，贞吉。

象曰：酒食贞吉，以中正也。

"九五"阳阳位得正，在上卦得中，又是至尊的地位，所以最安全。因而，用可以安闲的饮食等待，作为象征。然而，仍然以坚持纯正为先决条件，才会吉祥。

"象传"说：虽在安全中，仍然应当执着于中正的原则。

这一爻，强调在可以安全等待的状况时，仍然不可违背中正的原则。

上六：入于穴，有不速之客三人来，敬之终吉。

象曰：不速之客来，敬之终吉。虽不当位，未大失也。

"上六"阴爻柔弱，位于上卦险的极点，已无法再等待，终于坠入穴中。"上六"与下卦的"九三"相应，"九三"连同下面的二个阳爻，本来就有勇往直前的刚强性格，现在已经到了等待的终极时刻，因而一拥而来，以"不速之客三人"来象征，"上六"柔弱，对三位刚强的不速之客，既无力量赶走，只有以诚意恭敬相待，才能化暴戾为祥和。

"象传"说："不当位"，是指"上六"阴爻阴位，应该当位，但因到达"上"的极点，已进退无路，虽然在最高位，却等于没有地位。而且，阴爻在阳爻的上方，也反常。不过，因为能以诚意对待，不会有大损失。

这一爻，强调以柔制刚的道理。

[需卦点悟] 从困境中看到希望

很多人屡屡碰壁之后发出这样的感叹：做点事情怎么这么难？的确，在这个竞争日益激烈的社会，在任何事情上想脱颖而出都不是一件容易的事情，作为一个普通人，生活中、事业上遇到一点挫折、困顿是自然的事情。问题的关键是，你必须首先让自己具备成事必备的知识、经验、技能和必不可少的信心、勇气，并且要学会隐忍，在磨砺中积蓄力量，希望之光就在眼前。需卦是一个吉卦，它所揭示的是，只要你直面困难，忍耐中涉过险川，前途就会一片大好。所以，我们做事必须悟明这样一个道理：等待也是一种办法，一种策略，是一种解决问题的大智慧。

[需卦例解] 曹操的以进为退之术

不争锋芒，势弱先忍，势强当起，这才是做大事之人的本色。

不争锋芒，只是一个人成大事的手段，而不是毫无进取之人的态度；偏安一隅，只是蓄势待发的准备过程，而不是苟且偷生地活着。

曹操不乏英雄气概，但他也有退让的时候。他迎献帝都许昌后，并不是万事大吉，他当时虽"挟天子"但力尚不足以令诸侯。相反，曹操一时成为世人瞩目的人，也可以说成为众矢之的。而曹操这时的力量并不强，与袁绍等人相比，更处于弱势。因此曹操采取后发制人的方略，将袁绍打败。

曹操见袁绍不敢公开抗拒朝廷，便又以献帝的名义任袁绍为太尉，封邺侯，实际上是试探。太尉虽是"三公"之一，但位在大将军（不常设）之下。袁绍见曹操任大将军，自己的地位反而不如他，十分不满，大嚷道："曹操几次失败，都是我救了他，现在竟然挟天子命令起我来了。"拒不接受任命。

曹操感到这时的实力还不如袁绍，他不愿意在这个时候跟袁绍闹翻，决定暂时向他让步，便把大将军的头衔让给袁绍。自己任司空（也是"三公"之一），代理车骑将军（车骑将军只次于大将军和骠骑将军），以缓和同袁绍的矛盾。但由于袁绍不在许都，曹操仍然总揽着朝政。

与此同时，曹操安排和提升一些官员。以荀彧为侍中、尚书令，负责朝中具体事务，以程昱为尚书，又以他为东中郎将，领济阴太守，都督兖州事，巩固这一最早的根据地；以满宠为许都令、董昭为洛阳令，控制好新旧都城；以夏侯惇、夏侯渊、曹洪、曹仁、乐进、李典、吕虔、于禁、徐晃、典韦等分别为将军、中郎将、校尉、都尉等，牢牢控制军队。

尽管如此，曹操还是表现得很谦恭，或者说颇有一段韬光养晦的日子。

比如杨奉荐举曹操为镇东将军，袭父爵费亭侯。曹操于是连上《上书让封》、《上书让费亭侯》、《谢袭费亭侯表》等，表明他"有功不居"。

在上书让封中曹操说：

我扫除强暴和叛乱，平定了兖、青二州，四方长官前来朝贡，皇上认为是我的功劳。从前萧相国因为用关中来支援前线的功劳，全家都得到封赏；邓禹因为帮助光武帝平定河北的功劳，得到了几个城的封地。按照实际，考核功绩，并不是我的功勋。我祖父中常侍费亭侯，当时只是随从皇帝车辆，服侍左右，既不是首要谋臣，又没有战功，到我已经三代都享受封爵。我听说《易经·豫卦》上说："利于封侯进军。"就是说有功的人才应当进爵封侯。又《讼卦》六三爻辞说："靠祖宗的功德吃俸禄，或者替王朝办事有功吃俸禄。"这是说：祖上有大功德，或者替王朝办事有功的，子孙才得吃俸禄。我想陛下对我降下像天地一样大、云雨滋润万物一样厚的恩泽，往上，记下我先辈服侍皇帝的应尽职责，又取我在兵事上像犬马奔走的效用，下诏奖励，给我的荣誉实在太大，不是我这愚蠢无才的人所能担当得起的。

曹操的上书表明他深知自己还是弱者，因此对袁绍的要求要尽量满足，对朝廷的封赠表现出"力所不及"的谦恭。等到羽毛一丰满，他就大张挞伐，在所不计了。最后终于后发制人，打败了袁绍。

曹操的高明是能更加灵活地应用需卦所揭示的真义，这就是忍耐待时。在这里他的忍和待都不是被动的，而是在心知"利涉大川"基础上的主动出击，所以他能退，自然也能胜。

讼卦第六 坎下乾上

——不争为上和为贵

讼：有孚，窒，惕，中吉，终凶。利见大人。不利涉大川。

象曰：讼，上刚下险，险而健，讼。讼：有孚，窒，惕，中吉，刚来而得中也。终凶，讼不可成也。利见大人，尚中正也。不利涉大川，入于渊也。

象曰：天与水违行，讼。君子以作事谋始。

下卦"坎"象征阴险，上卦"乾"象征刚硬有才干，双方格格不入，必有争讼之事发生。以个体而言，内心阴险而外表刚强，亦容易与人争讼，因而卦名为"讼"。内、外卦的中爻均为阳，缺乏阴阳感应流通，故有窒碍发生；"上九"过于刚强（到了上端极点），有逞强之象，所以"终凶"；"九五"中正刚健，然而下却是充满凶险的"坎"卦，因而又有"不利涉大川"的警示。孚：诚信。窒：窒碍。

本卦告诫人们做事一开始就要想到结果；人际交往中，要注意理顺各种关系，从事情的起端就止息事端，消弭芥蒂，防患于未然，免得自陷于争讼之泥淖，难以自拔。

[爻辞新解]

初六：不永所事，小有言，终吉。

象曰：不永所事，讼不可长也。虽小有言，其辩明也。

"初六"，不长久纠缠于争执之事，略有言语磨擦，最终是吉祥的。永：长。

"不永所事"是"初六"的指导思想，这是很明智的决策。事端初起，还没有发展成争讼，那么就尽量不让它发展成争讼。所以它不长久纠缠于争执之事，断然地结束争执。

有些事略辩即明，有些事甚至不辩即明，纠缠于口舌之争是无益的。

这一爻是说争端初起，略辩即明，不可长久纠缠。

九二：不克讼，归而逋其邑人三百户，无眚。

象曰：不克讼，归逋窜也。自下讼上，患至掇也。

不能胜讼，于是逃跑回来。下面的人与在上的人争讼，招来祸患会像俯身拾物一样容易。

"九二"以阳爻处于阴位，又在坎险之中，地位和形势都极为不利。"九五"以阳居阳，又是君位，势不可敌，"九二"与它争讼，必然吃亏，招来的祸患将俯拾皆是。火速退出争讼而逃避。这种急流勇退的行为是十分明智的。

这一爻是说，处于弱势争讼必然会失利，要及时中止以免祸。

六三：食旧德，贞厉，终吉。或从王事，无成。

象曰：食旧德，从上吉也。

"六三"说安享祖业，守持正道以防危险，终将吉祥。或辅助君王的事业，不以成功自居。德：指祖业。厉：危险。

"六三"以柔质居于下卦之上，有不能争讼、惟食旧德之象。但"六三"又是以阴爻居阳位，其位不正；更兼处于"九二"、"九四"两刚之间，是危厉之境；又是上下卦之交，是进退两难的是非之地。"六三"必须安分守己，与人无争，才能保持旧禄不失，获得吉祥。即使从事君王委派之事，取得成绩也不能自己居功，能这样小心谨慎就差不多了。

争未必得，不争未必失。《老子》中说："夫惟不争，故天下莫能与之争。"这就是"柔弱胜刚强"的道理。

这一爻是说，具有良好的修养，不固执，不逞强，一定会有许多益处。

九四：不克讼，复即命渝。安贞吉。

象曰：复即命渝，安贞不失也。

不能胜讼，回心转意而归向正理，改变态度而安守正道，可获吉祥。

"九四"阳刚性健好争，但居于阴位，又有能退之象。它见真理不在自己这一边，就赶紧改变蛮横无理的态度，修正自己的行为，按常规常理说话。这样就不会有什么损失，结果也是吉祥的。

这一爻是说，争讼无理，要立即回头，改正错误。

九五：讼元吉。

象曰：讼元吉，以中正也。

能够决断争讼，大吉，因为"九五"能行中正之道。

"九五"象征刚健中正、明快无私的主讼者，也是理想的化身。能如此，方能明断曲直，诉者当然心悦诚服，而无不平之气，这是最大的吉祥。本卦辞中所说的"利见大人"，就是这位"大人"了。

这一爻是说，以中正之道决讼最为吉祥。

上九：或锡之以鞶带，终朝三褫之。

象曰：以讼受服，亦不足敬也。

"上九"，或许会得到赏赐佩带，也必然在一天之内三次被剥夺。象中又说：由于争讼而得到赏赐命服，也是不值得尊敬的。

"上九"以阳刚居于讼卦的终极之地，象征恃强争讼到底而不知悔改的人。一般来说，这种强讼不止的人没有什么好下场，所以爻辞在"锡之以鞶带"之前加了一个"或"字，表示偶然性。即使如此，这种通过争讼而获得的高官厚禄也是极不光彩的，弄得身败名裂。这完全是咎由自取。

"上九"所得到的恶果，正好印证了卦辞和彖中所强调的"终凶，讼不可成为"的告诫。

这一爻是说，人要胸怀大度，保持崇高的境界和气节，不要争功论赏，如此才最值得人尊敬。

[讼卦点悟] 冤家宜解不宜结

本卦阐述了在人生的过程中，难免会有争端发生，以致有争讼的出现。在这种情况下，应力持中庸平和的原则，能让则让，能避则避，能止则止，万不可逞一时之忿，使事态扩大。因为争讼是一件两败俱伤的事情，倘若遇到执法公正的法官，尚可一伸正义，然而这样的境遇似乎不多，因而诉讼中充满着风险。即便胜诉，也会结下冤仇，从大局着眼，仍是有害无益。古人说："冤家宜解不宜结"，也正是这个道理。

[讼卦例解] 不与人争免祸灾

对不必要争论的人和事就不要斗嘴。正所谓"小不忍则乱大谋"。在为人处世中，不妨先退让一步，利用忍耐暂时躲避。这样做，不但能避其锋芒，避免争斗，还能减少不必要的麻烦。

生活中有好多这样的实例，可以作为这种道理的佐证。

明朝苏州城里有位尤老翁，开了间典当铺。一年年关前夕，尤老翁在里间盘账，忽然听见外面柜台处有争吵声，就赶忙走了出来。原来是一个附近的穷邻居赵老头正在与伙计争吵。尤老翁一向谨守"和气生财"的信条，先将伙计训斥一通，然后再好言向赵老头赔不是。

可是赵老头板着的面孔不见一丝和缓之色，靠在一边柜台上一句话也不说。挨了骂的伙计悄声对老板诉苦："老爷，这个赵老头蛮不讲理。他前些日子当了衣服，现在，他说过年要穿，一定要取回去，可是他又不还当衣服的钱。我刚一解释，他就破口大骂。这事不能怪我呀。"

尤老翁点点头，打发这个伙计去照料别的生意，自己过去请赵老头到桌边坐下，语气恳切地对他说："老人家，我知道你的来意，过年了，总想有身儿体面点的衣服穿。这是小事一桩，大家是抬头不见低头见的熟人，什么事都好商量，何必与伙计一般见识呢？你老就消消气吧。"

尤老翁不等赵老头开口辩解，马上吩咐另一个伙计查一下账，从赵老头典当的衣物中找四五件冬衣来。然后，尤老翁指着这几件衣服说："这件棉袍是你冬天里不可缺少的衣服，这件罩袍你拜年时用得着，这三件棉衣孩子们也是要穿的。这些你先拿回去吧，其余的衣物不是急用的，可以先放在这里。"赵老头似乎一点儿也不领情，拿起衣服，连个招呼都不打，就急匆匆地走了。尤老翁并不在意，仍然含笑拱手将赵老头送出大门。

没想到，当天夜里赵老头竟然死在另一位开店的街坊家中。赵老头的亲属乘机控告那位街坊逼死了赵老头，与他打了好几年官司。最后，那位街坊被拖得精疲力尽，花了一大笔银子才将此事摆平。

事情真相很快透露了出来，原来赵老头因为负债累累，家产典当一空后走投无路，就预先服了毒，来到尤老翁的当铺吵闹寻事，想以死来敲诈钱财。没想到尤老翁却能大度忍耐，明显吃亏也不与他计较，赵老头觉得坑这样的人即使到了阴曹地府也要下地狱，只好赶快撤走，在毒性发作之前又选择了另外的一家。

事后，有人问尤老翁凭什么料到赵老头会有以死进行讹诈的这一手，从而忍耐让步，避过了一场几乎难以躲过的灾祸。

尤老翁说："我并没有想到赵老头会走到这条绝路上去。我只是根据常理推测，若是有人无理取闹，那他必然有所凭仗。在我当伙计的时候，我爹就常对我说：'天大的事，忍一忍也就过去了。'如果我们在小事情上与人斗嘴，那么很可能就会变成大的灾祸。"

当然，在我们日常生活中很少会出现这样极端的情况，但也会常常发生一些争执，有时搞得不欢而散甚至使双方结下芥蒂。人发生了冲突或争吵之后，无论怎样妥善地处理，总会在心理、感情上蒙上一层阴影，为日后的相处带来障碍。最好的办法，还是尽量避免它。

我们常用这么一句话来排解争吵者之间的过激情绪：有话好好说。这是很有道理的。争吵者往往犯三个错误：第一，没有明确而清楚地说明自己的想法，话语含糊，不坦白；第二，措辞激烈、专断，没有商量余地；第三，不愿意以尊重态度聆听对方的意见。又有一个调查说明，在承认自己容易与人争吵的人中，绝大多数说自己个性太强，也就是不善于克制自己。

谁能够克服喜好争讼的弱点，谁就能在人生中避免麻烦，远离祸端，一生和顺通达。

师卦第七 坎下坤上

——获得人心是最大的财富

师：贞丈人吉，无咎。

彖曰：师，众也；贞，正也；能以众正，可以王矣。刚中而应，行险而顺，以此毒天下，而民从之，吉又何咎矣！

象曰：地中有水，师。君子以容民畜众。

六十四卦中，师在讼后，序列第七。

从卦序看，人们因物质利益的分配不均、占有多寡而起争议而致诉讼，而法律的裁决一旦不能解决问题，必然群起争斗，兴师动众，以战争手段来解决问题。所以师随讼后。

师的卦形是下坎上坤，象征兵众。下坎象征水，上坤象征地，有包容蓄聚之象，地中容蓄着滔滔不尽的水源。而空气和水是生命之源，地中蓄水，犹如土地遍养民而广积兵。贞：兴正义之师，即出师有名。丈人：贤明的长者，此指军事统帅。

本卦阐述了用兵之道。"兵者，国之大事，死生之地，存亡之道，不可不察也。"其中的"师贞"，便是讲"道"；其中的"丈人"，便是论"将"。古人早已注意到"名正言顺"——这既可以增强自身军队的凝聚力和战斗力，甚至可以决定人心向背，以及最终的成功和失败。

[爻辞新解]

初六：师出以律，否臧凶。

象曰：师出以律，失律凶也。

"律"指军律。"否"是恶。"臧"是善，"否臧"即善恶得失。

"初六"是师卦的第一爻，象征军队出发作战的阶段。战争以开始的阶段最重要，必须以严格的军律统制；否则，不论胜败都是凶。

这一爻是强调严格军律的重要性。

九二：在师中吉，无咎，王三锡命。

象曰：在师中吉，承天宠也。王三锡命，怀万邦也。

"九二"是这一卦中惟一的阳爻，位于下方，得到了许多阴爻的信赖。又在下卦的中位，象征刚毅、中庸，军队有巩固的领导中心，这样当然吉祥，不会有过失灾祸。

"九二"又与至尊的"六五"阴阳相应，得到君王的宠信，三度赐给褒扬的荣誉。

"象传"说：这是依赖统帅的力量，安抚一人而使万国信服。"三命"，依《周礼》是指"一命受职，再命受服，三命受位"。

这一爻是强调统帅才德的重要性。

六三：师或舆尸，凶。

象曰：师或舆尸，大无功也。

"六三"，军队可能会载尸而归，凶险。（舆尸：以车运载尸体，兵败之状。）

"六三"以柔爻居于阳位，而且处于下体坎卦之上，上无阳爻与之相应，下有阳爻又是以柔乘刚。这象征带兵将领力微而任重，才疏而志刚，不顾主客观条件的不利，贪功冒进，结果大败而归，损失惨重。

"六三"爻辞以"舆尸"二字强调用鲜血换来的教训，提示志大才疏者用兵必败。

这一爻是说，像这种志大才疏，决非将帅之才的人，千万不可任用他统率军队，否则必有凶险。

六四：师左次，无咎。

象曰：左次无咎，未失常也。

"六四"处在上下之交的"多惧之地"，下面又没有相应的阳爻作为援军，形势也很不利。幸亏"六四"以柔爻居于阴位，阴柔而得正，性格细心慎重，在不利时不敢轻易冒险，自知一时无力前进取胜，于是暂时退后一步，按兵不动。

这一爻指出，形势不利时应该退守。

六五：田有禽。利执言，无咎。长子帅师，弟子舆尸，贞凶。

象曰：长子帅师，以中行也。弟子舆尸，使不当也。

"六五"阴柔，处于师卦之君位（上体之中位），又与统帅"九二"相应，是象征战争时期的君王。

在战争期间，作为最高决策人的君王要把握两大原则。一要把握战争的性质，要师出有名，打的是正义战争；二要选择能够胜任的统帅，要善于用人。本卦卦辞中所强调的就是这两大原则，"六五"爻辞中所讲的仍然是这两大原则。

爻辞的后面几句话，谈的是任用将领的得与失。倘若决策不当，任命一些无能之人在军中任职，只会干扰、破坏统帅的军事部署，成事不足败事有余，最后必然弄得大败而归、载尸奔逃。

这一爻重点说明了用人的重要性。用人得当，万事可成，反之，成事不足，败事有余。

上六：大君有命，开国承家，小人勿用。

象曰：大君有命，以正功也。小人勿用，必乱邦也。

"上六"是"师"亦即军队的终极点。战争结束，君王论功行赏，颁布命令，有人封为侯，有人被任命为卿士、大夫，但小人则不可以使其成为拥有土地或获得政治权力。上卦"坤"是土，所以象征分封土地、"开国承家"。

"象传"说：君王颁布命令，是为了公正地论功行赏。小人不可以重用，是因为必定会使国家陷于混乱。

这一爻，强调小人不可使其形成政治势力。

[师卦点悟] 行仁义师，胜正义战

综观全卦，从政略及战略角度看，战争用兵之道，尽在于师。仁义之师，贵在于正，战争的正义性必须坚持。师者凶器，所以反对穷兵黩武，而要求

"以杀止杀"，正是持正以战的具体表现。持正以战，则战无不胜，这是因为人心向背的关系。而社稷安危，又与选择良将有关。在上者的职责，主要在宠任"丈人"而斥"小人"，这是人君的御将之道；师出贵刚中有德者为帅，严明军纪，审时度势，这是在下的为将带兵之道。

[师卦例解] **得人心者得天下**

师卦强调"正义"，强调民众。的确，"得人心者得天下。"民心是战争取胜必不可少的前提。光有权力是不够的，还要有威望。这种威望不是坐着等来的，而是要不失时机地赢得人心，要创造一切机会赢得民众的拥戴。古往今来，那些成就大业的"明君圣主"，哪一个不是在当时极得人心的统治者？如唐太宗、明太祖等，这些人的治军治国手段，可谓得"师卦"之深义。

作为一代英豪的朱元璋，也认识到了老百姓的力量的重要性，因此，他每到一处地方，便收买一处的民心，明朝的天下就是由此而来的。

攻下太平城后，朱元璋命掌书记李善长紧急起草了《戒缉军士榜》，意在约束军队，防止扰民。战斗刚一结束，士兵们刚准备动手抢掠、大发横财的时候，却见城中的大街小巷贴满了榜文，上面赫然写道：敢有抢掠财物、杀害百姓者，杀无赦。混乱的局面立刻变得井然有序。在战事结束后，朱元璋论功行赏，军士们都有一份。朱元璋的高明做法，既得到了人心，也稳住了军心。

朱元璋的这些举措，使根据地得到了很好的巩固，他又在扩大江南根据地的同时，再让自己的新政深入人心。在占据应天后，他没让胜利冲昏头脑，而是对自己的下一步路程都有清醒的认识。他深懂人心，只要有人，就算是"地狭人少"，他依然重视。他训诫说："我自起兵以来，从未随意杀掠。今尔等带兵出征，望能体察我的心意，严格约束士卒。城破之日，不得妄行杀掠。有违军令者，军法处治。倘再纵容，定当严惩不贷！"诸将战战兢兢，奉命而去，很快就攻下镇江。入城后果然纪律严明，秋毫无犯。这种情况迅速传到其他地方，各地民众都称颂朱元璋的军队是仁义之师，这给朱元璋经营江南带来很大便利。

在获取民心的过程中，朱元璋对学有所长、术有专攻的人大力用之，朱元璋能够自觉地同读书人交往，一方面是在积极主动地弥补各种文化知识课，结合军事政治斗争的实践，了解先辈们积累的各种经验；另一方面也是在缓和与各地士大夫的矛盾，消融他们的敌意，团结他们一同做事。旧时代的读书人往往是一个宗族、一个地域的核心人物。一名有影响的儒士，就是这方水土的一面旗帜，具有一种凝聚力、亲和力、号召力，用他们来管理当地百姓，的确是最合适的。

古人说，得人心而后得天下。得人心，才能创造"人和"的良好态势，有利于平定天下，才能出现师卦中"丈人吉，无咎"的良好效果。也许朱元璋未必通晓易卦之深义，但他得民心而取天下的过程，不能不说是遵循了"师卦"指导的正确实践。

比卦第八 坤下坎上

——帮助别人就是帮助自己

比：吉。原筮元，永贞无咎。不宁方来，后夫凶。

彖曰：比，吉也；比，辅也，下顺从也。原筮元，永贞无咎，以刚中也。不宁方来，上下应也。后夫凶，其道穷也。

象曰：地上有水，比。先王以建万国，亲诸侯。

上卦"坎"为水，下卦"坤"为地。地因水而柔，水因地而流，以两者关系比喻相亲相助。本卦主爻"九五"，阳爻阳位，至尊刚健，五阴爻相随，相亲相助，比：吉。元：善之始。永：久。贞：正，无邪。后夫：后来的人。

本卦讲的是怎样与人交往和处理人际关系。为了与人搞好关系，将自己的交际圈子扩大，就需要帮助与合作。所以此卦讲的就是帮助与合作，这是一种做人的原则，同时也是一种处世智慧。

[爻辞新解]

初六：有孚，比之无咎。有孚盈缶，终来有它，吉。

象曰：比之初六，有它吉也。

"初六"地位低微，位置也不相应，它想与"至尊""九五"合作，恐怕

要付出很大努力。

与人团结合作最重要的是心怀诚信，取得信赖。"初六"在不利的条件下，能够以诚信求亲附自可无咎。待人以诚，人必报之以诚。诚信确实是处理人际关系的一大法则，这就是爻辞所说的"有孚比之"了。

象又进一步指出"比之初六"的重要，还是因为初期阶段的亲附更能体现诚意。

这一爻是说，相亲相辅应以诚信开始。

六二：比之自内，贞吉。

象曰：比之自内，不自失也。

居内卦正中的"六二"与居外卦正中的"九五"亲比，叫做"比之自内"。"贞吉"，意味着贞则吉，不贞则不吉。吉与不吉，要看能不能坚持正道。坚持正道，才能"不自失"，不失去"六二"与"九五"之间自有的正应关系。

在亲比问题上，什么是正道呢？古人认为，应该修身正己，以待人君之求，而不要降志辱身，汲汲钻营。

这一爻是说，相亲相辅贵在守正。

六三：比之匪人。

象曰：比之匪人，不亦伤乎？

"六三"与"九五"无比应关系，因此想亲附而不得其人。

但这里并没有为"六三"的最终凶吉下断语，仅仅惋惜"六三"目前的无人亲比，仅仅感叹"不亦伤乎！"可见"六三"的处境虽然可伤，其凶吉仍然未定。所以在条件不成熟时，只有守正以待时变。

这一爻是说，想亲附而不得其人。

六四：外比之，贞吉。

象曰：外比于贤，以从上也。

"六四"以阴爻居阴位，柔顺得正，上承刚健中正的"九五"。凡是"六四"承"九五"者都是吉象，在象征亲附关系的比卦中当然更是如此。不过，这里的"吉"也是有条件的"贞吉"。

"六四"不和与它相对应的"初六"亲比，而向上比附处于君位的"九五"，所以爻辞特别提醒它要坚守正道（"贞"），否则恐怕有谄媚之嫌，尽管"九五"是刚明中正的大贤。

所以，亲附于上，一定要坚持正道，以免被人误解为奉迎讨好。

这一爻是说，亲附于上要注意守正。

九五：显比，王用三驱，失前禽，邑人不诫，吉。

象曰：显比之吉，位正中也。舍逆取顺，失前禽也。邑人不诫，上使中也。

《礼记·王制》中，有"天子不合围"的说法；亦即，天子狩猎，只由三面赶禽兽，称做"三驱"，舍弃往前方逃的，只捕杀迎面来的，所以说"失前禽"。"象传"用"舍逆取顺"解释。

"邑"是市镇。"九五"是这一卦的主体，惟一的阳爻，刚健中正，又在尊位。因而，其他的阴爻，都来亲近依附，这是最显著的相亲相辅。用王者狩猎来象征，只由三面包围，来者不拒，去者不追，态度宽宏无私。所以地方上的人们，就不会恐惧戒慎，当然吉祥。

这一爻，说明亲比不可强求，应感化使其自动自发。

上六：比之无首，凶。

象曰：比之无首，无所终也。

"上六"阴柔，已达到这一卦的极点"上位无位"的位置，又缺乏刚毅，不具备成为领袖的条件，无法得到属下的拥戴与亲近，所以结果凶险。

"象传"另以时间因素来解释。相亲相辅，必须一本初衷，贯彻始终。

这一爻，说明相亲相辅，应贯彻始终。

[比卦点悟] 帮助别人就是帮助自己

比卦讲的是人际交往之道。"一个篱笆三个桩，一个好汉三个帮"。在现实生活中，当我们懂得诚心地付出、帮助、爱、分享，我们就更快乐；若只为自己，自私自利，损人利己，就会孤独、无助，没有人愿意和其交往共事。

人际关系的黄金定律就是：帮助别人的时候，就在帮助自己。

[比卦例解] 助人者终得人助

一个人能力虽然不大，但只要肯团结、帮助别人，他将受到同样的回报。

有一种说法，叫做生活不需要技巧，要获得真正成功的人际关系，就只能用爱心去和别人推心置腹地打交道。

用你真诚的心去帮助每一位朋友，无论亲疏，无论穷富，他们都会在关键的时候帮助你。

著名的维克多连锁店从发展到壮大，就是因为它的经营者当初帮了别人一把，才得以迅速成长起来的。

维克多从父亲的手中接过了已传了好几代的食品店，但规模始终像它刚开始一样。维克多希望它在自己的手中能够发展而且更加壮大。

一天晚上，维克多在店里收拾，第二天他将和妻子一起去度假。他准备早早地关上店门，以便做好准备。突然，他看到店门外站着一个年轻人，面黄肌瘦、衣衫褴褛、双眼深陷，典型的一个流浪汉。

维克多是个热心肠的人。他走了出去，对那个年轻人说道："小伙子，有什么需要帮忙的吗？"

年轻人略带腼腆地问道："这里是维克多食品店吗？"他说话时带着浓重的墨西哥味。

"是的。"维克多回答道。

年轻人更加腼腆了，低着头，小声地说道："我是从墨西哥来找工作的，可是整整两个月了，我仍然没有找到一份合适的工作。我父亲年轻时也来过美国，他告诉我他在你的店里买过东西，喏，就是这顶帽子。"

维克多看见小伙子的头上果然戴着一顶十分破旧的帽子，那个被污渍弄得模模糊糊的"V"字形符号正是他店里的标记。"我现在没有钱回家了，也好久没有吃过一顿饱餐了，我想……"年轻人说道。

维克多知道了眼前站着的人只不过是多年前一个顾客的儿子，但是，他觉得应该帮助这个小伙子。于是，他把小伙子请进了店内，好好地让他饱餐了一顿，并且还给了他一笔路费，让他回国。

不久，维克多便将此事淡忘了。过了十几年，维克多的食品店越来越兴旺，在美国开了许多家分店，他于是决定向海外扩展，可是由于他在海外没有根基，要想从头发展也是很困难的。为此维克多一直犹豫不决。

正在这时，他突然收到一封从墨西哥寄来的一封"陌生人"的信，原来正是多年前他曾经帮过的那个流浪青年。

此时那个年轻人已经成了墨西哥一家大公司的总经理，他在信中邀请维克多来墨西哥发展,与他共创事业。这对于维克多来说真是意外的惊喜。他喜出望外,有了那位年轻人的帮助,维克多很快在墨西哥建立了他的连锁店,而且发展得异常迅速。

帮助别人,不要念念不忘。如果对方也是一个能为别人考虑的人,你为他所做的一切,绝不会像泼出去的水,难以回收,他一定会用别的方式来回报你。

无论是得到对方的回报还是"上天"的回报,帮助别人都会有好的结果。只要这种帮助像比卦中说的那样是出于诚心的,你自然会"吉"了。

小畜卦第九 乾下巽上

——时机未到应守正待时

小畜:亨。密云不雨,自我西郊。

彖曰:小畜,柔得位而上下应之,曰小畜。健而巽,刚中而志行,乃亨。密云不雨,尚往也。自我西郊,施未行也。

象曰:风行天上,小畜。君子以懿文德。

上卦"巽"是风,下卦"乾"是天,天上生风,表示正处于为普降甘霖的积聚酝酿之中。然而整个卦只有"六四"是阴爻,一阴畜养五阳,力所不逮,在前进过程中,有时不得不稍作停顿,所以用"密云不雨"作为比喻,即象征阴的力量尚不足以随心所欲地施展其抱负。小:少。畜:通蓄。自我西郊:浓云从我邑西郊而起。

本卦阐述了在发展过程中如何冲破阻碍,为下一步的行动积聚力量的种种原则。

[爻辞新解]

初九:复自道,何其咎,吉。

象曰:复自道,其义吉也。

这一卦,下卦是"乾"亦即天,应当在上,然而,相应的"六四"是阴

爻，却力量不足，成为障碍。不过"初九"阳爻阳位得正，又与"六四"阴阳相应，在升进中，"六四"不足以成为障碍，仍然能够循正确的途径回去。所以吉祥。

这一爻是说没有不犯错误的人，也不怕犯错误，但关键在于知错必改，立即回到正道。如此，肯定是吉祥的。

九二：牵复，吉。

象曰：牵复在中，亦不自失也。

"牵"是携手的意思。下卦的三个阳爻，志同道合，都要前进，"九二"已愈来愈接近"六四"，不能不耽心被阻碍，不过，"九二"刚健，又在下卦的中位，与"初九"携手并进，当可突破阻碍。回到原来的位置，所以吉祥。

"象传"说：与志同道合的同志，携手并进，而且不偏离中庸的原则，自己就不会迷失。

这一爻，说明在突破阻碍时，应与同志携手并进，并把握中庸的原则。

九三：舆说辐。夫妻反目。

象曰：夫妻反目，不能正室也。

"说"即"脱"。"辐"是连接车毂和轮圈的直棍。

"九三"想要晋升。但不在中位，与"上九"又不能相应，而且与"六四"接近，有时会阴阳相吸，和睦共处，但它并不能安于被留住的现状，于是，与"六四"争，以"夫妻反目"象征。

"象传"说：夫妻所以反目，是自己的婚姻不正当，就像在前进的途中，与志不同道不合的人走在一起，所以才会受到阻碍，发生争执。

这一爻，说明在突破阻碍时，应断然地摆脱羁绊。

六四：有孚，血去，惕出无咎。

象曰：有孚惕出，上合志也。

"六四"是本卦惟一的阴爻，上下五阳都受它蓄聚，这一爻当然格外重要。

"六四"要想发挥以阴蓄阳的主观能动作用，促进阴阳和谐协调，而不危及阴阳平衡，不破坏主从关系，最要紧的是心怀诚信，以诚感之，取得"九五"的信任、理解与支持，只有这样，才能达到上下"合志"，从属者与主导者精诚合作，"小畜"之道才有可能顺利实行。

这一爻，说明以阴蓄阳必须心怀诚信。

九五：有孚挛如，富以其邻。

象曰：有孚挛如，不独富也。

"六四"能够心怀诚信地以阴蓄阳，"九五"也能心怀诚信地接受蓄聚，积极地予以配合，以消除"六四"的疑虑，使它充分地发挥能动作用。两者都以诚心交相感应，所以"六四"和"九五"的爻辞都突出地强调了"有孚"二字。

这一爻，说明"九五"应以至诚之心促使"小畜"实现。

上九：既雨既处，尚德载。妇贞厉。月几望，君子征凶。

象曰：既雨既处，德积载也。君子征凶，有所疑也。

"上九"这一爻，已是一卦之终，小畜之道已经发展到了极盛阶段，"既雨既处"是说阴气已经充分积累，阳气也被充分蓄聚，阴阳和合而降雨，这正是以阴蓄阳功德圆满的象征。

当此之时，阴蓄阳已经达到最大限度，阴阳对比已经达到中和平衡的最佳状态。惟有保持这种平衡才能稳定。作为从属者的"阴"的一方要及时地停止以阴蓄阳，要像妇人坚守正道以防危险，要像月亮将圆而不过盈，以避免盛极必危、物极必反的结局。

这一爻是说，过于盛满会有祸殃。

[小畜卦点悟] 时机未到时不要轻举妄动

据说西伯（周文王）是在被商纣王囚禁在羑里时研究这六十四卦卦辞的，西伯的领地在商的西方，所以有"自我西郊"之语。这也是一种慨叹，慨叹自己只能在远离商都的西郊自我管辖的地方，做点下不了雨的"布云"事情，大志难申。当然也有自我安慰，认为这也是在积聚力量，等待时机。既已"密云"，雨总是要下的——只待风云变幻。此外，还包含：在力量不足的时候，不要轻举妄动，或者说不能有大的举措。

[小畜卦例解] 待时守正成大计

"小畜"讲在力量不足或时机不成熟时，要守正待时，积蓄力量。

待时而动是所有的人都懂得的道理，但能真正有策略有意识，又能滴水不漏地做到这一点，还真不容易。北齐政权的建立者高洋，在其未成气候之前的作为，可以说，是将这一策略玩得极为高明。

北齐政权的基业是由高洋之父高欢开创的。高欢本是东魏大臣。在镇压尔朱荣残余势力中掌握了东魏的实权，专朝政长达16年之久。高欢死后，长子高澄继立。高澄心毒手狠，猜忌刻薄，上无礼君之意，下无爱弟之情。高洋当时已18岁，已通晓政事，走上了政治舞台，已经对高澄的地位构成威胁。如果他精明强干、才华外露的话，必然受到乃兄的猜忌防范，也会引起属下僚佐的注意。

高洋字子进，史书上说他颇有心计，遇事明断而有见识。小时候，高欢为试验几个儿子的才器智能，让小哥儿几个拆理乱线，"帝（指高洋）独抽刀断之，曰：'乱者须斩'，高祖是之"。仅此一事就深得高欢的喜欢和重视。后封为太原公。

高欢死后，高澄袭爵为渤海文襄王，因高洋年长，阴有戒心。高洋"深自晦匿，言不出口，常自贬退，与澄言无不顺从"，给人一种软弱无能的印象，高澄有些瞧不起他，常对人说："这样的人也能得到富贵，相书还怎么能解释呢？"

高洋妻子李氏貌美，高洋为妻子购买首饰、服装、珍玩，稍有好一点的，高澄就派人去要，李氏很生气，不愿意给，高洋却说："这些东西并不难求，兄长需要怎能不给呢？"高澄听到这些话，也觉得不好意思，以后就不去索取了。有时，高澄还给高洋家送些东西来，高洋也照收不误，决不虚情掩饰，因此兄弟之间相处还相安无事。

每次退朝还宅，高洋就关上宅院之门，深居独坐，对妻子亦很少言谈，有时竟能终日不发一言。高兴时，竟光着脚奔跑跳跃，李氏看到不觉诧异地问他在干什么，高洋则笑着说："没啥事儿，逗你玩的！"其实他终日不言谈，是怕言多有失。如此跑跳更有深意，可以彻底使政敌放松对自己的警惕，一个经常在家逗媳妇玩的人能有什么大志呢？正因如此，高澄及文武公卿等都把高洋看成一个痴人，丝毫没有放在眼中。

东魏武定七年（549年），高澄在与几人密谋篡位自立的时候，被膳奴即负责做饭进餐的兰京所杀，重要谋士陈元康以身掩护高澄，身负重伤，肠子都流了出来。当时事起仓促，高府内外十分震惊，高洋正在城东双堂，听说变起，高澄已被杀死，颜色不变，毫不惊慌，忙调集家中可指挥的武装力量前去讨贼，他部署得当，有条不紊。兰京等几人本是乌合之众，出于气愤才杀死高澄，并没有任何预谋的政治目的，故不堪一击，片刻之间全部被斩首。

接着，高洋就在其兄府中办公，召集内外知情人训话，说膳奴造反，大将军受伤，但伤势不重，对外不准走漏任何消息。众人听了，都大惊失色。想不到这位痴人在危急时刻来这么一手，夜里，陈元康断气而亡。高洋命人在后院僻静处挖个坑埋掉，诈言他奉命出使，并虚授一个中书令的官衔给他。高澄手握大权，高欢的许多宿将都铁心保高氏，但当时尚属意高澄而未注意到高洋。所以，高洋的这些应急措施果然奏效。外人都不知高澄已死，更不知高澄的重要谋士陈元康也被埋在土里，所以马上就稳住了局面。

高洋直接控制了高澄的府第和在邺都的武装力量后，当夜又召大将军都护太原唐巴，命他分派部署军队，迅速控制各要害部门和镇守四方。高澄的宿将故吏都倾心佩服高洋处事果断和用人得当，人心大悦，真心拥护并辅佐高洋。

高澄已死的消息渐渐被东魏主知道了，暗自高兴，私下里和左右幸臣说："大将军（指高澄）已死，好像是天意，威权应当复归帝室了。"高洋左右的人认为重兵都在晋阳，劝高洋早日去晋阳全部接管高欢及高澄的武装力量方可真正无忧。高洋以为有理，遂安排好心腹控制住邺都的整个局面。甲午日高洋进朝面君，带领 8000 名全副武装的甲士进入昭阳殿，随同登阶的就有 200 多人，都手持利刃，如临大敌。东魏孝静帝元善一看这种情形，心中恐惧，高洋只叩两个头，对魏主说："臣有家事，须诣晋阳。"然后下殿转身就走，随从保卫也跟着扬长而去。魏主目送之，说："这又是个不相容的人，我不知会死在什么时候了。"

晋阳的老将宿臣，从来轻视高洋，当时尚不知高澄死信。高洋到晋阳后，立刻召集全体文武官员开会。会上，高洋英姿勃发，侃侃而谈，分析事理，处理事情全都恰如其分，且才思敏捷，口齿流利，与往常判若两人。文武百官皆大惊失色，刮目相看而倾心拥戴。一切就绪后，高洋才返回邺都为高澄发丧。半年后，高洋于梁简文帝大宝元年（550 年）五月代东魏自立，建立了北齐政权。

高洋居安思危，养尊处优时不忘锻炼自己，且能注意时局之变化，注意人才，确是有心计之人。他的这种人生策略，确实暗合"小畜"卦意。

履卦第十 兑下乾上

——谨慎行事可一生平安

履：履虎尾，不咥人，亨。

彖曰：履，柔履刚也。说（悦）而应乎乾，是以履虎尾，不咥人。亨。刚中正，履帝位而不疚，光明也。

象曰：上天下泽，履。君子以辩上下，安民志。

本卦的上卦是"乾"，下卦是"兑"。"兑"象征和悦，"乾"象征刚强，"兑"在"乾"后面，故有"履虎尾"之说；然"兑"之和悦，有礼貌，使刚强的"乾"并未生气，故有"不咥人"之说。又，"兑"为泽，"乾"为天，泽在天下，符合自然法则，即"礼"的规范，故有"履"（礼节）之卦名。

履：踩，踏。咥：咬。疚：愧疚。

人所履行，古人以和悦卑逊为贵，因为兑泽柔悦，尾蹑乾刚猛虎之后，象征人处世上，危机四伏，但只要谨慎小心，猛虎并不觉察而咬人，人生道路仍然畅通。

本卦告诫人们谨慎行事，循礼以履，则吉；阳刚躁动，狂妄自大，越礼而行，则凶。

[爻辞新解]

初九：素履往，无咎。

象曰：素履之往，独行愿也。

"初九"属于处履之初，相当于一个人初涉世事，起步践履，刚刚踏上人生旅途。

"素"是事物本质本色，没有虚饰。初入社会，做事应该本分自然，虽然未必得吉，起码可以没有过错。《象传》进一步指出，"初九"能够一如既往地行"素履"之道，必须不受世风浅薄的影响，以实现自己的夙愿初志，这就是"独行愿"的精神。

这一爻，提醒人们初涉世事应以质朴的态度行事。

九二：履道坦坦，幽人贞吉。

象曰：幽人贞吉，中不自乱也。

"初九"是刚刚踏上人生道路的旅客；"九二"则是在人生道路上安闲行走的旅客，被称"幽人"，安静恬淡的人。

"九二"以阳刚而谦居阴位，说明它刚而能柔，处于下卦之中，得中而不偏。不因人间的纷争而扰乱自己的精神境界。方可得吉。

这一爻是说，内心安静恬淡，道路自然平坦。

六三：眇能视，跛能履，履虎尾，咥人，凶。武人为于大君。

象曰：眇能视，不足以有明也。跛能履，不足以与行也。咥人之凶，位不当也。武人为于大君，志刚也。

独眼却自以为能看，根本谈不上能辨明事物。跛脚却自以为能行，根本不可能同他一起走路。有被老虎咬的凶险，说明"六三"的位置不当。一介武夫可以效力于大人君主，因为"六三"的心志刚强。

"六三"以阴爻居于阳位（第三爻为阳位），实质虚弱而盲目妄动，如此行事，一定要出问题。

这一爻说，以匹夫之勇盲目妄动是危险的。

九四：履虎尾，愬愬，终吉。

象曰：愬愬终吉，志行也。

"九四"以阳爻处阴位（第四爻为阴位），是内刚外柔，刚而能柔，内具阳刚之质，却能以阴柔的方式行事，自然不会出岔子，理应吉祥。

内怀刚志，外示柔行，履危知惧，小心仔细，以恐惧谨慎之行，实现其锐意进取之志，所以象传称为"愬愬终吉，志行也"。

这一爻是说，履危知惧可以化凶为吉。

九五：夬履，贞厉。

象曰：夬履贞厉，位正当也。

"夬"同决，果决、用强的意思。"九五"阳爻阳位，又在至尊的地位，独断独行，肆无忌惮。这种作风，即或动机纯正，仍然危险。

"象传"中的"位正当也",是指"夬履"的危险,正在于有才能,又有地位,以致恃才傲物,过于自负。

这一爻,是说刚愎一意孤行的危险性。

上九:视履考祥,其旋元吉。

象曰:元吉在上,大有庆也。

"祥"包含祸福两面,"考"是成的意思。"旋"是周旋,在此当圆满没有瑕疵解。"上九"已是履卦的最后阶段,是祸是福,要看实践的结果而定。如果践履圆满,没有瑕疵,当然大吉大利。

"象传"中的"上"与终同。"庆"指祸福中的福。是说大吉大利要看结果如何,如果圆满,则是大有福庆。

这一爻,是说成败的评价在结果。

[履卦点悟] 小心处世,可得吉祥

人的一生都在"走路",都在实践。履卦说的正是人在社会上如何实践的问题,如何行事处世的问题。卦辞所说的"履虎尾"只是一种比喻。说明人生活在社会上,各种矛盾错综复杂,存在着一定的危险,这犹如踩在老虎的尾巴上。而要不被老虎所咬,须事先有所准备和保持戒惧。

谨慎行事,这是任何时候都不会错的,一个人无论是已经得势还是刚刚起步,骄奢或鲁莽都只会净害无益,所以,本卦的深义,应该是每个人都应该领悟并遵循的。

[履卦例解] 谨慎行事的张之洞

做人需要守住"谨慎"两字,一步一步地走稳自己的脚步,否则就可能会踏上老虎的尾巴,造成终身大错。清代名臣张之洞认为做事需谨慎,否则就会遭到算计。他也是这样做的:谨慎处世,不让人抓住把柄。纵观其一生,无论是为官还是做人,都是成功而没有危险的。张之洞之所以能做到这一步,是与他的"谨慎"哲学分不开的。

在当时,立宪之议虽已闹得纷扬沸腾,但由于立宪事关根本政治体制改革,牵涉到统治集团的切身利益,不可能一蹴而就。在清末的督抚大臣中,他是对立宪政治考察较早、认识较深的人物之一。从当时的人际关系看,张之洞与立宪派有着广泛的联系,其幕僚赵凤昌、郑孝胥等是立宪派的骨干人

物，郑孝胥还担任了预备立宪公会的会长。张之洞与立宪派领袖张謇关系也较密切，曾互访商谈立宪大计。

张之洞主张立宪法、设议院的态度是明朗的，要求也是迫切的，但这并未使他鲁莽行事。

清廷发布预备立宪上谕的第二天，便颁发了改革官制的谕令。命载泽、荣庆、奎俊、铁良、徐世昌、陆润庠、袁世凯等诸大臣共同编纂改革官制方案，又令端方、张之洞、周馥、岑春煊等督臣派司道大员进京随同商议。

接着，又编定地方官制。分两层办法，第一层为各省设行省衙门，督抚总理政务，略如各部尚书，藩臬二司略如各部丞；合并各司道局所，分设各司，酌设官，如参议者领之，司以下设曹，以五品至九品官分掌之；每日督抚率属官，定时入署，共同商议各事；各府州县公牍直达省；每省设高等审判厅，受理上控案件，行政司法，各有专职。第二层办法是：督抚经管外务、军政，兼监督一切行政、司法；布政使管民政，兼管农工商；按察使专管司法方面的行政，监督高等审判厅；设财政司，专管财政、交通；学、盐、粮、关、河各司道仍照旧制。

张之洞对地方官制改革的方案提出了诸多异议，基本持反对态度。他在1907年1月2日致军机处厘定官制大臣的电文中说："此次官制之应如何改定，自以有关于立宪之利害为主，其无关宪法者，似可不必多所更张，转致财力竭蹶、政事丛脞、人心惶扰。"因而主张缓进、审慎行事。如他不同意裁撤知府，认为"一府所辖，少则四五县，多至十县，各县距省遥远，极远者至二三千里，赖有知府犹可分寄耳目，民冤可申理，灾荒可覆勘，盗匪可觉察"，因而撤知府"势有难行"。又如合并各司道一事，他认为各司各自有印，各自有稿，若合为一署，"无此广大廨舍能容许多官吏，能存许多案牍"，再如各省高等审判厅一事，他认为："一省之中臬司即为高等审判厅矣，另设一厅何为"，至于第二层办法，他认为："尤多窒碍之处，民政以警察为大端，乃臬司分内事，今乃不属臬司而属藩司，理财乃藩司分内事，今乃不属藩司，而又别立财政司……藩、学、臬、运、粮、盐、关、河权限本自分明，不相淆混，乃亦议改变则尤可不必矣！"总之，他认为改革官制各条，"似不尽与立宪关涉，窃谓宜就现有各衙门认真考核，从容整理，旧制暂勿多改，目前先从设四乡谳局选议绅、董事入手，以为将来立宪之始基，如能实力奉行，此尚是达民情、采公论之实际，亦可稍慰环海望治之心"。

从上述张之洞对官制改革的态度来看，可以这样认为：张之洞在理论上认识到立宪乃大势所趋，必须推行，但在实际上又顾虑重重，主张稳妥缓进。

像张之洞这样，在洞察形势的同时，能够保持理智上的清醒，言行谨慎，才真正称得上是应对现实生活的高手。其实"履"卦给人们所指示的，并不仅仅是这种具体的策略，更重要的是一种从容的精神。倘若能够真正修炼到这种境界，为人处世会更加游刃有余，自然无碍。

泰卦第十一 乾下坤上

——顺应规律可永保泰势

泰：小往大来，吉，亨。

彖曰：泰：小往大来。吉，亨。则是天地交而万物通也，上下交而其志同也。内阳而外阴，内健而外顺，内君子而外小人。君子道长，小人道消也。

象曰：天地交，泰。后以财（裁）成天地之道，辅相天地之宜，以左右民。

"泰"卦之象表示：天因轻而上升，地因重而下沉，于是形成天地密切交合，阴阳沟通和畅的局面。阴小阳大，地小天大，"坤"跑到了外卦，故曰"小往"；"乾"来到了内卦，故曰"大来"。

泰：通也。小往大来：小的往外，大的来内。

所以本卦借用"包荒，用冯河"、"帝乙归妹"和"城复于隍"，比喻万事万物的自然变化规律。如用来占卜事的成败，不难看出，成往败来，败往成来。事物都在成败的交替中轮回、递进、发展。所以，本卦是讲天地之道和自然法则的。

[爻辞新解]

初九：拔茅茹以其汇，征吉。

象曰：拔茅征吉，志在外也。

"茹"是根相连，相互牵连的意思。"汇"是类，"以"即与。"初九"阳爻，在最下位，已是阳刚开始升进的形象。但升进必须结合同志，共同努力，而下卦的三个阳爻，就象征志同道合，相互结合的同志，要拔除茅草，不能只拔除一根，必须将根部牵连在一起的同类全部拔起。以此象征同志间的团结，向外求发展，才能无往不利。

这一爻，是说有相同目标者之间，应精诚团结，共求发展。

九二：包荒，用冯河，不遐遗。朋亡，得尚于中行。

象曰：包荒，得尚于中行，以光大也。

包：通匏，葫芦。冯河：渡河。朋：坝为朋，指钱。大葫芦挖空了，可用它来渡河，不至于沉下水去。钱丢了，会在路上得到补偿。而这一切，皆因为其人光明正大。

这一爻，说明了事物的相对转化，艰难的可转为顺利。当然，这关键是无论何时，心性行为都要光明正大。

九三：无平不陂，无往不复。艰贞无咎。勿恤其孚，于食有福。

象曰：无往不复，天地际也。

安泰到达极盛，必然遭遇阻塞，现在正是临界点。因而，以没有平坦的，无不是起伏的，没有只往不返的情形来比拟。这是大自然的法则的常理，应当体认，在艰难困苦中，安泰得来不易，仍然要坚守纯正，一本初衷，才不会有灾祸。这样，应当得到的当会得到，自然在生活上就会幸福。

"象传"说：没有只往不返的，这是天地间的自然法则。

这一爻，告诫物极必反，仍应一本初衷，坚守正道。

六四：翩翩，不富以其邻，不戒以孚。

象曰：翩翩不富，皆失实也。不戒以孚，中心愿也。

"翩翩"是鸟轻盈飞翔的形态。"六四"已经超过"泰卦"的一半，由上升到极限，开始回落。所以用鸟轻盈飞翔，来比拟轻率冒进，不可能保有财富。"不富"在《易经》中是专指阴爻的用语，因为阴爻的中间断开空虚。"象传"解释"不富"，是说由应当在下方的阴，上升到上方，因而丧失了实力。

不过，"六四"阴爻阴位得正，又与"九二"阴阳相应，所以能够得到近邻"六五"、"上六"的信任，一起行动。"象传"解释说，这是志向相同，衷心乐意的缘故。

这一爻，告诫居安思危，仍应团结，不可掉以轻心。

六五：帝乙归妹，以祉元吉。

象曰：以祉元吉，中以行愿也。

"六五"，帝乙嫁出少女给周文王，以此得福，大吉。帝乙：商代帝王。归：女子出嫁。妹：为少女之称。祉：福泽。

"象传"说：以此得福而大吉，说明"六五"以中道实行应下的心愿。

帝王的千金是十分尊贵的，仍然需要屈尊下嫁给贤臣，才能获得福祉。爻辞借此说明，"六五"以阴爻居上体之中的君位，位尊而性柔，能够屈己之尊与下体的阳爻"九二"相应，以助成阴阳交泰的实现，这是莫大的吉祥。

这一爻是说，居尊而下交，可得祥和。

上六：城复于隍。勿用师，自邑告命。贞吝。

象曰：城复于隍，其命乱也。

"上六"在泰卦的终结处，"泰"的终结就是"否"的开端，这就是"泰极否来"的道理。"城复于隍"正是由泰返否的象征。城墙本来就是挖掘城沟中的泥土累积而成的，好比"泰"的局面是由长期的艰难辛苦积累而成的；现在城墙倒了，墙土又填塞在原来取土的城沟里，又回到了原地，比喻到达了"泰"的终极又复归于"否"。这样，泰卦的上坤必然返回到下面，变成坤下乾上的否卦。"通泰"于是转为"否塞"。

这一爻是警告那些居安而不知思危者，不要忘记泰极而否来的道理。

[泰卦点悟] 当止则止方可永保泰势

本卦阐释持盈保泰的原则。创业固然艰难，守成更加不易，不能以既有成就为满足，惟有精诚团结，力求发展，才可不断开创新局面。应知物极必反，惟有坚持理想，才能突破。居安应当思危，不可轻举妄动，应以促进团结为本，态度光明磊落，兼容并蓄，刚柔相济，顺应自然规律，才能于安定中求进步。当盛极而衰，颓势不可抗拒时，惟有因势利导，才能使损失减少到最低限度。

[泰卦例解] 姚广孝的"永泰"人生

人生在世，必须得明白泰极否来，乐极生悲的道理。当一个人到达一定高度时，如果再往前迈半步，说不定就坠入了万丈深渊。所以，懂得顺应规律去行事，是极为重要的。明成祖的"僧臣"姚广孝的一生，既有过位及人臣的地位，又有了最终的善果，就有力地印证了这个道理。

洪武三年（1370年），朱棣被封为燕王。洪武十三年（1380年）朱棣乘船北上。姚广孝认为朱棣"智勇有大略"，正是心目中寻觅已久的明主，如果能助他以成大业，功名富贵，岂不一蹴而就？因此他毅然跟随朱棣北上，来到北平。

在当时，明太祖朱元璋在应天（今南京）通统全国，雄威尚在，以子逆父，天下将不容，主意是不能往这上面打的，于是，姚广孝极力撺掇朱棣想尽办法向朱元璋表示忠心和才能，希望朱棣能直接成为朱元璋指定的继位者。

但是，北平距应天十分遥远，朱棣要想去应天，还得朱元璋批准，使者往返，又难尽己意，这对朱棣是很不利的。姚广孝建议先谋臣下，再谋近人，使君侧尽为自己心腹。朱棣听从了他的计谋，遂派姚广孝携重金收买笼络宫廷里各级官吏，连朱元璋最宠爱的妃子也被姚广孝收拢，常在朱元璋面前说朱棣的好话。姚广孝之计果然奏效，朱元璋想让朱棣继位的意思也常常表现出来。

洪武三十一年（1398年），明太祖朱元璋病死，皇太孙即位为建文帝。建文帝即位后，着手削藩。姚广孝劝燕王举兵反事。从此，燕王朱棣的军队与朝廷军队展开了拉锯战，一打就是三年。战争的胶着状态令燕王朱棣十分着急，因为朝廷统治着大部分疆域，地广人多，兵力充足，供应及时，而处于反叛地位的他物资供应常靠掠取，兵源又少，长此以往定将以失败而告终。朱棣忧心忡忡，野心渐去，姚广孝察觉到朱棣已明显不满自己了。他托病藏在家中，暗中思考着进一步的对策。

一天，朱棣到姚广孝那里探病，一见姚广孝满面红光，颇为气愤。他质问姚广孝，自己统兵征战，何故他却没病装病，躲在家里？姚广孝听到质问，却不回答，只是回问近来战事如何。朱棣气愤地诉说了近来的遭遇。姚广孝听完，微微一笑，对朱棣说："三年用兵，我已尽力了。尽人之力，而不能取得更多的地盘，不如放弃这个打算吧。"朱棣听说，怒气冲天："难道你是说

我该自缚家人,到应天请罪吗?"姚广孝急忙摇手,连说:"不然。"接着又问朱棣:"主公以为争得一城一邑事大还是得到江山事大?"朱棣被问得莫名其妙,"不得城邑,怎得江山?"姚广孝说:"三年来,我们在北平附近拔州克县,虽无所成,但亦无所败。朝廷昏庸,没有能力威服我们,只限于击东应东,击西应西,把大部分兵士用来防守我们的进攻。主公请想一想,应天这个大本营会有多少兵力防守呢?"朱棣听言,眼前一亮,急忙问道:"以你看来,该当如何?"姚广孝肃容而起,手指南方说:"毋下城邑,疾趋京师。京师单弱,势必举。"朱棣闻言,击掌叫绝,"你何不早出此计,今吾空劳三载!"姚广孝说:"主公此言差矣,若早趋京师,京师有备,事不可成。游荡骚扰三载,才使朝廷大兵主力悉数北调,京师空虚,故曰无此三载之力,亦无今日之功也。"朱棣顿首,急令大军南攻,假掠州县,实际上只是一战即去。朝廷军队来援,报已经离去,正自错愕,又有报朱棣大军复来矣。

燕王朱棣大军主力从建文帝三年(1401年)十二月破釜沉舟,出师决战,远袭京师,第二年正月由馆陶渡黄河逼徐州。三月设伏肥河大败平安军,五月攻下泗州,此后克盱眙,趋扬州,迅速到达长江北岸,离应天仅一江之隔。而在北平一带朱棣仅留一部分军队佯攻骚扰各处。直到这时,应天朝廷才明白过来,然而回救已然不及。朱棣大军甩掉了所有围追之师,四五个月便兵逼应天,出兵之速,运兵之神令人匪夷所思。建文帝根本没有料到朱棣有此一举,惊慌失措,割地求和,朱棣自然不予理会。六月,朱棣挥师自瓜州破江,围应天。应天守将见建文帝大势已去,开门献城,应天失落。建文帝不知所终。

佯攻他处却以主力之师直袭空虚的京师,这一策略,抓住了建文帝的要害,成为朱棣夺取政权的关键性谋略决策。仅以此,姚广孝不但可以位列朱棣王朝的功臣之首,而且也足以跻身于中国古代杰出谋略家的行列。

否卦第十二 ䷋ 坤下乾上

——身处劣势应灵活应对

否：否之匪人。不利君子贞。大往小来。

彖曰：否之匪人。不利君子贞，大往小来。则是天地不交而万物不通也，上下不交而天下无邦也；内阴而外阳，内柔而外刚，内小人而外君子，小人道长，君子道消也。

象曰：天地不交，否。君子以俭德辟（避）难，不可荣以禄。

此卦与《泰》正相反。"乾"由下卦升到了上卦，"坤"则由上卦来到了下卦，天、地各安其位，从此不相交。人们常用"比登天还难"形容困难之大，所以用此象说明闭塞的程度。

匪人：非人，即不当其人。

否闭之世，小人猖獗于一时，但形势并非绝望而不可逆转。君子在否闭之时，应收敛锋芒，不形于外，以免在形势不利时目标太大，被小人围攻而衰亡。要巧于周旋，并不过早暴露自己的目标，伺机而动。

[爻辞新解]

初六：拔茅茹以其汇。贞吉，亨。

象曰：拔茅贞吉，志在君也。

"初六"以阴爻处于阳位（第一爻是阳位），是个急功近利、轻举妄动的"小人"，像"拔茅茹"一样带动三阴爻，连类而向上趋进。"小人道长，君子道消"，君子应该坚持守正不动，当守而决然自守，可保平安，所以称为"贞吉"。同时还应等待事态的变化，以求发展，以利通达。

这一爻是说，初爻处于否塞刚刚开始之时，事态还不可能转化；阴阳阻隔，还没有通达的条件。但此时君子心中并没有忘记与阳刚之君相应，自守正道以求安吉，正是为了待机而动，化否为泰，在君臣际会中实现阳阴交泰。

六二：包承，小人吉，大人否。亨。

象曰：大人否亨，不乱群也。

"六二"以阴爻居阴位，而且处于下体之中，有至顺之象。本爻象征小人处下，施展其阿谀奉迎的伎俩，以巴结上司，笼络君子。这对于小人来说是吉利的。值君子处此，应该甘居否塞的困境，以缓求未来的亨通，这就是"否亨"。

这一爻是说，小人道长之时，君子应安于闭塞。

六三：包羞。

象曰：包羞，位不当也。

"包羞"是包容羞辱，亦即行为恶劣，心中却不知道羞耻。"六三"阴爻阳位不正，又离开了中位，与"六二"还能包容顺承君子比较，已经完全是小人了。而且已与上卦的阳爻接近，阴谋伤害君子，丝毫不知道羞愧。

这一爻，说明小人已经显露了阴险的真面目。

九四：有命，无咎，畴离祉。

象曰：有命无咎，志行也。

"命"指天命。"畴"同类。"九四"阳刚，具备排除阻力的才能；但在阴位，缺乏刚毅敢作敢为的精神，因而，想要救世，需要天命，也就是要看命运与际遇，才能决定祸福。在这种情况下，如果"九四"、"九五"、"上九"志同道合，齐心协力，才会是福。

这一爻，说明君子要排除小人的势力，必须因应时机，精诚团结。

九五：休否，大人吉。其亡其亡，系于苞桑。

象曰：大人之吉，位正当也。

"休"是休止。"苞"是丛木。"九五"阳刚、中正、又在中位，可打消闭塞的气运，重新恢复泰平，这是大人物才能做到的事业，所以，占断"大人吉"。然而，排除闭塞，恢复泰平，毕竟潜伏着危险；因而，必须时刻警惕到灭亡，这样才能像丛生桑木纠结在一起的根，确保安全。孔子在"系辞传"中，引用这一爻辞说："君子安而不忘危，存而不忘亡，治而不忘乱；是以身安而国家可保。《易经》说：'其亡其亡，系于苞桑。'"

这一爻，说明排除小人势力的时机已经到来，但仍应谨慎从事，警惕反击。

上九：倾否，先否后喜。

象曰：否终则倾，何可长也。

"上九"，倾覆闭塞的局面。有起先的闭塞，才有最后的欣喜。

"象传"说：闭塞的终极，必然倾覆，怎能长久呢！

"否终则倾"是必然的客观规律。但是，人们在否终将倾之时，要因势乘机而动，主动地去"倾否"，不可被动等待。从"上九"看，它以阳爻处于阴位，又居于乾体之上，积累乾健之质至于极盛，确实具有刚健勇猛、无坚不摧之力。所以，当否塞穷极之时，它能够乘时而起，一举倾覆否塞局面。

这一爻是说，否极必然泰来，这既是自然规律，也有人本身的作用。

[否卦点悟] 如何走通坎坷之路

本卦阐释小人势长，君子势消的黑暗时期到来时的应对原则。当此非常时期，君子应当提高警觉，巩固团结，坚定立场，不可轻举妄动；必须谨慎，集中力量，力争渡过难关。更应当特别防范，小人穷凶极恶的反击，否极必然泰来，黑暗不会长久，应当坚定信心，不能动摇。这样才能在"否"的不利状况下，以积极的方式达到"休否"、"倾否"的目的。

[否卦例解] 孙膑忍辱斗庞涓

当小人道长时，君子必须克制自己，不可轻举妄动。这是否卦反复强调的一个观点。同时，斗争需要一定的策略，只有过了关，才能实现由"否"到"泰"的转化。古代兵法家孙膑就是这样做的。

战国时期的孙膑，是孙武的后代，也是一位大军事家，他著的《孙膑兵法》，至今仍然是十分重要的军事经典，他不能说不富于智谋了吧，他为情势所迫，也不得不装疯避祸。

在三家分晋以后，韩、赵、魏三家中数魏国的势力最强大，魏惠王野心勃勃，也想学秦国收拢人才，找个卫鞅一类的人物来替他治理国家，于是花了许多钱来招致贤士，果然来了一位名叫庞涓的人，声称是当世高人鬼谷子的学生，与苏秦、张仪、孙膑是同学，魏王就信任了他，庞涓当了大将，他的儿子庞英、侄子庞葱、庞茅全都当了将军，"庞家军"倒也确实卖力，训练好兵马就向卫、宋、鲁等国进攻，连打胜仗，弄得三国齐来拜服。东方的大

国齐国派兵来攻,也被庞涓打了回去。从此魏王就更信任他了。

庞涓的同学孙膑,德才兼备,是个少见的人才。尤其是从老师鬼谷子那里得知了祖先孙子的十三篇兵法,更是智谋非凡。

孙膑来到魏国,魏王知道孙膑才能极大,想拜他做副军师,协助军师庞涓行事。庞涓听了忙说:"孙膑是我的兄长,才能又比我强,岂可在我的手下。不如先让他做个客卿,等他立了功,我再让位于他。"在当时,客卿没有实权,却比臣下的地位高,孙膑还以为庞涓一片真心,对他十分感激。

在庞涓的陷害下,孙膑脸上被刺了字又被剔去了膝盖骨,从此只能爬着走路,成了终身残废。

庞涓倒是对孙膑的生活照顾得很周到,孙膑觉得靠庞涓生活,就想报答他,有一天,孙膑就主动提出要替庞涓做点什么,庞涓说:"你那祖传的十三篇兵法,能不能写下来,咱们共同琢磨,也好流传后世。"孙膑想了想,只好答应了。后来,孙膑到底察觉了庞涓的奸计,便以装疯的方式想骗过庞涓。魏国的都城大梁内外都知道有个孙疯子,庞涓每天都听人汇报,觉得孙膑再也无法同自己竞争了,就没再动杀他的念头。孙膑活了下来。

有一天夜里,有个人坐在他的身边,过了一会,那人揪揪他的衣服,轻声对他说:"我是禽滑厘,先生还认得我吗?"孙膑经过仔细辨认,确认是墨子的弟子禽滑厘,便泪如雨下,激动地说:"我自以为早晚要死在这里了,没想到今天还能见到你。"禽滑厘说:"我已经把你的冤屈告诉了齐王,齐主让淳于髡来魏国聘问,我们全都安排好了,你藏在淳于髡的车里离开齐国,我让人先装成你的样子在这里呆两天,等你出了魏国,我们再逃走。"

第二天,魏王叫庞涓护送齐国的使者淳于髡出境,过了两天,躺在街上的孙疯子忽然不见了,庞涓怕魏王追问,就撒个谎说孙膑淹死了。

孙膑到了齐国,齐威王一见之下,如获至宝,当即想拜他为军师,孙膑说:"庞涓如知道我在齐国,定会嫉妒,不如等有用得着我的时候再出面不迟。"齐王同意了。

后来,庞涓带兵连败宋、鲁、卫、赵等国,齐王派田忌为大将,孙膑为军师,使庞涓连连败北,最后,孙膑用"减灶法"引诱庞涓来追,暗设伏兵,将庞涓射死在马陵道上。

孙膑装疯过关是因为在庞涓这个小人得势的情况下,他必须忍辱藏身,等待时机。所幸的是,他终于熬过劫难,实现了"否"到"泰"的转化。

同人卦第十三 ䷌ 离下乾上

——精诚团结可战胜一切

同人：同人于野，亨。利涉大川。利君子贞。

彖曰：同人，柔得位得中，而应乎乾，曰同人。同人曰：同人于野，亨。利涉大川，乾行也。文明以健，中正而应，君子正也。惟君子为能通天下之志。

象曰：天与火，同人。君子以类族辨物。

同人卦乾上离下，乾为天，为火；离为明，为火。火性炎上，与天亲和，所以象传说是"天与火，同人"。上乾之日，明照白昼；而下离之火，烛照于天，则补天日之不足，使黑夜有白昼之明。

野：离国很远的地方。亨：大家都欢乐。

本卦说明为了共同的目标，志同道合的人应走到一起；为了共同的利益，学会异中求同方能合作成就大业。

[爻辞新解]

初九：同人于门，无咎。

象曰：出门同人，又谁咎也。

"初九"是"同人"开始的一爻，与"九四"同性相斥，不相应。但也象征中间没有私情存在，与人交往的公正与广阔；超越在一门之内的狭隘的近亲关系。像这样交往广阔，当然不会有过失。

这一爻，说明和同首先应打破门户的成见。

六二：同人于宗，吝。

象曰：同人于宗，吝道也。

"宗"是宗族。"六二"中正，与"九五"阴阳相应，通常是吉的象征；但这一卦，是在阐扬天下大同的理想世界，相应反而成为不利的关系，因而

不相宜。用只在宗族中交往的现象来比拟，这种宗族和同的态度，虽然不能说错，但也不值得赞扬。

这一爻，说明应进一步打破宗族观念。

九三：伏戎于莽，升其高陵，三岁不兴。

象曰：伏戎于莽，敌刚也。三岁不兴，安行也。

"戎"是军队。"莽"是草丛。这一卦，只有一个阴爻，其他的阳爻，都要与他和同；因而，"九三"也不例外。但"九三"阳爻阳位，不在中位，性情暴躁，过于刚强，与"上九"又同性相斥，就想与下方接近的"六二"交往。可是，"六二"与"九五"关系密切，"九五"必定加以干涉，而"九五"强大，于是，在草丛中设置伏兵，并登高观察形势。但这样畏首畏尾，恐怕三年也不能出兵，最后只有不了了之。

这一爻，说明和同是道义的结合，足以使不义畏惧。

九四：乘其墉，弗克攻，吉。

象曰：乘其墉，义弗克也。其吉则困而反则也。

"九四"性刚，想与惟一的阴爻"六二"亲近和同，却被"九三"像一堵城墙似的隔开，不能与"六二"相近。"九四"于是"乘其墉"，登墙攻击，想以武力争取"六二"。"九四"此举，当然也是违背"同人"之道的。"九四"质刚故能攻，居阴位则又能用柔，在攻而不胜，陷于困境之时，能够反躬自省，知道自己的行为于义不正，因此困而知返，退而不攻，回到"同人"之道的准则上来，结果仍然是吉祥的。

这一爻指出，与人同应以道义为原则。

九五：同人先号咷而后笑，大师克，相遇。

象曰：同人之先以中直也。大师相遇，言相克也。

"九五"阳刚中正，与"六二"是同心相应的天然同盟者；但由于"九三"、"九四"横梗其间，割断其联系，使得"九五"不能与相应者相遇，所以为之痛哭。但是"九五"毕竟是刚健有力的，尽管"九三"伏兵于林莽，"九四"登上城墙进攻，"九五"仍然决心为正义一战。由于"九五"以中正之道作为行事原则，顺利地克服了一切阻碍，终于得以与同盟者"六二"相遇。这又使得"九五"破涕为笑。

这一爻是说,"同人"之道重在求心之同。心同意同,不用强求而自同。

上九:同人于郊,无悔。

象曰:同人于郊,志未得也。

"上九"在这一卦的最外面,里面没有呼应,无人与他和同,所以说在郊外。像这样孤独,应当不吉祥;然而,"上九"远离人群,是因为不愿同流合污,早已觉悟,所以不会懊悔。

"象传"说:这是不得志。像这种孤独清高的人物,自己也许不懊悔,但在别人看来,并不能说是真正得志。

这一爻,说明和同应本积极的态度,但也不能同流合污。

[同人卦点悟] 基于正道的积极合作

同人卦,阐释和同的原则,否极终于泰来。然而,安和乐利的大同世界,并不会凭空到来,仍然需要积极追求。首先应当破除一家、一族的私见,重视大同,不计较小异,本着大公无私的精神,以道义为基础,于异中求同,积极地广泛与人和同,才能实现大同世界的理想。正义必然使邪恶屈服,但障碍必须果敢地排除。牺牲小我,然后才能完成大我,先苦而后始能甘。不过,与人和同,应当积极,不可逃避,固然不能同流合污,但自命清高的孤僻态度,也不值得赞扬。

[同人卦例解] "好人"更应当和同共济

所谓"好人",是指心性正直,不走歪门邪道的人。他们为所做的正当之事寻求合作,才称得上是"同人"而不是小人,污行沉瀣一气。当然,"好人"由于各自心性耿直,有时也难免各执一端,以致心难相通,因而导致不能和同共济,使他们的力量不能往一处使,这往往是令人很遗憾的。历史上有很多这样的事例,如王安石和司马光的关系,就让人感慨颇多。

宋朝的王安石和司马光两人在1019年与1021年相继出生,年轻时,都曾在同一机构担任完全一样的职务。两人互相倾慕,司马光仰慕王安石绝世的文才,王安石尊重司马光谦虚的人品,在同僚们中间,他们俩的友谊简直成了某种典范。

后来,因王安石主张变法,施行新政,而司马光表示反对,不久,这对本来相互唱和、互相赞美的两位老朋友竟好像有了解不开的深仇大恨,两位

智者名人，成了两只好斗的公鸡。有一回，洛阳国色天香的牡丹花开，包拯邀集全体僚属饮酒赏花。席中包拯敬酒，官员们个个善饮，自然毫不推让，只有王安石和司马光酒量极差，待酒杯举到司马光面前时，司马光眉头一皱，仰着脖子把酒喝了，轮到王安石，王执意不喝，全场哗然，酒兴顿扫。司马光大有上当受骗，被人小看的感觉，于是喋喋不休地骂起王安石来。王安石以牙还牙，也痛骂司马光。自此两人结怨更深，王安石得了一个"拗相公"的称号，而司马光也没给人留下好印象，他忠厚宽容的形象大打折扣，以至于苏轼都骂他，给他取了个绰号叫"司马牛"。

"拗相公"的拗性和"司马牛"的牛脾气更激化了他们的冲突。王安石太自信了，这个"敢为天下先"的改革派领袖根本不把司马光放在眼里，就像一位斗牛士，看见凶猛的蛮牛冲过来了，还嫌不够刺激，挥动手里的红布，要让牛变得更加愤怒。司马光也不是好惹的，他又是上书，又是面陈，告了"拗相公"的御状。罪状之一是"不晓事，又执拗"；罪状之二是拉帮结派，利用皇帝给的特殊权力，拉拢了一大帮江西等地冥顽不化的蛮子。结论是：此人不是良臣，而是贼民。一直把王安石搞下了台，司马光才罢休。他们早年抱定拯救国家和百姓的理想，终于成为一个泡影。

到了晚年，王安石和司马光对他们早年的行为都有所悔悟，大概是人到老年，与世无争，心境平和，消除了一切拗性与牛脾气。王安石曾对侄子说，以前交的许多朋友，都得罪了，其实司马光这个人是个忠厚长者。司马光也称赞王安石，夸他文章好，品德高，功劳大于过错。

虽然王安石、司马光二人晚年又重修旧好，但毕竟能够做事的人生黄金时光已悄然而逝，在那时他们没有团结合作，协心同力地为国为民出力谋划，违背了"同人"的精神，自然会在他们心中留下遗憾，也令后人为之叹惋。

天底下有能耐的好人本来就不多，应该想着同心协力为社会多做贡献。不能因为各自的思想方法不同，性格上的差异，甚至微不足道的小过节而互相诋毁，互相仇视，互相看不起。古人说："二虎相争，必有一伤。"

不合作的态度和行为，所导致的后果只能是万事不顺或增加了成功的难度。从理智上来说，的确是不足取的。

大有卦第十四 ☰ 乾下离上

——顺应规律得硕果

大有：元亨。

彖曰：大有，柔得尊位大中，而上下应之，曰大有。其德刚健而文明，应乎天而时行，是以元亨。

象曰：火在天上，大有。君子以遏恶扬善，顺天休命。

大有：极其富有。此卦上卦为离为火，下卦为乾为天，离为火象征光明，全卦是光明在上，普照天下。而且，全卦惟一的阴爻位于上卦中央，与下卦乾相应，因此说有大卦"元亨"，大吉大顺。

本卦惟有至尊位的"六五"是阴爻，余皆阳爻，表明一阴拥有五阳，因名"大有"。本卦象征应天命，得人心。卦中指出，"大有"是因为顺应天时，同时又积极努力。

[爻辞新解]

初九：无交害匪咎，艰则无咎。

象曰：大有初九，无交害也。

"初九"不仅与本卦主爻"六五"相距甚远，无比无应，甚至与位置相对的"九四"也没有相应关系。这样，"初九"也就不涉及上层的利害，一般说来是可以逃避过错、不受怪罪了。然而不可以为"匪咎"而掉以轻心，一定要处富而思艰，不要忘记创业时的艰难，不生骄侈之心，谨慎行事，才能免除过错。

这一爻是说，富有时要不忘艰难。

九二：大车以载，有攸往，无咎。

象曰：大车以载，积中不败也。

"九二"好比一辆载重大车，能够满满地装载财富，稳稳地前进。

因为"九二"以阳居阴又得中，刚而能柔，谦而能容，道德积累于内，正像大车上的重物满载于其中，所以能够稳健行驶，无往不利。

这一爻是强调实力修养的重要性。

九三：公用亨于天子，小人弗克。

象曰：公用亨于天子，小人害也。

"九三"象征不仅富有，而且已经取得了很高的社会名望和政治地位的人。这时要向"天子"做出物质上的贡献和精神上的敬意，才能保持其富有和地位，这是明智的做法。所以爻辞说"公用亨于天子"，然而"小人弗克"。

"象传"进一步指出，如果是小人处于富有而又有地位的情况之下，他就会骄盈傲物，为害社会，所以说"小人害也"。当然，最后也害了小人自己。

可见，财富既会给人带来利益、名誉和地位，也会给人带来危险。

这一爻是说，富有而又有地位者，要做出自己应有的贡献。

九四：匪其彭，无咎。

象曰：匪其彭无咎，明辨晰也。

"九四"是富有过盛的象征。事物处在过盛阶段，极易发生问题。"九四"不仅其势盛大，又近于"六五"君位，处在多惧招嫌之地，更有一定的危险性。

幸亏"九四"以阳爻居于阴位，具有内刚而外柔的品质，能够谦以自处，不以富有骄人，能够看到盛极得咎的规律，自觉减损其盛大，得以免过。这就是"匪其彭，无咎"的含义。

这一爻是说，惟有不大其所有，才能保其大有。

六五：厥孚交如。威如，吉。

象曰：厥孚交如，信以发志也。威如之吉，易而无备也。

"六五"是一卦之主，是阴爻处于君位，柔而居中，五个阳爻都归向于它。它以自己对下的诚信启发众人对上的忠信，这就是爻辞所指出的"厥孚交如"，而"象传"更进一步强调这是"信以发志也"。由于"六五"温和诚信，坦然无私，受人拥戴，使人心悦诚服地生出敬畏之心，自然地显示出威严庄重的王者气象来。

这一爻强调，要诚信威严，柔中有刚。

上九：自天佑之，吉无不利。

象曰：大有上吉，自天佑也。

"上九"居于大有卦之终，能够以阳从阴，以刚顺柔，谦逊地与下面的"六五"结成阴阳相比的关系，富而不骄，慎终如始。这就顺应了客观规律，当然也就受到了客观规律的保护，因而可长保富有，"吉无不利"。这是"自天佑也"，也就是"象传"所说的"顺天休命"的意思。

这一爻是说，应有满而不溢的修养。

[大有卦点悟] 顺天休命得"大有"

"大有"即大丰收，象征人生建功立业或道德学问的圆满结果。而这一切的取得，当然不是随便就能得来的，本卦在这里所强调的，主要是要"顺天休命"，即顺应整个或具体的客观规律，无论是对事对物，还是自我的内在意识，都应当把握规律方向。当然，这种顺应必须是积极的，尽力把它往有利的方向引导和应用。回避或改变其弊害，让它发挥积极的作用，为人事服务。只有这样，凡事才会产生一个"大有"的结果。

[大有卦例解] 自命不凡的荀瑶

人一生都处在一种形势和位置之中，而它们能决定人未来的走向和结果。因此，是否能顺应它们，积极稳妥地去行事，关系到"大有"和一场空的不同结果。春秋时期晋国权臣荀瑶的行为及其结局，就很能说明问题。

春秋时期，晋国的四大家族把持朝政，国君形同虚设。在荀、韩、赵、魏四大家族之中，以荀家势力最强。

荀家的族长荀瑶是个极其贪婪之辈，他自恃兵强马壮，便要吞并其他三家，独霸晋国。荀瑶的谋士认为时机未到，向他进言说："我们现在的强大，还没达到足以把他们三家一举消灭的程度，如果眼下动手，他们联合起来，我们就是弱者了，自保都很难，不如暂缓此事，抓紧扩充实力，到时定可成功。"

荀瑶不听其言，不耐烦地说："我们最具实力，人所公认；他们三家若是日后强大起来，我们还有机会下手吗？我不会安于现状，坐失良机的。"

荀瑶于是向三家索取土地，韩、魏两家忍气吞声，不敢有违，赵家却坚

决拒绝，不肯听命。

赵家族长赵无卹还对手下人说："荀家欺人太甚，他们无理索要土地，没有人会真心奉献。我们虽然弱小，只要有所坚持，韩、魏二家一但态度有变，荀家就不足虑了。"

赵无卹的手下却没有他乐观，其中一人劝他不要孤身犯险，他忧心如焚地说："给荀家一点土地，祸患是将来的事；如果马上回绝，祸患立时就会到了。我们现在保命要紧，否则硬打硬拼，我们就会丧失一切，再难图存。"

赵无卹坚持己见，荀瑶不改初衷，于是荀瑶邀集韩、魏二家共同攻打赵无卹，约定灭掉赵家之后，三家瓜分赵家的土地。

赵无卹节节败退，最后困守晋阳城。晋阳城坚固无比，易守难攻，三家联军围了二年也没有攻下。后来他们改用水攻，决开汾水的堤防灌城，眼见大水就要淹过城墙的时候，赵无卹派人潜入韩、魏二家军营，游说他们反叛荀家。赵无卹的人对他们说："荀瑶恃强凌弱，已非一日。你们恐遭祸患，方才无奈出兵相助。如此一来，倘若赵家灭亡，荀家的势力更强了，你们岂不更会受其压迫？荀瑶志在灭我等三家，退让和忍耐都不是真正的自保之道，与其日夜恐惧被他吞并，何如我们联手，灭此大患呢？"

韩魏二家被说中了心事，反复思量比较之下，他们毅然倒戈，和赵家合力剿杀荀家。荀瑶不料有此突变，猝不及防，顿时乱作一团，招架不住，荀家兵团全军覆灭，荀瑶满门被杀，他的族人也无一幸免。

自命不凡的荀瑶，之所以没能得到"大有"的结果，反而身死族灭，关键就在于他一味贪心，不知约束自己，给对手留有余地，而冒天下之大不韪，做出蠢事、恶事，弄得天理不容、人神共愤，因此也就难免得到这么个下场了。

谦卦第十五 ䷎ 艮下坤上

——谦虚做人终自益

谦：亨。君子有终。

象曰：谦，亨。天道下济而光明，地道卑而上行。天道亏盈而益谦，地道变盈而流谦，鬼神害盈而福谦，人道恶盈而好谦。谦，尊而光，卑而不可逾，君子之终也。

象曰：地中有山，谦。君子以裒多益寡，称（秤）物平施。

下卦"艮"象征山、止，上卦"坤"象征地、顺。内心知道抑止，外表柔顺，这是谦虚的态度；山高地低，本卦却是山将自己贬低到地的下面，象征卑下中包含着高贵，这也是谦虚的态度。亨：必致亨通。有终：至终。

本卦指出，不自满，能虚心向他人请教，又肯接受批评，就可以顺通无阻。谦逊的人不仅可以长进学业，而且可以增益道德修养；同时，又可以免除灾祸。

[爻辞新解]

初六：谦谦君子，用涉大川，吉。

象曰：谦谦君子，卑以自牧也。

"牧"：是养的意思。

"初六"是谦卦的开始，位置最低，又是居于阴位之下象征着甘心在最下位，态度也最谦虚。有了这样谦虚的美德就是跋山涉水也是吉祥的。

"象传"说：谦而又谦，就是自觉的陶冶谦虚的美德。

这一爻是说，谦虚品德的具备，重在自我修养。

六二：鸣谦，贞吉。

象曰：鸣谦贞吉，中心得也。

"六二"是阴爻阴位，在下卦得中，柔顺中正，正是他的美德，又能够对

谦退之道，有得于心中，自然而然地就很合宜，其声名由近及远，引起共鸣，前途当然吉祥。

这一爻是说谦虚的美德表里如一，也就是诚于中而形于外，对己对人都有益。

九三：劳谦君子，有终，吉。

象曰：劳谦君子，万民服也。

"九三"是谦卦惟一的阳爻，得正位。得于下卦的最上位，是这一卦的主爻。因而也是上下各阴爻的所归。"劳谦"是说，有功劳还能很谦虚。

"象传"说："万民服也"，因此而得到天下百姓的归心。

这一爻，说明了有功而不居功，众望所归，必然吉祥善终。

六四：无不利，㧑谦。

象曰：无不利，㧑谦，不违则也。

"㧑"音（hui 灰），义同于麾；是挥手的意思。

"六四"阴爻阴位得正，已经进入上卦，在上卦的最下位，虽然谦虚，但"六四"居"九三"之上，难免会有过谦之嫌，因此，即使谦虚，也不能过分，而要合适，就不会有什么不利。

"象传"说：这样才不违背谦退之道。

这一爻是说，谦虚需要真实，适中，不能不谦，也不能过谦。

六五：不富以其邻，利用侵伐，无不利。

象曰：利用侵伐，征不服也。

"六五"是阴爻居至尊主位，德行柔颐，谦虚。象征着以德服人，但"六五"毕竟谦退有余而威严不足。

"象传"说：用兵是为了征伐不服的人，不能以德使其服从，只好使用武力，以补谦退之过。

这一爻，是说谦虚必须以德服人，但谦虚并不能太过分。

上六：鸣谦，利用行师征邑国。

象曰：鸣谦，志未得也。可用行师，征邑国也。

"上六"是谦卦的最上爻，已经处于谦卦的极点，但过于柔弱，居最上位，谦极而又不得谦退之道，必须辅助以武力。"邑国"是指自己的领地。

"象传"说：尽管有谦虚的声名远播，但仍未得谦退之道。因而才造成"可用行师征邑国"的局面。

这一爻是说谦虚不仅是美德，还要有相应的力量，没有力量的谦虚无异于无能。

[谦卦点悟] 谦虚也要有"策略"

本卦通过谦谦、鸣谦、劳谦、执谦等一系列概念的分析，阐述了谦虚的各个种类，不同的效用。在六十四卦中，只有本卦六爻占断均为吉利，可见先人对于谦虚美德的赞赏推崇。谦虚的本质不是退让而是进取，核心则在于"裒多益寡，称物平施"，惟有平等，才有真正的和平环境，才能有谦虚这一美德的发扬光大。谦虚必须出乎内心，以事实为基础，并且具有一定的原则性，否则，便是虚伪，是权术、政治的附庸。

[谦卦例解] 谦虚之人成大器

谦虚的人往往能得到更快的进步。谦虚谨慎是一种美德，更是每个人走好人生之旅的必备"工具"。只有谦虚，才会不断要求上进，才会善采人之长而补己之短，才会兢兢业业，从小事做起，严格要求自己，才会达到事业的成功。古往今来，能成大器者，几乎无一不具有谦虚的美德，或深谙"谦虚成功"之道。

曾国藩逝世后，江苏巡抚何璟首论其功，其中谈到："臣昔在军中，每闻谈及安庆收复之事，辄推功于胡林翼之筹谋，多隆阿之苦战。其后金陵克复，则又推功诸将，而无一语及其弟国荃。谈及僧亲王剿捻之时，习苦耐劳，辄自谓十分不及一二。谈及李鸿章、左宗棠一时辈流，非言自问不及，则曰谋略不如，往往形之奏牍，见之函札，非臣一人之私言也。"

从时代背景上看，处于乱世而谦抑，不失为一个明智的自保之道。曾国藩能像东汉光武手下"大树将军"冯异那样将功劳让给别人，实在是难能可贵。正如他自己所言："贵谦恭，貌恭则不招人之侮，心虚可受人之益。吾人用功，力除傲气，力戒自满，毋为人所冷笑，乃有进步也。居今之世，要以言逊为直。有过人之行而口不自明，有高世之功而心不居，乃为君子自厚之道。"

谦虚不仅是中国人历来所看重的美德，西方人也一样把谦虚之人视为值

得人们尊敬的高尚者。世界伟人富兰克林作为美国的政治家、外交家、著述家、科学家、发明家而闻名于世，像他这样在多方面都显示出卓越才能并且又十分谦虚的人，实在少见。

他的发明创造无所不有，无所不在。他发明了口琴、路灯。他是政治漫画的创始人。他作为游泳选手也很有名。他是出租文库的创始人。他发现了墨西哥的海流，他提议夏季作息时间。他四次当选为宾夕法尼亚州的州长。他制订出"新闻传播法"。他最先绘制出暴风雨推移图。他首先组织道路清扫部。他发现了电和放电的同一性。他是美国最早的警句家。他是美国第一流的新闻工作者，也是印刷工人。他创造了商业广告。他发明了两块镜片的眼镜。他是《简易英语祈祷书》的作者。他是英语发音的最先改革者。他发现人们呼出的气体的有害性。他最先解释清楚北极光，他还被称为近代牙科医术之父。他最先组织消防厅。他创设了近代的邮信制度。他设计了富兰克林式的火炉。他想出了广告用插图。他创立了议员的近代选举法。他向美国介绍了黄柳和高粱。他发现了感冒的原因。他创造了换气法。他发明了颗粒肥料。

富兰克林的确是不可多见的世界伟人。但他是非常谦虚的。他在自己墓志铭的草稿上明确写下自己是印刷工人，但未被采用。

生活中常有两类人：骄人和谦人。骄人总觉得自己是世界上最高明的、头脑最发达的人，看不起眼前的任何人，大有一种"一览众山小"的架势，这种人常自以为是，有一点本领就觉得自己有七十二般武艺，殊不知，这种人是世上最脆弱的人，常在关键时刻不堪一击；谦人则始终以虚心的态度向能人学习，即使有七十二般武艺，也总是争取最大限度地发挥自己的潜能。这种人眼界开阔，目标高远，是成大器者。

做谦虚之人，可避免盲目自大，让自己始终处于冷静的状态，在"不满足"的心态支配下，兢兢业业，做大人生局面；相反，一个对自己深浅不知的人，过于自满于自己的一点小技巧，必不能与"人外之人"较量高低。

豫卦第十六 ䷏ 坤下震上

——得意不可忘形

豫：利建侯行师。

彖曰：豫，刚应而志行，顺以动，豫。豫顺以动，故天地如之，而况建侯行师乎？天地以顺动，故日月不过，而四时不忒。圣人以顺动，则刑罚清而民服。豫之时义大矣哉！

象曰：雷出地奋，豫。先王以作乐崇德，殷荐之上帝，以配祖考。

本卦上卦"震"是雷，下卦"坤"是地，雷在地上爆发，产生雷鸣，使大地振奋，这是阴阳最和乐的现象；所以称做"豫"。古代圣明的君王，效法这一精神，创造音乐，就是仿效雷的声音，与和乐的意义，用来崇敬盛德，并盛大地献给天帝，一并祭祀祖先的亡魂。建侯：授爵封侯。行师：兴兵。

"谦"与"豫"互为综卦，"谦"是长期积累能量，"豫"是瞬间释放爆炸；玉不琢不成器，因此有人提倡"苦尽甜来"；爆竹不响不惊人，故而有人提示"乐极生悲"。

本卦提醒我们：人不可让一时的胜利冲昏了头脑。

[爻辞新解]

初六：鸣豫，凶。

象曰：初六鸣豫，志穷凶也。

"初六"爻，属阴爻，阳位不正。象征着啼鸣，是凶象。

"象传"说：这是因为过于得意而忘本性，故会遭凶恶之祸。

这一爻是说，不能得意忘形。

六二：介于石，不终日，贞吉。

象曰：不终日贞吉，以中正也。

在象卦中只有"六二"居中，也象征着上下各爻都沉溺在欢快气氛中，只有"六二"位在中，更能保持清醒，坚守中正之道。一天终日，都应随时

警惕，慎思明辨，因而吉祥。

此爻重点在于强调不可沉于安乐，而应该保持警觉。

六三：盱豫，悔，迟有悔。

象曰：盱豫有悔，位不当也。

"六三"爻属阴，阳位不正，这如同小人之不中不正。此爻有张目仰视不知所措而后悔的迹象。也时常迟疑不决而有悔意。

"象传"说：张目不知所措，是指它所处的位置不正当。

此爻强调安乐应得自正当。

九四：由豫，大有得，勿疑。朋盍簪。

象曰：由豫大有得，志大行也。

"九四"爻是这一卦仅有的阳爻，配与其他各爻互相呼应，形成志同道合的朋友。但有一点必须注意，"六五"属柔和弱小，所以重责大任完全加在它身上，如此应当小心谨慎，诚以待人，不相互猜忌，若能做到这样的功夫，则朋友同志必前来聚力协助。

这一爻是说，人不能有胡乱猜疑之心，更不能狭隘地妒忌别人。

六五：贞疾，恒不死。

象曰：六五贞疾，乘刚也。恒不死，中未亡也。

"六五"是阴爻属柔弱，处于至尊之位，因下方有"九四"过于刚强，所以情势险恶，就像病重之人。然而"六五"居上卦之中，象征着权威势力，故不会立即亡失。所以陷溺在如风中残烛般的状况下，应分外谨慎，持守中庸之道，存有慈善纯正之心，才不会亡失。

这一爻强调必须居安思危。

上六：冥豫，成有渝。无咎。

象曰：冥豫在上，何可长也？

"上六"爻，象征着幽暗、昏晦。"上六"爻属阴柔，已快达到极乐之点，所以常会乐极生悲。但上卦的"震"，雷也，象征动，有变。因为已经达到极点，所以虽然沉溺在安乐中，只要能及时醒悟，肯悔改，仍不失安乐。

此爻在强调，若遭极乐而生悲，就应立刻采取行动，时常改变方法，如此才可保持长久与永康。

[豫卦点悟] 不可忘形于安乐

豫卦指示我们，要顺理而动，使天下同归于安乐，这是我们应有的安乐观。至于如何致安乐、如何处安乐的道理，都包括在这样的安乐观之中。而豫卦六爻分别从正反两方面作了剖析，指出了趋吉避凶的途径。由此可知，"豫"是好事，也是坏事，处理好了就是好事，处理不好就是坏事，这里面大有文章，值得深入研究。

[豫卦例解] 得意忘形的教训

豫卦讲欢乐，欢乐是好事，也是坏事。人人都想有欢乐的事发生，但欢乐容易使人得意，而得意致人忘形。所以必须高瞻远瞩，居安思危，不可在欢乐中迷途，否则将乐极生悲，陷于劫难之境。

一位著名企业家曾这样讲过："当你经过千辛万苦使你的产品打开市场的时候，你最多只能高兴五分钟，因为你若不努力，第六分钟就会有人赶上你，甚至超过你。"这真是一个很有见地的企业家。

当你被上司提升或嘉奖的时候，常常会自鸣得意吗？如果是，那你就要好好学一番涵养功夫，把你那因升迁而引起的过度兴奋压平才好。你可能已经拟定了一个非常严谨的人生奋斗计划，有些目标可能是很完善和可赞赏的。但在你没有达到这些目标之前，中途的一些升迁真可说是微乎其微的小事。也许你在实行一个计划时，一着手就大受他人夸奖，但你必须对他们的夸奖一笑置之，仍旧埋头去干，直到隐藏在心中的大目标完成为止。那时人家对你的惊叹，将远非起初的夸奖所能企及。

美国汽车大王福特曾说："一个人如果自以为已经有了许多成就而止步不前，那么他的失败就在眼前了。许多人一开始奋斗得十分起劲，但前途稍露光明后便自鸣得意起来，于是失败立刻接踵而来。"

石油大王洛克菲勒也说："当我的石油事业蒸蒸日上时，每晚睡觉前总是拍拍自己的额头说：'别让自满的意念搅乱了自己的脑袋。'我觉得我的一生受这种自我教训的益处很多，因为经过这样的自省后，我那沾沾自喜、自鸣得意的情绪便可平静下来了。"

一个人是否伟大，是可以从他对自己的成就所持的评价和态度看出来的。累积你的成就，作为你更上一层楼的阶梯吧。

人生处在顺境和成功之时最容易得意忘形，终致滋生败像，正所谓乐极

生悲。看过特洛伊战争"木马屠城记"故事的人,都会记得特洛伊是怎样被毁灭的。

特洛伊人与入侵的希腊联军作战,双方互有胜负,后来联军中有人献计,假装全部撤退,只留下一匹大木马,并将勇士藏在马腹内,其他的主力部队亦躲在附近。特洛伊人望见远去的联军,以为敌人真的撤退了,于是在毫无防备的情况下将木马拖入城内,歌舞狂欢,饮酒作乐。就在他们正在睡梦中时,木马中的敌人纷纷跳出来,打开城门,里应外合,于是特洛伊灭亡了。

这个故事告诉我们不要高兴得太早,否则失意马上就到。有些人因为顺境连连而甚感欣慰,愉悦之情不时溢于言表。然而,不能光是高兴,应该想想怎样才能维持好运,永葆成功。希腊有名的雄辩家戴摩斯说:"维持幸福,远比得到幸福更难。"同样的道理,好业绩得来不易,但更难的是如何保持好业绩。

因此,即使是你的运气极好,既使你已事业有成,集荣华富贵于一身,也莫要得意忘形,而要更加潜心修炼,保持与社会、与事业、与生活的和谐,以求得健康发展。

好运来临当然是令人快乐的,但在快乐的时候,我们必须头脑清醒,要时时注意处处小心,不能得意忘形。从前面的故事中我们可以更加理解"豫"卦之深意,并可以领悟到这样的道理——即使你百分之百确定,也不能在言谈或任何行动上表现出来,不可有"掩饰不住的喜色",否则,即使不大祸临头,也可能空欢喜一场;人们曾说的"得意忘形",意思就是说一个人在过分得意的时候,往往就是判断力最弱的时候。

随卦第十七䷐震下兑上

——随时随心随天道

随:元亨,利贞,无咎。

彖曰:随,刚来而下柔,动而说(悦),随。大亨贞无咎,而天下随之,随之时义大矣哉!

象曰：泽中有雷，随。君子以向晦入宴息。

上卦"兑"是泽，下卦"震"是雷，所以说"泽中有雷"。雷潜伏在泽的深处，象征着安息不动的形象。又"震"的方位在东方，象征日出。"兑"的方位在西方，象征日落，同时也象征着春天与秋天。从"震"到"兑"，是万物在运动中经过时间和空间的变化，由生转息。生是息的开始，息是生的转机，万物也在生息的变化中运动。晦：晦暗，黑夜。宴：安，安寝。

本卦阐述了追随的原则：在人际交往中必须惟善是从，追随他人的动机必须纯正，不能贪图个人近利；对正道的追求必须至诚、执著，不能朝秦暮楚。

[爻辞新解]

初九：官有渝，贞吉，出门交有功。

象曰：官有渝，从正吉也。出门交有功，不失也。

"初九"爻象征着官位有了变迁，这种情形则必须洁身自守，才是吉利的。如果愿意出门结交，则有功利。

"初九"是下卦的主体。在出任官位若有变动时，不可气愤，仍要坚守中正之道，才能逢凶化吉。而且应该走出门外多与人交往，扩大视野与接触面，才是吉利。也就是要破除自私之见，尊重群众意见，随从大众，才会成功。

这一爻重点在应追随大众的利益，变而不违。

六二：系小子，失丈夫。

象曰：系小子，弗兼与也。

小子：意指年轻人。丈夫：身高一丈的男人称丈夫。

"六二"爻是与小子失去丈夫有关系的象征。按象辞上的说法，联系小子，是说有不能兼顾相与的现象。

这一爻虽然不能说是凶险，但却也是明显的恶事，再与"小子"发生了关系，则易失丈夫，弄到最后只有左右为难。所以凡事不可贪利。

六三：系丈夫，失小子，随有求，得，利居贞。

象曰：系丈夫，志舍下也。

"六三"爻，有着与丈夫联系而失去小子的象征。虽然说能够随时求得，但是自居忠贞的则更为有利。象辞上说：联系丈夫，乃是说它的心志已遭

舍弃。

"九四"属阳刚握实权之位，而"六三"是在追随一可靠的壮年人，正与"六二"不同，"六二"是在追求优秀于自己的人，以图利。

这一爻强调想追随刚毅强力之人，虽有利但动机须纯。

九四：随有获，贞凶。有孚在道，以明，何咎？

象曰：随有获，其义凶也。有孚在道，明功也。

"九四"爻，象征随之而来因而有所收获。贞正，但也有凶害。可以诚信坚守正道，则可明白事理，这样又哪会有灾害。

按象辞说，随来有所获，意思是说就理论上而言，是有凶害的。但只要诚信于道，依旧可以表明功业。

这一爻重点在于说明追随者应该安守本分，诚信待人。

九五：孚于嘉，吉。

象曰：孚于嘉吉，位正中也。

"九五"爻的象征是说信孚于嘉庆，则吉利，按象辞上的说法，信孚于嘉庆，是吉利的象征。是说它的爻位居中的关系。

"九五"阳爻，是善的象征，阳爻在阳位正好取正，恰与下卦的"六二"互相对应，而且"六二"属阴爻，阴位得正，也就是说中正与中正相对应，所以相当可信，是非常吉利的。

这一爻是说，诚信是一个人最宝贵的品格。

上六：拘系之，乃从维之，王用亨于西山。

象曰：拘系之，上穷也。

拘：拘束。从：重复。维：是束缚。西山：指的是在周都西方的岐山。

"上六"爻是说需要拘束来联系，才能够随和顺从而维持。同样的也有王者祭祀西山神祉的用意。按象辞上说，用拘束来联系它，是说已到尽头了。

"上六"属阴爻，已经是极限，再向上也没办法找到出路，已被"九五"、"九四"束缚住。如此密切的关系是这样巩固，必然也是因为出自诚实信用。

在此爻中，最主要是强调至诚乃为团结的根本法则。

[随卦点悟] 正己随众利天下

随卦讲的是随和，随从强调集体生活，是我国历史上传说文化的一个特点。因而，随卦卦义，也反映了维系人与人之间关系的方式方法。为达到谐调的目的，就要克服个人的私利。追随群体的利益，最重要的是上下之间的随和，也就是追随。在这里，提倡在追随时要坚持原则，不盲从，更不能趋炎附势；为政者就要体察民情，以达成上领下随；如果统治者为政不仁，不是以德怀人，也必将成为孤家寡人。随从的根本在于诚实守信，从善如流，在随和的谐调中获得安定，这就有助于减少抗争，避免冲突以维持社会秩序的稳定，从而达到天下太平无事。

[随卦例解] 乾隆察民情随民意

体察民情，随顺民意，要走到民间去，才能有实行的前提。乾隆下江南就是他走访民间的重要活动，当然不排除他有为己打算的成分，但其主要目的还是：体察民情以达到上领下随。

乾隆即位十多年后，开始了他巡视江南的活动。

乾隆皇帝首次南巡带了一大批人马，从京城经直隶和山东到江苏，渡黄河，再乘船南下，经扬州、镇江、丹阳、常州到苏州。一路上御道要求平整、坚实、笔直，凡是有石板、石桥的，需撒黄土铺垫，水道中则要有豪华舒适的船只乘坐，沿途建造无数风格各异、小巧别致的小亭子，几十处气派的行宫，以供赏玩住宿。

南巡的奢华浪费本不是乾隆所求，南巡前乾隆皇帝曾指示各地官吏从俭办理，不得骚扰百姓。他说："所在行宫，与其选购珍奇，不如明窗净几，洒扫洁除，足供住宿之适也。经过道路，与其张灯悬彩，徒侈美观，不若蔽屋茅檐，桑麻在望，足觇盈宁之象也。"竹篱茅舍，开轩桑麻在望的景象自然也有趣味，但在趋奉的下臣们那里是不愿做、不敢做的，大家都想竭力把皇帝伺候得更好一些，为此不遗余力，奢华几乎是不可避免的。此外，乾隆皇帝还要求各地督抚不得向随从皇帝出巡的官员馈送钱礼，随从的兵丁也不得骚扰百姓。这一点，倒是相对容易做到一些。

为了让手下官员不致于浪费民力，乾隆皇帝还屡谕军机大臣说："清跸何至，除道供应，有司不必过费周章。"又说："至川原林麓，民间冢墓所在，安厝已久，不过附近道旁，于华路经由无碍，不得令其移徙。"乾隆皇帝为了

不劳累百姓,连老百姓的祖坟是否迁移这样细微的民间小事都能想得到,其爱民之心也非虚拟。

皇帝出行,自然要乘坐气派的龙船,但是,当臣子奏报说御道中有些河道狭窄,要想通过就得拆去几十座石桥。这样岂不是劳民伤财?

乾隆皇帝闻知为此,马上下谕说:"朕初次南巡,禹陵近在百余里之内,不躬亲展奠,无以中崇仰先圣之素志。向导及地方官拘泥而不知权宜办理之道,鳃鳃以水道不容巨舰、旱地难立营盘为虑,若如此,所议拆桥数十座,即使于回銮之后,官为修理,其费甚巨,且不免重劳民力,岂朕省方观民本意耶?"

"其原拟安立营盘二处,著于此处造大船一只,专备晚间住宿,不必于旱路安营,既避潮湿,且免随侍人众践踏春花之患。朕在宫中,及由高梁桥至金海,常御小船,宽不过数尺,长不过丈余,平桥皆可往度,最为便捷。越中河路既窄,日间乘用,俱当驾使小船,石桥概不必拆毁。"

为了避免南巡期间影响河运,乾隆还准许地方政府采取一些得力的措施来保证日常运营。镇江等南北航运枢纽外,百货云集,船只往来不断,如果在御舟未至,就早早地把各地往来商船拦截,势必会引起商人集聚,货物也运不到所需地方,导致市场价格上涨。于是,乾隆允许各地在御舟抵达前三两天内,把商船避入支港,等御舟过后,马上放行。

除了第一次南巡时对百姓有所滋扰外,乾隆皇帝其他几次南巡总的来说对百姓的滋扰并不算太大。为了不让官府以办差为名搜刮百姓钱粮,乾隆皇帝鼓励官府动员当地商人操办差务,这样商人出钱雇佣民夫,还可以增加百姓收入,而官府也不能借机敛财,损害天子"圣德"。在选择南巡时间时,乾隆皇帝也能够注意避开农忙之日,尽量做到不影响当地百姓的日常生产与生活。

历次南巡,乾隆皇帝都特别注意不惊扰百姓,虑事周详,总是尽可能地考虑所有因素,使既能达到南巡的政治目的,又可以得到百姓的赞颂。于是,"上领下随"的局面自然也就达成了。

蛊卦第十八 ䷑ 巽下艮上

——应积极去蛊自医

蛊：元亨。利涉大川，先甲三日，后甲三日。

彖曰：蛊，刚上而柔下，巽而止，蛊。蛊元亨，而天下治也。利涉大川，往有事也。先甲三日，后甲三日，终则有始，天行也。

象曰：山下有风，蛊。君子以振民育德。

下卦"巽"为柔顺，上卦"艮"为刚健，柔下降而刚上升，上下不相交而疏远隔阂；下卑顺而上刚愎，必然会腐败，所以命名为"蛊"。又，下卦"巽"为风，上卦"艮"为山，风吹山，草木凋谢，果实散乱，即腐败之象。

蛊：蛊惑。甲：指"甲子"，甲的前面就是癸、壬、辛这三天干，后甲三日就是乙、丙、丁。为什么是先甲三日，后甲三日呢？这正好是七天，即辛日、壬日、癸日、甲日、乙日、丙日、丁日。这七天正好是有利的。

祸福相倚，是先人早已发现的规律。衰败中蕴涵着新生，因为衰败激起了人们的改革之心，正是才德之士有所作为的时候。当然，革除衰败的过程中也有很大的风险，因此，每一举措，都要在事先有周密的布置，并且估计到事后的可能结局。只有这样，革除衰败才能成功，太平盛世才会到来。

[爻辞新解]

初六：干父之蛊，有子考无咎，厉终吉。

象曰：干父之蛊，意承考也。

"干"是树干，在这里，引申为中坚的意思，"考"原意是老，在这里指亡父。蛊卦各爻，是以前人败坏的事业为前提，因此六爻都有父辈之象。

"初六"是阴爻居蛊卦之初，象征父辈的事业开始败坏，还不很严重，挽救也相对容易，"有子"，就是以儿子来挽救父辈的事业，"厉"是指整治败坏的事业十分艰难，困难重重。需付出很大的努力才能把事情办好。

"象传"说："意承考也"，就是继承其父所未能完成的整治工作。

这一爻是说，挽救败坏之事、需要付出艰苦的努力。

九二：干母之蛊，不可贞。

象曰：干母之蛊，得中道也。

"九二"是阳爻居阴位，位不正，也象征着不能正确地坚持原则。"九二"与"六五"相应，"六五"比拟于母亲，是儿子为母亲善后的意思。但是，"九二"刚强不得中，要整治母亲造成的蛊事，难免伤害母亲的自尊心，所以，不可太固执，既要进行整治，又要采取和风细雨的办法，不可过于刚猛。

"象传"说："得中道也"。是说得中位能采取中正和顺之道来整治。

这一爻是说，对母亲的蛊事，不可过于追究，要采取两全的办法，强调了坚持中正。

九三：干父之蛊，小有悔，天大咎。

象曰：干父之蛊，终无咎也。

"九三"阳爻居阳位，不在中位，过于刚猛急躁，因此，在纠正父亲造成的过错上，方法不得当，于是有些后悔，但"九三"又在下卦"巽"中，又有顺从的美德，且又阳爻阳位得正，毕竟纠正父过的动机还是纯正的，没有什么大的过失。

这一爻是说，纠正过错，要讲究方法，不可操之过急。

六四：裕父之蛊，往见吝。

象曰：裕父之蛊，往未得也。

六四爻，是说必须以宽厚优容的态度来处理父亲的事业。

"六四"爻，是柔爻当柔位，若是过于柔弱，则无法担大重任。因此必须彻底地整顿，才不会愈陷愈深。

"象传"说：若是过分的宽容，就算是心有向前，亦一无所有。

这一爻说明了挽救败坏的事业，必须彻底，不可宽容。

六五：干父之蛊，用誉。

象曰：干父用誉，承以德也。

"六五"爻，正象征着继承老父的事业必须运用声誉。辞上的说法，是说，要有功德来承其业。

"六五"爻属阴爻柔顺，在上卦是位当至尊中位，在下方又逢阳爻"九二"互相对应，也就象征后面有刚毅的儿子为后盾，刚毅的儿子当有能力来继承父亲的事业，如此声誉必会日日兴隆。

这一爻在强调欲挽失败的事业，应用贤才。

上九：不事王侯，高尚其事。

象曰：不事王侯，志可则也。

"上九"爻的象征，是不愿从事王侯的事业，但却有其高尚的志气，以为自己本分之事。按象辞上的说法，所谓不想从事王侯的事业，是说他的志气，自然有可以守住原则的道理。

"上九"爻是阳爻属刚强，此爻是卦中最外面的一爻，象征着淡泊，清高。有自己的志向，自己的原则，不失己则，不事王侯。

这一爻在说明，应该像隐士一般的高尚，坚守自己不变的原则。

[蛊卦点悟] 重新开创新世界

本卦阐述了整治不良现状的原则和方法。面对乱世，才德之士不可坐以待毙，而应该及时奋起，有所作为，施展其抱负。但每一行动，都应该有周密的安排，先计而后行，做好艰苦奋斗的思想准备。不要过多地谴责过去，而应该致力于未来的规划。革除毒瘤，既不能姑息养奸，也不能过于刚烈，应不拘一格任贤用能，也应尊重那些不愿涉足世事的高士才子，推崇他们的不世之学。只有这样，才能扶大厦于将倾，重新开创新的世界。

[蛊卦例解] 破旧制改土归流

针对不同的具体情况，采取相应的措施，对症下药。只有这样，才能产生良好的治理效果。

雍正帝即位初年，即以大刀阔斧的改革精神废除了西南少数民族地区传统的土官、土司制度，改为府州、县政权，由清朝中央政府直接派遣流官进行统治，历史上叫做"改土归流"。

原来，自从上古苗族离开黄河流域，迁往湖南、广东、广西、四川、云南、贵州地区以后，无论是红苗（衣带红）、黑苗（缠黑布）、青苗（缠青布）、白苗（缠白布）还是花苗（衣褶绣花），都始终保持着自己的风俗习

惯，跟汉族不一样，生产也比较落后。

因此，虽然秦汉以来，在上述地区已经设置了一些郡县，但却始终采用着官其酋长、随俗而治的办法。

在土官、土司制度统治下，广大土民处在极端贫困的境地。土官、土司世代承袭，因而，每当老的去世，新的上台时，上层集团内部为了争夺继承权，便大打出手，相互厮杀，人民遭殃。有时，部落之间因水源、地盘、婚姻、宗教等纠纷而引起大规模的仇杀，"一世结仇，九世不休"，世代冤仇不解，给人民造成重大的伤亡和损失。

更为严重的是，土官、土司还经常乘朝廷不稳之机，组织发动武装叛乱，给朝廷的统治造成很大威胁。如康熙四年，云南迤东土司禄昌贤、王耀祖利用清朝统治未稳，发动叛乱，起兵数万，连续攻陷临安、蒙自、嶍峨、宁州等城邑，整个云南为之震动。康熙十四年，吴三桂掀起三藩之乱后，湖南、云南、贵州、两广地区的土官、土司认为是脱离清朝统治的好机会，纷纷举兵响应，成了三藩叛乱的社会基础。

雍正四年，雍正命鄂尔泰首先将东川、乌蒙、镇雄三大土府由四川划归云南，实行改土归流。这三府地处四川与云南之间，民族关系复杂，闹事最多。鄂尔泰先从这里开刀，以示杀一儆百。

当年夏天，鄂尔泰先革去东川土司的头衔，接着派员去乌蒙。乌蒙土司禄万钟，联合镇雄土司陇庆侯以武力抗拒。鄂尔泰采取"剿抚并用"政策，凡是以武力抗拒者，坚决剿平之。由于清军兵多粮足，擒住禄万钟，降了陇庆侯，土司的武装力量逐个被消灭，三大土府才得以改土归流，改设了乌蒙府、东川府、镇雄州，派遣流官统治，隶属云南省。

东川、乌蒙、镇雄三府改土归流成功，消息传到京城，雍正帝大喜，又升鄂尔泰为云南、贵州、广西三省总督，命他全面推行改土归流。鄂尔泰根据不同情况，采取多种措施实施改土归流。

一是通过军事进剿方式，强制进行改土归流。

二是靠武力威慑，借各种罪名革除土司官的职务，强迫改土归流。

三是土司土官交钱纳土，自动呈请改土归流。

至雍正十三年（1735年），在四川、贵州、云南、两广、湖南5省，绵延数千里，上千个苗寨，60多个府、州、县废除了土官土司的职务，代之以清朝中央政府派遣的流官，完成了改土归流，实现了全国政体的统一。

不仅如此，改土归流还减轻了人民的经济负担。一般来讲，推行全国统一的赋役政策，较为土司的苛捐杂税，劳动人民的经济负担有所减轻。清政府还在那些自动归流地区，多次宣布减免赋税，予以优惠。

改土归流是一项浩繁的系统工程，面对巨大的阻力，雍正皇帝以十二分的勇气和细致到位的措施，确保了这项改革的成功，开创了新的政治局面。蛊卦所揭示的深刻意义在这一改革中尽显无余。

临卦第十九 兑下坤上

——领导者不能独断专行

临：元亨，利贞。至于八月有凶。

象曰：临，刚浸而长，说（悦）而顺，刚中而应，大亨以正，天之道也。至于八月有凶，消不久也。

象曰：泽上有地，临。君子以教思无穷，容保民无疆。

临卦下兑上坤，下卦兑是泽，"象传"说是"泽上有地，临；君子以教思无穷，容保民无疆"。泽为水，水往低处流，因为泽水汇集低处；而地则高出于大泽。泽卑地高，岸临于水，取其高下相临之势，所以说是"泽上有地"谓之"临"。

有凶：阴阳消长。浸：渐进。

本卦反映的是位在高势的为人艺术，"临国"、"临民"事关重大，因而大有讲究，历史已从正、反两方面提供了宝贵的经验教训，值得后人借鉴。

[爻辞新解]

初九：咸临，贞吉。

象曰：咸临贞吉，志行正也。

"咸"即感，感召。

"初九"在最下位，阳爻阳位得正，是开始向上发展的时期，在上与"六

四"相应，彼此有相互感召的关系，有利于前进；从"消息卦"来看，阳气步步向前，是按照天道规律发展的，当然纯正吉祥。

"象传"说："志行正也"，是说"初九"阳刚得正，又符合天道的规律，志向正确。

这一爻是说好运开始，刚正之士，前途吉祥。

九二：咸临，吉，无不利。

象曰：咸临吉无不利，未顺命也。

"九二"也是阴爻，得中正，又与"六五"阴阳相应，也就是以刚中应柔中，符合天道的变化，面临着大有发展，当然吉祥。

"象传"说："未顺命也"，是说"九二"仍然阴长，并没有顺从"八月有凶"这一天命，是说离八月的凶，还有一段距离，目前没有什么不利。

这一爻是说刚中之士，步步登高，继续向前发展。

六三：甘临，无攸利；既忧之，无咎。

象曰：甘临，位不当也。既忧之，咎不长也。

"六三"在下卦的最上方，但以阴居阳位，不中不正，外强而中虚。又是下卦"兑"的主体，面对二阳爻的刚势逼进，深为忧虑，但"六三"能改变态度，"甘临"也不会发生什么灾祸。

这一爻是说，面对大势，只能退避，不可取巧。

六四：至临，无咎。

象曰：至临无咎，位当也。

"六四"居于上卦之卜，切近下体，正是"地"，与"泽"的接触之处，故能亲近于所临之民。再说，"六四"以阴居阴而得正，象征领导者温和虚心地亲近群众。这些都是"六四""位当"之处，它摆正了自己的位置。

这一爻是说，安守本位，顺其自然。

六五：知临，大君之宜，吉。

象曰：大君之宜，行中之谓也。

真正聪明睿智的大君的统御之术是"知（智）临"，这才是可以得"吉"的"大君之宜"。领导者如果事事亲临，难免分身乏术，穷于应付，这样也不利于最大限度地调动众人的积极性，领导者应该选贤任能，适当授权。以众智为己智，善取下级之智慧以临天下，这才是以智慧临下的"智临"。

这一爻是说，统御民众应选贤任能。

上六：敦临，吉，无咎。

象曰：敦临之吉，志在内也。

"敦"即厚，"上六"在这一卦的最上位，居高临下，但已经是终点，到达领导的极致。通常物极必反，并不吉祥，但在这一卦，"上六"阴爻柔顺，对下方升进而来的二个刚爻，能够以柔顺的态度，敦厚相待，对在上位的领导者来说，吉祥而不会有灾祸。

这一爻，强调领导应当敦厚，不可刻薄。

[临卦点悟] 以智以德为政

本卦通过咸临、甘临、至临、知临、敦临等五个概念，系统地阐述了治民的政治艺术：作为领导者，应以高尚的人格感召他人；以刚毅中正、恩威并重的方法领导他人；不可以用诱骗作为统治他人的手段；以亲身践履的态度与人民共呼吸；注意选拔贤能之士，奉行以仁为本的施政方针。如此，则天下咸宁，人民悦服，斯为长治久安之道。

[临卦例解] 独断专行必尝苦果

临卦象征监临履行，讲的是领导的艺术，启示做领导的要体察民情，深入实际，刚柔相感，上下和应，注重交流。如果不能和群众打成一片，而独断专行，则必然自食苦果。

到1927年底为止，沃德公司已开设了37家零售商店，另外，它的7家邮购工厂都还有各自的门市部。在接下来的几年里，沃德公司开设商店的速度更是惊人。它选择人口在4000～75000人之间的城镇，到1929年底，共开设了500家商店，有时一个星期就开张25家之多。这使它很快成为邮购业的"巨人"。

20世纪30年代初，由于美国经济的萧条，沃德公司进入整顿期，它关闭了一些几乎入不敷出的商店，而且新商店的开设都要事先经过更周密的计划和研究。在二战期间，沃德公司和其他同类公司的营业扩展自然都遭受了挫折。但当战争结束后，沃德公司的主要竞争对手西尔斯公司马上就掀起了自20世纪20年代以来最大的扩展浪潮，把大约3亿美元的资金押在战后经济会

立刻大规模的发展上,这使战后头两年里西尔斯公司的销售额从10亿美元猛增到近20亿美元。而沃德公司则按兵不动。1945年—1952年,即二战后实行经济控制的年份,沃德公司不仅连一家新的商店都没有开设,反而关闭了37家收入仅敷支出的商店。

从历史上看,沃德公司的商店大多开设在乡间小镇上。这样做是为了拥有农村消费者,而在二战之前,农民被视为主要的市场。然而,二战以后,人口的增长主要集中在大城市,尤其是其近郊。购货中心如雨后春笋般涌出,并不可避免地从市中心和小型商业区那里抢走不少生意。但在这一购买方式发生重大变化的时期,沃德公司却拒绝扩大经营,拱手把市场送给了西尔斯公司、彭尼公司和其他竞争者。

为什么会出现这种情况呢?是因为公司财力不足,无力支持一项蓬勃的发展计划吗?或者是因为公司缺乏管理人才?不!沃德公司两者都不缺。事实上,该公司正储备着几百万美元的资金以备后用。二战刚结束的那些年,公司内部拥有众多的优秀管理人才,只是许多人在遭受挫折后才最终决定离开。那么,究竟是何原因使公司作出了不求发展的持久决定呢?

答案就在自1932年以来一直担任沃德公司董事长的休厄尔·埃弗里身上。多年来,埃弗里一直以一个老式暴君的身份统治着这家有10亿美元资产的公司,从不考虑雇员或经理人员的感情。当他终于在1957年从公司职位上退下来时,已是83岁的高龄。他独断而又错误的领导,使沃德公司大伤元气,特别是战后,他的"不求增长"的决策将沃德公司引向歧途,使其在竞争地位上受到无法弥补的重大损失。

领导者错误的判断,不允许下属发表不同意见,给沃德公司带来了可悲的后果。曾取得成功的领导者也可能把一个组织引向灾难,特别是那些严厉而又固执的有才干的领导者,在其后期往往会变得易犯错误,并且不能容忍任何异己之见。埃弗里也正是这样,他的错误的判断、专制的领导作风将沃德公司引向了歧途。

观卦第二十 ䷓ 坤下巽上

——以心观天察地

观：盥而不荐。有孚颙若。

彖曰：大观在上，顺而巽，中正以观天下，观。盥而不荐，有孚颙若，下观而化也。观天之神道，而四时不忒。圣人以神道设教，而天下服矣。

象曰：风行地上，观。先王以省方观民设教。

观卦下坤上巽，坤为地、为顺，巽为风、为入。风在地上行，遍触万物，有到处观看之意，同时，风无隙不入，按客观而行，比喻人要适应现实状况，满足现实需要，善于观察，但要谨慎行事。颙：仰慕的样子。若：好像，如。

卦辞以譬喻的方式，揭示了"观"必须虔诚恭敬这一本质，同时也蕴涵着：居于领导地位的人，必须以自己的高尚品德感化他人，才能获得别人的由衷敬仰。

[爻辞新解]

初六：童观，小人无咎，君子吝。

象曰：童观，小人道也。

"观"在此应当作"看"解。"初六"阴爻柔弱，在最下位，仰观"九五"，距离遥远，因而，象征没有才识，不能高瞻远瞩，是儿童的观点，当然幼稚。"小人"指庶民，庶民无知，这是必然的情形，所以说没有过失。但对身负教化的人来说，则是耻辱。

这一爻，说明视察不可幼稚，应高瞻远瞩。

六二：窥观，利女贞。

象曰：窥观女贞，亦可丑也。

"窥"同窥视的意思，是由门缝中偷看。"六二"阴爻，在内卦，柔弱黑暗，观看光辉的"九五"，眼花缭乱，看不清楚，好像是由门缝中偷看。以古

代来说，妇女足不出门，这是当然的道理。

"象传"说：对堂堂的男子汉来说，这种由门缝中偷看，不光明磊落的态度，就太丑陋了。

这一爻，说明观察不可偏狭。

六三：观我生，进退。

象曰：观我生进退，未失道也。

"六三"居坤卦上位，与"上九"相应，是处于阴长阳消的转化之时。"六三"处于下卦最上，上卦之下，可上可下。"观我生"，是指通过观察"九五"的德性，来决定自己的进退。终于"六三"观察到"九五"未失中正之道，而自己也不失守常之道。

这一爻，是说进退取舍，要看客观条件是否具备，强调观察要有主见。

六四：观国之光，利用宾于王。

象曰：观国之光，尚宾也。

"六四"是阴爻得正位，最接近"九五"，明显地观看到了国家政绩的光辉，以柔顺端正的德行，接近国王，同时君王尽宾主之谊，以礼相待，意味着"六四"安守自己的职位，未以阴柔进逼二阳。

"象传"说："尚宾也"。是说君王也以"上宾"之礼相待。

这一爻是说朝臣有德，又安守职分，君王也能礼贤下士。

九五：观我生，君子无咎。

象曰：观我生，观民也。

"九五"阳爻后至尊之位，德行中正。下临四个阴爻，象征有德行的君王，受到仰视，是这一卦的主体："观我生"，在这里是观民众的人心向背来决定自己的前途。

"象传"说："观我生，观民也。"即指下面四个阴爻；通过观察民心的向背，看出为君之道正或不正，也就是所谓观民以察己的意思。

这一爻是说统治者要体察民情，了解人心，以断定自己的政绩如何。

上九：观其生，君子无咎。

象曰：观其生，志未平也。

这一爻强调在上位者应能反观民生状况，使达到"平"的程度，可是，事实上自然、万物、万事不可能达到"平",这只能是一个理想与目的,身为君子(或为君王)便应以此为志,努力以赴,所以说"志未平也",指虽不能达成,但必须以此为志,以求尽人事之努力。

这一爻是说,善于观察他人的优劣,学习优点,规避缺点,就不会有灾难。

[观卦点悟] 长于观察与善于观察

很多聪明人都长于观察,甚至在消息还没公布之前,自己早已知道结果。但是,真正的聪明人,不会表现出来更不会说出来,这是长于观察和善于观察的区别所在。当进则进,当退则退,不该表现的时候,就绝对不要耍小聪明。看在眼里,记在心间就可以了,千万不要表现出来。

否则,"观"与"行"的层次不能相符,就不能达到世事洞明的境界。一旦产生这种不好的结果,先前所有"观"的效能就会全部消失,甚至产生负作用。

[观卦例解] "观"而不能"悟"的教训

会观察的人,一般都是聪明人,而这种聪明是否是那种真正有用的,还在于是否能由"观"而悟,世事洞明,内化于心。如果做不到这一点,则所谓的"聪明"之"观"反而会成为一柄"双刃剑",弄不好就伤了自己。东汉末年杨修的遭遇,就充分说明了这一点。

杨修以长于观察、颖悟过人而闻名于世,他在曹操的丞相府担任主簿,为曹操掌管文书事务。曹操为人诡谲,自视甚高,因而常常爱卖弄些小聪明,以刁难部下为乐。不过,杨修的机灵、颖悟又高过曹操,致使曹操常常生出许多自愧不如的感慨和酸溜溜的妒意。

建安十九年春,曹操亲率大军进驻陕西阳平,与刘备争夺汉中之地。刘军防守严密,无懈可击,又逢连绵春雨,曹军出师不利。曹操见刘军军事上毫无进展,颇有退兵的意思。

这天,曹操独自一人吃着饭,同时也在思考下一步的行动。一个军令官前来请示曹操,当晚军中用什么口令。军中规定每晚都要变换口令,以备哨兵盘查来人。此时,曹操正用筷子夹着一块鸡肋骨,于是脱口而出:"鸡肋。"军令官听了也觉得没有什么奇怪。

消息传到杨修耳里,他便整理笔札、行装,作开拔的准备。一个文书见

状后问道:"杨主簿,这天天要用的东西,有什么好收拾的?明天还不是要打开?"

"不用了,我们马上就可以回家。"杨修诡秘地一笑说。

"什么?要回家了?丞相要撤退,连点蛛丝马迹也没有啊。"小文书不解地看着杨修。

杨修淡然一笑说:"有啊,只是你没有察觉到罢了。你看,丞相用'鸡肋'作军中口令,'鸡肋'的含义不就是'食之无肉,弃之可惜'吗?丞相正是用它来比喻我军现在的处境。凭我的直觉,丞相已考虑好撤军的事了。"

消息传到夏侯惇那里,夏侯惇听了也觉得有理,便下令三军整理行装。当晚,曹操出来巡营时一见,大吃一惊,急令夏侯惇来查问,夏侯惇哪敢隐瞒,照实把杨修的猜度告诉了曹操。对杨修的过分早已不快的曹操,这下子抓到了把柄,立即以惑乱军心的罪名,把杨修杀了。

观卦强调要观察,但同时也提醒人们谨慎行事。杨修只观察而不谨慎,结果落了个身首异处的下场。这是现代社会中每一个长于观察又喜欢表现的人应当牢记的教训。

噬嗑卦第二十一 ䷔ 震下离上

——以公正刑罚解决问题

噬嗑:亨。利用狱。

象曰:颐中有物曰噬嗑。噬嗑而亨,刚柔分,动而明,雷电合而章。柔得中而上行,虽不当位,利用狱也。

象曰:雷电,噬嗑。先王以明罚敕法。

噬嗑卦下震上离,象征口齿咬合食物。下震为雷鸣,上离为电火,雷鸣电闪,相须而动,电闪明于上则无所不照;雷震威于下则无不慑伏。象征上天为人类的罪过震惊而行惩罚。狱:刑罚。颐:嘴巴。章:彰显,发挥。

本卦阐释刑罚的原则。刑罚为不得已的手段,难免使人遭遇挫折,然而,却又不能不刑罚，所以必须中庸、正直、明察、果断，刚柔并济，公正执行，否则，一旦泛滥，就不可收拾了。

[爻辞新解]

初九：屦校灭趾，无咎。

象曰：屦校灭趾，不行也。

"屦"（读具）即曳，拖的意思。"校"是刑具的通称，加于颈称枷，加于手称梏，加于足称桎。在此专指将桎加于足上。"灭"即没，即遮住了脚趾。

"初九"在噬嗑卦的最下位，从人身上讲，就是脚趾。用主治狱上说，是指初犯的罪人，在卦的最开始，也意味着罪不是很大，所以用刑也轻，仅仅用桎加于足上。"系辞传"曾引此爻说明，这是"小惩而大诫，此小人之福也。"是说通过小小的惩罚，能使初犯的人改悔不再犯罪，对于"小人"来说，由此避免了更大的灾祸。当然是无咎了。

"象传"说："不行也。"是说不再犯罪的意思。

这一爻是说量刑适当，通过小惩大诫，以防止再犯。

六二：噬肤灭鼻，无咎。

象曰：噬肤灭鼻，乘刚也。

"肤"是指切成块的无骨嫩肉。

"六二"阴爻阴位碍正，在下卦中位，用毫不费力的咬嫩肉那样容易，来形容秉公执法，断狱公正，"灭鼻"是捧肉合口咬之，鼻子让肉淹没了，以此比拟"六二"公平。以柔制刚，犯人被制服，是说"六二"断案强劲有力。

"象传"说："乘刚也。"是说"六二"下乘"初九"阳刚之上，"初九"与"上九"，就像牙齿锋利的上下颚，比喻咬合，当然就容易了。

这一爻，又相对强调了重罚。

六三：噬腊肉遇毒，小吝，无咎。

象曰：遇毒，位不当也。

"腊肉"是经过风干的肉，坚硬难噬，"毒"在这里是指陈腐有味的腊肉。

"六三"是阴爻阳位，不中不正，象征着断案优柔寡断，不能顺利进行，

也不能主持公道，就好比咬上了又坚又硬味道陈腐的腊肉，噬之不易。

"象传"说"位不当也"，是指"六二"以阴居阳位，同时又距离"初九"，"上九"二刚较远。

这一爻是说刑律之事，处之，而且有危险。

九四：噬干胏，得金矢。利艰贞，吉。

象曰：利艰贞吉，未光也。

"胏"（读 zi 紫），是带骨头的肉。"干胏"比"腊肉"更坚硬。

"九四"是阳爻居阴位，以刚居柔；而且是处在上卦，喻意所面临的罪行也越来越大，也就越不容易断理。因此，只有了解它的艰难，还能坚持下去，才会获得吉祥。

"象传"说："未光也"，是以这一卦的"九四"象征颐中之物，口能不能合上就在这一爻了，进而喻意，到"九四"噬嗑，还未达到亨通光大的地步，需要不懈努力。

这一爻是说断理大案要案，更需要坚定决心，克服阻力，坚守正义。

六五：噬干肉得黄金。贞厉，无咎。

象曰：贞厉无咎，得当也。

"干肉"又比较柔软，容易咬。"六五"阴爻柔顺，位于外卦至尊的中位，是以君权刑罚，又能适中，自然容易使人信服，所以用"噬干肉"比拟。又，"黄"是土的颜色，土在五行的中央，黄色代表中央，以象征中庸。"金"象征刚强，指"九四"，亦即裁决能够适中，又有刚毅的"九四"辅佐。不过，刑罚毕竟是不得已的手段。所以，必须坚守正道，而且谨慎用刑，才不会发生过错。

"象传"说：这是由于运用得当，所以才会"无咎"。

这一爻，说明刑罚为不得已的手段，必须刚柔并济，中而且正。

上九：何校灭耳，凶。

象曰：何校灭耳。聪不明也。

噬嗑卦最后一爻，象征着有担荷着刑具、枷锁之意，因此伤害了耳朵之功能，意思指刑罚。到此已是最严重的一种刑处，乃最大恶极之犯人所施行之的方法，所以占断如此必是凶险的。

这一爻以象征说处罚到了一个极点，对屡犯不改的重犯所施以的刑罚，也暗示死刑的刑处正要降临了，故而占断是凶险。由另一方面来说也正反映了不听忠告之下场。"聪不明"是比喻听不进忠言，不能正确判断，所以终究犯了大错面临大凶险。

[噬嗑卦点悟] 有问题要及时解决

噬嗑卦讲的是惩罚。犯了错要遭到惩罚，大的惩罚往往是由小错一步步走向大错而导致的严重后果。在人际交往中，如果我们有错——即使这种错是无意间或不得已所造成的，也应该及时道歉或说明，不能拖拖拉拉或认为对方一定会理解你，否则，就有可能酿成大问题。而对于别人的错误，也同样不能纵容，否则，姑息养奸，最终会成大的祸患。当然，惩罚错误的手段一定要持中公正，及时明智，不能为罚而罚，一切的措施都是为了防止罪错，消灭罪错。

[噬嗑卦例解] 以惩诫化己化人

噬嗑主要是两个动词，噬是为了嗑，如果噬达不到嗑的目的和效果，那也谈不上"无咎"，也谈不上是"吉"。在我们的生活中，在社会上，经常出现这样的事。

因此，这一卦所讲的道理与每个人都有关系。

两个同事之间，两个同学之间，发生矛盾了，那么你怎么处理这个问题呢？从初爻来看这个问题，它是一种轻的处罚，虽是很轻的处罚，但还毕竟用到刑罚了。这里讲到不要宽容，有时宽容就是纵容。个别人不通事理，必须处以刑罚，那么这里为什么讲宽容呢？《了凡四训》里就讲了，假如有一位长者，他的一位晚辈犯了一个错误，犯了一个小罪，小过，这个长者很慈祥就放了他。了凡说，这个长者是在作恶，而不是行善，不是在积德，而是害了他，因为那人认为这样没事，不会对自己不利，所以下次他还会重犯同样的错误，或更大的错误。这样一次、两次都平安无事，会使他肆无忌惮。但总有一次他要受到更大、更重的刑罚，这样结果是不是害了他。如果当时就狠狠地教训他、教育他，甚至用一点刑罚，为他创造一个回头、醒悟的条件，使他醒悟过来。看起来是恶，实际上是积德，是善，是真善。他就知道：哦，这个事情我不能做，我要吸取教训。这是了凡先生教我们明辨善恶。

在一个家庭里，家长教育孩子，这个孩子做了不该做的事，如果任他这样错下去，也不进行教育，当然是一种放纵和娇惯。所以第一次就必须进行深刻的教育，尽管不讲体罚，但必须让他感觉到这件事是不该做的，让他认识到自己错了，要提醒他以后不能再犯了。如果轻描淡写地讲几句大道理，那也不行，因为孩子不懂事、不懂理，那样简单的说教对他是没有什么触动的。所以讲，虽不用体罚的方法，但也要用一种相似于体罚的方式，使他猛然回头，受到很大的震动，用这种方法会使他真正认识到自己错了，使他认识哪些事该做，哪些事不该做。所以有人说，对孩子的教育，要放手，但不能放纵。

这一卦与我们每一个人都有关系，而且在我们的日常生活中也会经常出现这些问题。特别是我们要面对许许多多的问题，要经常考虑到这个问题怎么去处理？是用柔一点的，或是用刚一点的，或强硬一点的方法？这些都要掌握好分寸。当然目的是为了"嗑"，这个嗑在平时生活中，在家庭中，在单位中，在同学中间，无处不在，当然不是用刑罚，也就是互相提醒，警告，劝戒！但达到的目的不仅仅是这个"嗑"，而是为了"和"。"和"表现在人与自然的关系上，强调天人和谐；表现在人与人的关系上，要求和睦相处；表现在人与社会的关系上，崇尚和群济众；表现在国际关系上，倡导协和万邦；表现在各种文明的关系上，主张善解融和。

贲卦第二十二 ☲ 离下艮上

——装饰自己要恰如其分

贲：亨。小利有攸往。

彖曰：贲亨；柔来而文刚，故亨。分，刚上而文柔，故小利有攸往。刚柔交错，天文也；文明以止，人文也。观乎天文以察时变，观乎人文以化成天下。

象曰：山下有火。贲；君子以明庶政，无敢折狱。

贲卦下离上艮，象征文饰。下离为火为明，上艮为山，山上是草木禽兽聚集的地方，山下火光上照而通明，百物毕现，光彩闪烁，犹如文饰，所以卦象为贲。贲：装饰，打扮。利：好处。攸：所。

本卦与噬嗑卦是"综卦"，形象上下相反，恶要罚，善要饰，扬善罚罪，交互为用。"序卦传"说："物不可以苟且而已，故受之以贲；贲者饰也。"物的聚合，必然有秩序与模式；人之交往，也需要有礼仪装饰，这是人类集体生活必需的。

[爻辞新解]

初九：贲其趾，舍车而徒。

象曰：舍车而徒，义弗乘也。

"初九"阳爻得正位，在上与"六四"相应，象征刚正贤明，处于最下位，意味着从美化自身的行为开始，只用自己的双脚走路，即使有车也不坐。"象传"说"义弗乘也"。是说"初九"作为刚爻不乘柔爻"六二"这个车，宁可徒步前往去和"六四"相文饰。因为"六二"柔爻在"初九"阳爻之上，是逆比。

这一爻是说，修饰应从实际出发，应当恰当，洁身自爱。

六二：贲其须。

象曰：贲其须，与上兴也。

"贲"即须。

"六二"是阴爻居下卦中位，与"九三"相邻成比，所以"象传"说"与上兴也"，是说"六二"与"九三"接近，关系密切，就好比下颚与嘴的关系。

这一爻是说修饰不仅仅是为了自己，追随他人就是以附本质。强调文不可以脱离性质存在。

九三：贲如濡如，永贞吉。

象曰：永贞之吉，终莫之陵也。

"濡"，是湿润、润泽，"濡如"是像打湿一样的光泽。"陵"与凌同，即侵凌的意思。

"九三"处于下卦"离"的最上位，而且一刚处于三个柔爻之间，被装饰得最为华丽，文最胜，因而说"永贞吉"，就是告诫要长久的固守真实，而

不过分陷于外表的华饰，最终才能得到吉祥。

"象传"说："终莫之陵也"，是说"九三"知道自己文饰太胜，侵凌着实质，因此还能够坚持固守实质，即阳刚的实质，最终未被阴柔的装饰所侵凌。

这一爻是说不可过分追求外表，文不掩质。

六四：贲如皤如，白马翰如，匪寇，婚媾。

象曰：六四，当位疑也。匪寇婚媾，终无尤也。

"皤如"本意指老人鬓白，在这里是不加修饰的白色。"翰如"这里是骑着白马的意思。

这一爻是说文饰以实质为本。

六五：贲于丘园，束帛戋戋，吝，终吉。

象曰：六五之吉，有喜也。

"束帛"是五匹一束的绢。"戋戋"是轻小的意思。"六五"是柔爻，是这一卦的主体。"六五"身处中央与"上九"成比，注重内心的实质，并不在乎打扮，招募"上九"这样的野外贤人，聘礼仅仅用一些轻小微薄的束帛，看起来不免寒酸，但实质重于装饰。

"象传"说："有喜也。"是赞扬"六五"能够去文就质。

这一爻是强调自然的美，胜过装饰的美，说明任何文饰，都不能离开实质而存在。

上九：白贲，无咎。

象曰：白贲无咎，上得志也。

"上九"已经是贲卦的极点，处于"艮"卦最上位，艮为止，是说文饰达到极盛，又必然反归于质，恢复了自然的本来面目，因而，不会流于文饰太胜的弊习，当然不会有什么过失。

"象传"说：开始是质，要以文为饰，而文饰最终返归于质，因此"得志"。

这一爻是说，人应具有一颗朴实之心，这是一种崇高的境界。

[贲卦点悟] 质朴是文饰之本

纵观贲卦六爻，都是谈装饰之道，反映了在当时的社会中，人们已较为重视装饰，注重礼仪，有一定的审美观念。在处理装饰与质朴的关系上，既提倡一定的、必要的装饰，同时也注重人的质朴的本质。认为生活中必须以质朴、俭朴为美德，以"白贲"为美的最高境界。这些思想对物质生活较为富裕、注重美饰的现代人来说，同样是值得参考的。

[贲卦例解] 在合理的范围内注重外表修饰

本卦阐述的是礼仪修饰的原则。衣冠不整、蓬头垢面让人联想到失败者的形象。而完美无缺的修饰和宜人的体味，能使你在任何团体中的形象大大提高。所以，怡人悦人的仪表也是一种艺术。

别人对你的第一印象，往往是从服饰和仪表上得来的，因为穿着服饰往往可以表现一个人的身份和个性。毕竟，要对方了解你的内在美，需要长久的过程，只有仪表能一目了然。

大凡给对方留下了好印象的人都容易与对方交往和合作，穿得体的衣服是让别人认真对待你的一种方法。注重服饰和仪表，并不是叫你穿上最流行的、最时髦的衣服，也不是让你保留最摩登的发型，只是请求你的穿着要给人以整齐、清洁之感，面颊和发型都很娴雅、自然、得体就行，至于衣服新旧等问题都是次要的。但不管怎样，都不能太随便，太"自由"。

周五是陶先生公司的自由着装日。有一天，陶先生穿了一件绿色T恤，可那天业务部门和客户发生纠纷，总部命令陶先生和业务经理前去向客户道歉。

事发突然，陶先生没带替换的衬衫，又来不及买，只能将就了。在这样的场合，穿T恤是不太合适的，自始至终，陶先生为自己的绿T恤感到尴尬和不自然。还好，客户没有太在意陶先生的"随便"。从此以后，即便是周五，陶先生也不敢太自由了。

人会穿上西服、打上领带，以示隆重，现在大概没有这样的年轻人了。时代发展得真快，陶先生相信，随着公交、住房条件的改善，像穿西服骑单车、戴领带挤公交，白天高楼大厦、晚上棚户凉席等等的尴尬一定会从陶先生的生活中逐渐淡出……

顺利和成功与否，第一印象至关重要，不讲究仪表就是自己给自己打了折扣，自己给自己设置了成功的障碍，不讲究仪表就是人为地给要办的事情增加了难度。但是，讲究仪表也有个"度"的问题，不能过分修饰，也不能

不顾自己的承受力盲目追逐潮流,否则,可能会弄巧成拙为修饰所累。

贲卦在强调要文饰的同时也指出,文饰应当自然,应当恰如其分,应当高尚而不流于粗俗,不可被外表的形式所迷惑,不可因一时得失便动摇,不可因虚荣而铺张,陷入繁琐,失去意义。应当领悟,一切文饰皆形式,惟有重实质,有内涵的朴实面目,才是文饰的极致。

过分的修饰,或者掩饰,最终都会被摒弃。就像现在的国际家具市场,明朝的红木家具特别走红而清代的家具不受欢迎一样。明朝的家具,除了做工精细之外,它的风格简练、简朴、明快;到了清代,装饰味越来越重,越来越讲究奢华,讲究表面工夫。而人和物都一样,美的极致不是浮华,而是实和真。

贲卦也承认,必要的装饰、修饰是可以的,也是应该的。但有一个原则,一切人为的文饰,都应当恰如其分,重内涵的实质,不可被外表的形式迷惑。不可因一时的得失而去过分修饰自己,更不能因虚荣而铺张。

剥卦第二十三 坤下艮上

——不妄进就不会自取其辱

剥:不利有攸往。

彖曰:剥,剥也。柔变刚也。不利有攸往,小人长也。顺而止之,观象也。君子尚消息盈虚,天行也。

象曰:山附于地,剥。上以厚下安宅。

剥卦下坤上艮,象征剥落或剥夺。下坤为地,上艮为山,山原本高高在上,现在则必须附着于大地,以高就低,所以为剥。因此《象传》解释说:"山附于地,剥。"

本卦一阳爻而五阴爻,自然无法积极行动。这是因为小人(指阴爻)势大而长。顺从而停止行动,从卦象可以看出。君子应遵循有生有灭有盈有虚的自然规律,因为这是天之大道。

卦是阴盛之极，一阳在上可能也不能自保，且在上九之位，可能也变成阴爻，而回归成全阴的坤卦。坤卦是"顺"，而艮卦是"止"，行动受限，所以必须谨慎而隐忍，否则有所行动便是不利，正是"君子道消，小人道长"，有所进便会见害于小人，所以不利于前进。

[爻辞新解]

初六：剥床以足，蔑贞凶。

象曰：剥床以足，以灭下也。

剥卦的卦形像一张床，所以爻辞取床为象。再说，剥卦下为坤，坤地可以载万物，床具则可以供人安居休息。阴剥阳首先从床脚开始，好比潮湿的阴气对床的剥蚀，首先从床脚开始，这叫"剥床以足"。

可见，阴对阳的剥蚀是渐进的，首先从下面的基础开始。

"象传"说："以灭下也"。

这一爻是说，开始剥落，危及了基础。

六二：剥床以辨，蔑贞凶。

象曰：剥床以辨，未有与也。

阳消阴长的形势继续发展，剥蚀渐及于上，"六二"已经剥到床身了。当然，不守正道，更有凶险。

阴阳相应为"有与"，"六二"与"六五"都是阴爻，互不相应，没有援助，这叫做"未有与"。这就是说，由于"六二"阴柔中正，如果上有阳刚相应相助，还不至于陷入险境。

这一爻是说，被剥而又无助，应守正防凶。

六三：剥之，无咎。

象曰：剥之无咎，失上下也。

"六三"虽然被消剥成阴，但是它以阴爻居阳位，与"上九"阳刚相应，这就意味着"六三"仍然存有"含阳待复"的因素和"转剥复阳"的可能。一旦时机成熟，就可以阴退阳回，阳气复生，所以能够"无咎"。当然，处"剥"之时，因得阳刚之助，也仅能免过而已，毕竟无"吉"可言。

这一爻是说，被剥而有助，可以免过。

六四：剥床以肤，凶。

象曰：剥床以肤，切近灾也。

"六四"离开下卦到上卦，已经进入了剥的上层，离"上九"也越来越近，从床脚，床板，直到剥及人的皮肤，已经是切身的危险了。

"象传"说："切近灾也"。"凶"，是指对阳刚的正道而言的。

这一爻是说阴长更盛，阳刚转化，阳凶阴也不祥。

六五：贯鱼以宫人宠，无不利。

象曰：以宫人宠，终无尤也。

"六五"阴爻居至尊之位，象征着王后，其他阴爻比拟于嫔妃。五个阴爻依次排列像一串鱼一样，象征王后率领众嫔妃侍寝天子"上九"，得爱于"上九"一阳。"六五"与"上九"相比，依附于阳又反制群阴不使过于进逼。这样，"上九"就存在了下来，由于阴阳转化的关系，五阴也存在下来。

"象传"说："以宫人宠，终无尤也。"

这一爻是说"六五"能处剥之善，是认识阴阳转化关系的明智作法。

上九：硕果不食，君子得舆，小人剥庐。

象曰：君子得舆，民所载也。小人剥庐，终不可用也。

"硕"是大，"庐"是房屋，这一卦的卦形是房屋，一阳爻在上，是屋顶，其他的各爻是墙。到了"上九"，已是剥落的极点，混乱已极的时刻，人民又渴望恢复太平，正期待有德有能的领袖出现；因而，当有德有能的君子，出现在"上"位置时，另外五个阴爻的小民，就会兴奋，迫不及待地拥戴追随，就像得到可以乘坐的车。如果是阴险的小人出现在上位，就成为极端的剥落，就像家的屋顶，也被剥落，仅存的硕果也保不住了。

"象传"说：如果是君子，就受到人民的拥戴，在政治上发挥作用；如果是小人，连安身的场所，也会失去，就没有指望了。

这一爻，说明在剥落衰败的时刻，惟有支持君子，才能得救。

[剥卦点悟] 身处"剥落"之境应正确应对

本卦阐述了身处已不利的混乱时期的应世原则。处在小人势盛、君子才歇的时期，君子只有顺应时势，谨慎应付，谋求自保，以等待恶势力的自行消解，或者等待有才德的领袖人物出现，使秩序得以恢复。这个时候，作为君子应能大显身手或正常做人。倘若应对不得法，只能惹祸上身，甚至被裹挟着一起给"剥落"掉了。这样一来，什么都无从谈起了。

[剥卦例解] 狄仁杰的智谋

任何事物，都有一个阴阳消长不以人的意志为转移的道理，当阴长阳消的时候，阳宜静不宜动，不可妄自进取以致自取其辱。古人所谓"识时务者为俊杰"，便是由此而言。

唐代武则天专权时，为了给自己当皇帝扫清道路，先后重用了武三思、武承嗣、来俊臣、周兴等一批酷吏。她以严刑峻法、奖励告密等手段，实行高压统治，对抱有反抗意图的李唐宗室、贵族和官僚进行严厉的镇压，先后杀害李唐宗室贵戚数百人，接着又杀了大臣数百家；至于所杀的中下层官吏，就多得无法统计。武则天曾下令在都城洛阳四门设置"匦"（即意见箱）接受告密文书。对于告密者，任何官员都不得询问，告密核实后，对告密者封官赐禄；告密失实，并不反坐。这样一来，告密之风大兴，无辜被株连者不下千万，朝野上下，人人自危。

一次，酷吏来俊臣诬陷平章事狄仁杰等人有谋反的行为。来俊臣出其不意地先将狄仁杰逮捕入狱，然后上书武则天，建议武则天降旨诱供，说什么如果罪犯承认谋反，可以减刑免死。狄仁杰突然遭到监禁，既来不及与家里人通气，也没有机会面奏武后说明事实，心中不由焦急万分。审讯的日期到了，来俊臣在大堂上宣读完武后诱供的诏书，就见狄仁杰已伏地告饶。他趴在地上一个劲地磕头，嘴里还不停地说："罪臣该死，罪臣该死！大周革命使得万物更新，我仍坚持做唐室的旧臣，理应受诛。"狄仁杰不打自招的这一手，反倒使来俊臣弄不懂他到底唱的是哪一出戏了。既然狄仁杰已经招供，来俊臣将计就计，判了他个"谋反是实"，免去死罪，听候发落。

来俊臣退堂后，坐在一旁的判官王德寿悄悄地对狄仁杰说："你也可再诬告几个人，如把平章事杨执柔等几个人牵扯进来，就可以减轻自己的罪行了。"狄仁杰听后，感叹地说："皇天在上，后土在下，我既没有干这样的事，更与别人无关，怎能再加害他人？"说完一头向大堂中央的顶柱撞去，顿时血流满面。王德寿见状，吓得急忙上前将狄仁杰扶起，送到旁边的厢房里休息，又赶紧处理柱子上和地上的血渍。狄仁杰见王德寿出去了，急忙从袖中抽出手绢，蘸着身上的血，将自己的冤屈都写在上面，写好后，又将棉衣里子撕

开，把状子藏了进去。一会儿，王德寿进来了，见狄仁杰一切正常，这才放下心来。

狄仁杰对王德寿说："天气这么热了，烦请您将我的这件棉衣带出去，交给我家里人，让他们将棉絮拆了洗洗，再给我送来。"王德寿答应了他的要求。狄仁杰的儿子接到棉衣，听说父亲要他将棉絮拆了，就想：这里面一定有文章。他送走王德寿后，急忙将棉衣拆开，看了血书，才知道父亲遭人诬陷。他几经周折，托人将状子递到武则天那里，武则天看后，就派人把来俊臣召来询问。来俊臣做贼心虚，一听说太后要召见他，知道事情不好，急忙找人伪造了一张狄仁杰的"谢死表"奏上，并编造了一大堆谎话，将武则天应付过去。

又过了一段时间，曾被来俊臣妄杀的平章事乐思晦的儿子也出来替父伸冤，并得到武则天的召见。他在回答武则天的询问后说："现在我父亲已死了，人死不能复生，但可惜的是太后的法律却被来俊臣等人给玩弄了。如果太后不相信我说的话，可以吩咐一个忠厚清廉，你平时信赖的朝臣假造一篇某人谋反的状子，交给来俊臣处理，我敢担保，在他酷虐的刑讯下，那人没有不承认的。"武则天听了这话，稍稍有些醒悟，不由得想起狄仁杰一案，忙把狄仁杰召来，不解地问道："你既然有冤，为何又承认谋反呢？"狄仁杰回答说："我若不承认，可能早就死于严刑酷法了。"武则天又问："那你为什么又写'谢死表'上奏呢？"狄仁杰断然否认说："根本没这事，请太后明察。"武则天拿出"谢死表"核对了狄仁杰的笔迹，发觉完全不同，才知道是来俊臣从中做了手脚，于是下令将狄仁杰释放。

狄仁杰的做法告诉我们，按剥卦所告诉我们的道理，掩饰刚强直率的性格与对手周旋，是斗争中的良策。相反，以硬碰硬，会让自己自取其辱的，这样做无论从哪方面来讲都是不明智的。

复卦第二十四 ䷗ 震下坤上

——知错必须能改

复：亨。出入无疾。朋来无咎。反复其道，七日来复，利有攸往。

彖曰：复亨，刚反动，而以顺行，是以出入无疾，朋来无咎。反复其道，七日来复，天行也。利有攸往，刚长也。复，其见天地之心乎？

象曰：雷在地中，复。先王以至日闭关，商旅不行，后不省方。

此卦上卦是坤，为地为顺，下卦是震，为雷为动。复卦与剥卦互为综卦。复是复归的意思。剥卦上九剥落后，就成为纯阴的坤卦，而复卦的阳爻又在下方出现，这样阴阳去而复返，使万物生生不息。复：再，又。疾：疾苦，毛病。

本卦认为要恢复元气，必须根绝以往的错误。恢复中难免要犯错误，但必须及时改正并谨防一犯再犯；恢复时期往往吉凶难以意料，志士仁人应该坚定信念，为所当为，以迎接元气得以恢复的局面早日到来；至于那些执迷不悟逆潮流而动的人，绝不会有好下场。

[爻辞新解]

初九：不远复，无祗悔，元吉。

象曰：不远之复，以修身也。

复卦第一爻是惟一正向上伸展的阳爻，所以说不要因为有一些过失便走远了又折回、返回，毕竟不会有招致什么悔恨的事会到来，因为它是吉利之起头、开始，象征着大吉大利的。

因为本爻有"六四"阴爻相呼应，又是阳刚回复的元始之象，所以说它吉利。

这一爻是说，阳刚君子，知过能改，前途吉祥亨通。

六二：休复，吉。

象曰：休复之吉，以下仁也。

"六二"是阴爻在下卦得中位，象征有柔顺中正之德，又与"初九"相邻成比，面对阳爻"初九"渐渐地升进，"六二"明智地顺时而退下休息，以适应阳爻"初九"，"动而以顺行"的升进规律。因而"象传"说"以下仁也"，是说"六二"下乘"初九"阳刚而得以安居的意思，当然吉祥。

这一爻是说，顺其自然，安守其分，择善而从。

六三：频复，厉，无咎。

象曰：频复之厉，义无咎也。

"六三"是阴爻居阳位，不中不正，又居下卦"震"的上位，具有把持不定的特点，但"六三"这样做，也是由于所处的位置所决定的，有时不得不让阳爻升进，有时又想拒绝；是根据其自身所处的形势决定的。

"象传"说："义无咎也"，也不算是什么大的过错。

这一爻说明，面对时代的潮流，应当做出正确的选择，不可一错再错。

六四：中行独复。

象曰：中行独复，以从道也。

"六四"正处于五个阴爻的中间，得正，是复卦中惟一与阳爻"初九"相应的阴爻，中途返回，单独与"初九"相应，并且恢复他最初的位置，就是"独复"。但这一爻并无或吉或凶的断语，因为阳刚新复。

"象传"说："以从道也。"是说"六四"不是为了什么功利，而是为了道义。

这一爻是说在恢复时期，要坚持原则，强调以大义为重。

六五：敦复，无悔。

象曰：敦复无悔，中以自考也。

"敦"即厚。"六五"在外卦"坤"的顺中得中，因而，中庸柔顺。又在尊位，当此返复的时刻，象征是笃守原则，返回正道的人，当然不会后悔。

"象传"说：这是"六五"能以中庸的原则，考察自己，使自己完备。"考"有成与校的含义。

这一爻，说明恢复必须择善固执。

上六：迷复，凶，有灾眚。用行师，终有大败，以其国君凶；至于十年不克征。

象曰：迷复之凶，反君道也。

"上六"阴柔不正，在复卦的极点，象征到最后还不能迷途知返，必然凶险，天灾人祸相继而来。这时如果有军事行动，会大败，累及国君，一直到十年之久，还不能讨伐敌人。

"象传"说：这是违反了身为国君的道理，国君指诸侯。

这一爻，说明大势已经到恢复时期，依然执迷不悟，必然凶险。

[复卦点悟] 知错就改善莫大焉

复卦是借返回之象来讲有了错误必须有所觉悟而改正的道理。知错能改，则为君子之道。有错不思改正，或者口是心非，当面一套，背后一套，那只能在错误的道路上越走越远。

恢复的原则，必须根绝过去的错误，重新回复到善道。恢复的法则，应当在过失未严重之前，及时反省改善，否则积重难返。而且，必须彻底检讨，周详策划，谨慎行动，不可重蹈覆辙，一错再错，以致事倍功半，甚至前功尽弃。

[复卦例解] 李嘉诚的改错精神

人不可能永远不犯错误，一旦犯了错误，就要在认识之后，迅速以实际行动改正，并尽快回到正确的轨道上来。否则，因此而受害的只能是自己。君不见，大凡成功的人士，一般都是那种勇于并善于改正自己错误之人。如华人首富李嘉诚，倘若他没有这种知错必改的精神，几乎可以断定，他就不会有今天的成就。

创业初期的李嘉诚年少气盛，急于求成，一味追求数量，而忽略了企业信誉的关键——质量。所以，创业不久，一帆风顺的李嘉诚遭到当头棒击，长江塑胶厂遭到重大挫折。

一家客户宣布李嘉诚的塑胶制品质量粗劣，要求退货。

多米诺骨牌效应出现，接二连三的客户纷纷拒收长江塑胶厂的产品，还要长江厂赔偿损失！

仓库里堆满因质量欠佳和延误交货退回的玩具成品。

索赔的客户纷至沓来。还有一些新客户上门考察生产规模和产品质量，见这情形扭头就走。

"不怕没生意做，就怕做断生意"，李嘉诚此时的处境正是后者。客户是企业的衣食父母，李嘉诚急如热锅上的蚂蚁。

屋漏偏遭连夜雨。银行知悉长江塑胶厂陷入危机，立即派员催还贷款。

全厂员工人人自危，士气低落。黑云压城城欲摧。长江塑胶厂面临着遭银行清盘、遭客户封杀的生死存亡的严峻局势。

质量就是信誉，信誉是企业的生命。李嘉诚竟然铸成如此大错，他深为自己盲目冒进痛心疾首。

李嘉诚在母亲的开导下，痛定思痛，以坦诚面对现实，力挽狂澜。

于是，李嘉诚开始"负荆拜访"。

首先要稳定内部军心，为此，李嘉诚向员工坦率地承认自己的经营错误，并保证绝不损害员工的利益，希望大家同舟共济，共渡难关。

李嘉诚言出必行，因此，员工的不安情绪基本得到稳定，士气不再那么低落。

后方巩固之后，李嘉诚就一一拜访银行、原料商、客户，向他们认错道歉，祈求原谅，并保证在放宽的期限内一定偿还欠款，对该赔偿的罚款，一定如数付账。李嘉诚坦言工厂面临的空前危机，随时都有倒闭的可能，恳切地向对方请教拯救危机的对策。

李嘉诚的诚实，得到他们中的大多数人的谅解。大家都是业务伙伴，长江塑胶厂倒闭，对他们同样不利。银行、原料商和客户一致放宽期限，使李嘉诚赢得了收拾残局、重振雄风的宝贵时间。

1977年，李嘉诚购入大坑虎豹别墅的部分地皮计15万平方英尺。

虎豹别墅为大名鼎鼎的星系报业胡氏家族的祖业。胡氏家族，即是全球华人无人不晓的"斧标驱风油"的创始者。

虎豹别墅，其实不是一座私人花园住宅，而是规模宏伟、饶有特色的公园。现在成了香港一处著名的旅游胜地。

李嘉诚购得地皮后，在上面兴建了一座大厦。游客们议论纷纷，指责大厦与整个别墅风格不统一。

李嘉诚得知后，立即停止在那块地皮上继续大兴土木，尽量保留别墅花园原貌。

李嘉诚知道，如果知错不改，不顾公众舆论，一意孤行，就会损害自己的形象，降低自己的信誉。

失去公众，就等于失去顾客；失去顾客，就等于自绝财路。

每一个人都难免犯错误。成功者之所以成功，也不是他不犯错误，而是他能吸取错误的教训，并作为宝贵的经验。当再次面临同样的问题时，他能运用以往的经验而不再犯以前犯过的错误。聪明人不是不犯错误，而是绝不犯同一个错误。

无妄卦第二十五 ䷘ 震下乾上

——顺应自然莫走极端

无妄：元亨，利贞。其匪正有眚，不利有攸往。

彖曰：无妄，刚自外来而为主于内，动而健，刚中而应。大亨以正，天之命也。其匪正有眚，不利有攸往，无妄之往何之矣？天命不祐，行矣哉！

象曰：天下雷行，物与，无妄。先王以茂对时育万物。

无妄：没有邪妄，不虚伪。

此卦上卦为乾，为天为健，下卦为震，是雷是动。天下有雷，是阴阳相合，卦中"九五"阳爻与"六二"阴爻相应，因此，元亨利贞全都具备。

无妄卦与大畜卦互为综卦，大畜卦是上艮下乾，反过来成无妄卦，则刚自外卦（艮）而成为内卦（震）。下为震卦是动，上为乾卦为健，"九五"阳刚与"六二"阴柔相应，大的亨通是位置正当，这是天命。若不如此则有灾，不利于行动。这样的行为，为什么有灾呢？如果天都不保佑，如何行动呢？

[爻辞新解]

初九：无妄往，吉。

象曰：无妄之往，得志也。

"初九"以刚爻居阳位，纯阳不杂，实而不妄，在素质上有利于实现"无妄"。这样，它就没有妄想妄行，一切按照天道规律行事，当然就无往而不

吉，能够得遂进取的心愿。初九又象征事情开始的第一步，起步不妄，就有了一个好的开端，就预示着吉祥的前途。

这一爻是说起步无妄，前途吉祥。

六二：不耕，获；不菑，畬，则利有攸往？

象曰：不耕获，未富也。

"六二"无求实之心，无视于实事求是的行为原则。"六二"以阴爻居阴位，阴虚不实，因而产生虚妄之求。

"象传"说：它企图不耕而获的原因是"未富也"。在《周易》中，以阳为富、为实，以阴为不富、不实。不富、不实即为虚妄。

这一爻是说，寄希望于虚妄，无利可言。

六三：无妄之灾，或系之牛，行人之得，邑人之灾。

象曰：行人得牛，邑人灾也。

"六三"爻辞说了生活中的一个小故事：邻居把牛拴在路边，被过路人牵走了，我却被诬告成偷牛的嫌疑犯。人在家中坐，祸从天上来。这真是"无妄之灾"，无缘无故而受灾。这看来是偶然事故造成的，该倒霉的人即使不妄为也无法逃灾。

这一爻是说，虽然不妄为，也可能因偶然因素遭灾。

九四：可贞，无咎。

象曰：可贞无咎，固有之也。

"九四"是阳爻居阴位，居上卦"乾"体，刚健。无妄卦的六爻中，凡刚爻为实而无妄，凡柔爻又是虚而有妄，"九四"虽是刚爻但位不正，不像"初九"那样纯，有杂而不纯的特征，因此，只可固守不动，即"可贞"，才能没有灾祸。

"象传"说："固有之也"即"固守之"的意思，就是不应有什么行动。

这一爻是说明，可动则动，不可动则稍动就离开本位而无法自守了。

九五：无妄之疾，勿药有喜。

象曰：无妄之药，不可试也。

"九五"在上卦"乾"的中央，阳爻居至尊之位，德行刚健中正，在下与"六二"相应，思想中有很高的"无妄"境界，得了点小小的病，不用吃药，自己就好了。

"象传"说："不可试也"，借不可吃药，说明一点虚假也不能有，吃了药就不是"无妄"了。

这一爻是说，真实就是真实的，一点也不能造做，就像没病不可吃药一样。

上九：无妄行，有眚，无攸利。

象曰：无妄之行，穷之灾也。

"上九"，不妄为，但行动会有祸患，无所利益。

"象传"说：不妄为的行动，处于穷尽之时也会遭到灾祸。

任何事物发展到穷尽之时都不好，即使是"无妄之行"，也会遭遇"穷之灾也"。物极必反，无妄也将转为有妄，好事也将转为坏事。

这一爻是说，"好事"到了极点，就会变质，变成"坏事"了。

[无妄卦点悟] "无妄"也不能走极端

本卦阐述的是不虚伪谬乱的道理，为人做事讲求真实，不虚伪谬乱，对于事业的成功是有利的，但是它并不确保在所有的场合都能一帆风顺，有时也会有意料之外的灾难光临。为人处世，虽应该刚健无私，讲究真实，但也不能一味坚持己见而不知变通，而应该顺时而变，否则，无妄走到了极端，同样寸步难行。

[无妄卦例解] "无妄之灾"并非没有原因

无妄就是没有虚妄，在行为上不轻举妄动，在语言上以低姿态说话，否则就可能遭到"无妄之灾"。生活中常有这样的情形，一些莫名其妙的事情会莫名其妙地落到到头上。

吴琼是公司的部门主管，带着八个人一起工作。她最近可是碰上了不少麻烦。

最近公司人事有些调整，吴琼的部门又加了两个人，工作也加重不少。她忙了好一阵子，两个多月后，才逐渐理出头绪，生活也恢复正常。就在她刚能喘一口气的时候，竟发现她最得力的副手兼好友小美，和新来的一位俊男似乎在谈恋爱。

于是吴琼决定采取措施，那天午餐时间，她特别单独约了小美出去吃饭，

才问了不到三句话，她就全说出来了。没错，她现在正在热恋中。难怪，她最近做事老是情绪不稳，吴琼起先还以为她是因为工作量太大了呢。吴琼先以开玩笑的方式劝她，这个男生太帅啦！和他谈恋爱多累呀！趁现在陷得不深，赶快撤退！可是她却说："来不及啦！已经爱上了。"吴琼只好拿出做长官的架子说："如果你们还要继续谈恋爱，我只好把他调到别的单位。"她的副手差点没气疯了，眼泪一直掉，吴琼看了也跟着难受。

她改而循循善诱，说这个男生才调来这个部门没几天，工作都还未必熟练，就开始和同部门的人谈恋爱，你要是做他的长官，会怎么评价他？再说你是我的副手，也算他的半个直属主管，若遇到什么情况，你要怎么做，才能让别的同事相信你是公平的？

可是，从饭吃完了那一刻起，副手就再没有主动跟她讲过一句话。那个男生见了她，就像老鼠见了猫，总是低着头匆匆走过；甚至有一次，吴琼正准备进茶水间拿茶时，在门口听见她的副手在和另一个部门的职员说话，她说吴琼和她在抢男朋友，因为男生不喜欢她，她竟威胁要把那个男生调走！吴琼不想再听下去，转身离开。无妄之灾就这样来了。

回到办公室，吴琼把已经送出去要调走那个男生的公文收了回来，心里却不知是什么滋味。现在，他们在办公室大方地一面谈恋爱，一面工作。而吴琼，却在愈来愈多异样的眼光下，考虑着是不是该辞职呢？她在想，难道自己真的错了吗？

无妄卦反复强调不轻举妄动。六三爻还讲了个故事，说有人将牛系在路边，被过路人顺手牵走了，结果住在附近的邻居受到怀疑。这对于邻人来说是"无妄之灾"。吴琼也受了无妄之灾，可是她"受灾"是有原因的，这个原因就是态度问题。我们无论何时何地，都应审度对方的观点如何，我们对付别人，应常常提出"对方何以如此？"的问题，或反身自问"我如果处于对方地位，将会如何？"这样，在人际交往中才可以消除许多无谓的误会，获得许多真挚的好友。

许多"无妄之灾"并非没有原因，虽有"身正不怕影子歪"这句话，但这种灾还是尽量避免的好。过于直白、不能以低姿态去说话做事，走"无妄"的极端，则"无妄之灾"往往会降临到自己头上。

大畜卦第二十六 ☰ 乾下艮上

——蓄才蓄德成大器

大畜：利贞。不家食吉。利涉大川。

彖曰：大畜，刚健笃实，辉光日新。其德刚上而尚贤，能止健，大正也。不家食吉，养贤也，利涉大川，应乎天也。

象曰：天在山中，大畜。伊子以多识前言往行，以畜其德。

下卦"乾"为天，象征朝廷；上卦"艮"为山，象征才德高大的贤能之士。贤能之士在朝廷之上，国君能够养贤畜德，故名"大畜"。"六五"与"九二"阴阳相应，亦象征君王中庸，崇尚贤能，使得贤能之士不远避山林之间躬耕自食，而能出仕朝廷接受俸禄。畜：积聚。食：吃，供养。

本卦提醒人们，一方面是积极扩大自己的力量，增强自己的本领，一方面是等待着时机，使自己有更大的发展。

[爻辞新解]

初九：有厉利已。

象曰：有厉利己，不犯灾也。

大畜卦的第一爻有前进便可能遭到危险的象征，所以应该停止自己的前进。象辞上说，本爻所以会前进有危险，应该知道停止前往，是说为了不冒险，不要去犯灾患的意思。

这一爻是说，要量力而行。

九二：舆说輹。

象曰：舆说輹，中无尤也。

"九二"爻居下卦之中位，且阳爻至中至正，但是有车子的车轴与车身相互脱离而不能行驶之意，象辞上说，本爻虽然有车轴、车身脱离而不能行驶之象征，但它居于至中之位，能够适时停止，所以不会有什么过失的。

本爻因"六五"阴爻在上阴止，但本身具刚毅、中正之德，所以能知止不前而不会有过失。这里便说明了大有蓄积的时候，也要机警地观察，应当停止时便断绝停止，否则会有过失。

这一爻是说，要想有利地前进，就要创造有利的条件。

九三：良马逐，利艰贞，日闲舆卫。利有攸往。

象曰：利有攸往，上合志也。

第三爻有好的马在驰奔追逐之象征。遇到艰难困危之时，犹应该守于纯正之道那才有利。并且需天天习用于、练习于车阵行伍所防卫之事，如此，便有利于有所前往了。

象辞上说，利于有所前进，是指本爻有"上九"爻的志意互相应合的关系，可以有所作为了。

这一爻是说，要善于营造一个良好的氛围，并且平时要注重自我磨炼。

六四：童牛之牿，元吉。

象曰：六四元吉，有喜也。

第四爻有如要在小牛未长角之时，把横木施装在上面一样，表示很容易、毫不费力。它具有元（大）吉之象征。象辞上说，"六四"爻之所以有大吉利，因为它能渐渐成长而有喜庆到来。

"六四"本身阴爻居阴位，而且是艮卦之基始，要阻止下卦之"初九"爻是很容易的，并且它是艮卦之始仍会有所往进成长，所以说它元吉。从另一意思来说，把横木施放于童牛之上以防止触伤人，代表了"防患于未然"的意思。因为最有效的治法莫过于预防，能防患于未然当然是大吉的。

这一爻是说，人要善于培养良好的习惯，这是健康成长和走向成功的关键。

六五：豮豕之牙，吉。

象曰：六五之吉，有庆也。

"六五"爻正如以杙把猪系绑起来，纵使它是能腾跃快飞的猪也不能施展，所以它的阻止是吉利的，不会有过失发生之虞。象辞上说，"六五"爻的吉利，代表它将会有喜庆的象征。

"六五"爻在至尊之位，乃是艮卦上卦之主体，它能阻止下卦"九二"爻之前进，那是很容易的事。

这一爻是说，对事物应有良好的预测，并进行有效的控制。

上九：何天之衢，亨。

象曰：何天之衢，道大行也。

"上九"已经到了阻止的极点，不如让刚健的下卦自由通过，好像于空中负荷苍天，使其畅通。

该爻说的是最有效的阻止方法是不阻止而是疏通。

[大畜卦点悟] 积聚是为了勃发

大畜不是讲一般的蓄聚，而是讲世界上最大的蓄聚。一个人的学问、品德蓄到一定的程度，又不自守家庭的小天地，而是走向社会，在社会的大天地中有所作为。这样的人，于国于己都有利。"大畜"不是为一家一己蓄私利，不是"三十亩地一头牛，老婆孩子热炕头"，也不是现在有些人炫耀的有别墅、开小车之类的蓄。他们的蓄是将其学问和道德的积聚与国家进步、社会经济发展的大业相连；他们凭其所蓄，涉事业之大川，利民族与国家。

[大畜卦例解] 吕蒙勤学才更高

一个人现阶段水平如何，是由他以前的时光决定的。但一个真正有报负和有上进心的人，总能通过努力让自己不断提高，并且能够积极发挥自己的才德，做出贡献。三国时，东吴有位名将叫吕蒙。他打起仗来非常勇敢，但是文化水平低，影响了才干的增长。

有一次，孙权和吕蒙一同讨论打仗的方案。吕蒙说不出多少自己的见解。孙权因此而受到启发，他认为：这些打仗勇敢的将领应该提高文化，增长才能才是。

于是，孙权对吕蒙说："你现在掌握了军权，身上的担子很重，应该多读点书，努力提高自己的水平。"

吕蒙回答道："军队里的事务过于繁忙，哪里还有时间读书啊！"

孙权说："如果说忙，难道你们比我还忙吗？我小时候读过《诗经》、《礼记》、《左传》、《国语》；管理国家大事以后，又读了许多历史和兵法之类

的书籍，都觉得受益匪浅。我希望你多学点历史知识，可以读读《孙子》、《六韬》、《左传》、《国语》等书。像你们这样天资聪颖的人，又加上有多年的战争经验，只要抓紧时间学，就会有收获的。"

吕蒙说："我怕自己年龄大了，学习起来会有困难。"

孙权说："学习不只是年轻人的事，从前光武帝在打仗的时候都手不释卷。还有曹操，年纪愈大愈好学。你又有什么顾虑呢？"

吕蒙听了孙权的教导，就开始读书学习。开始读书时常打瞌睡，提不起兴趣。但他仍坚持不懈怠，学了一段时间觉得有些收获，决心就更大了。就这样，天长日久学习了各种书籍，使吕蒙成为一个知识渊博、有智有谋的人了。

有一次，鲁肃执行任务，经过吕蒙的驻地，就顺便去看望吕蒙。俩人谈起关羽，说这个人很厉害，不可轻视。当时鲁肃把守的战区正好与关羽是互相邻接的。

吕蒙问鲁肃："你现在离关羽的驻地这么近，责任重大啊！不知有什么防止事变的策略？"鲁肃原本认为吕蒙是个武将，心里并不怎样看得起他，因此，就随口回答："到时候再说吧！"

吕蒙听了鲁肃这样漫不经心的回答，就批评他说："你可不能如此大意阿！关羽是个智勇双全的大将。我还听别人说，他特别好学，尤其对《左传》研究得更为深透。现在东吴和西蜀表面上好像很友好，但我们还是要提高警惕，防止不测。跟关羽这种人打交道，没有准备是要吃亏的啊！"

鲁肃问道："那你有什么好办法吗？"

吕蒙见鲁肃征求自己的意见，就献上了三条计策，讲得有理有据。

鲁肃一听大为惊讶，没有想到吕蒙会有这样高的水平。他连连点头，极为赞赏地拍着吕蒙的肩膀说："老弟啊！我原来只知道你是个武将，谁知道如今你的学识已有这样高的水平，再也不是从前的吕蒙了！"

吕蒙也高兴地说："士别三日，当刮目相看嘛！"

后来鲁肃把这件事告诉了孙权。孙权很高兴，感叹地说："像吕蒙这样的武将，读书学习之后，有这样大的进步，实在是没有想到的啊！"

鲁肃说："吕蒙能听从您的教导，刻苦学习，虚心求教，确定是一件令人高兴的事情！"

后来，孙权以吕蒙为榜样，鼓励其他将士也要多读点书，抽时间学习，以提高自身的水平。

吕蒙受了孙权的训导,读书学习,持之以恒,最终取得显著的进步。

吕蒙不仅能够接受训导积极上进,让自己敞开饥渴的头脑蓄才蓄德,而且能够根据实际需要去运用,以发挥现实功效,充分遵循了大蓄卦所指示的理义。吕蒙后来功勋卓著,与此关系极大。

颐卦第二十七 震下艮上

——本分求"食"无灾祸

颐:贞吉。观颐,自求口实。

象曰:颐贞吉,养正则吉也。观颐,观其所养也。自求口实,观其自养也。天地养万物,圣人养贤以及万民,颐之时大矣哉!

象曰:山下有雷,颐。君子以慎言语,节饮食。

颐:养。观:显示。

本卦上下两个阳爻像上下腭,中间四个阴爻像两排牙齿。上艮为止,象征上腭静止不动;下震为动,象征下巴咀嚼食物。观看这一卦象,就知道人要自求口中食物,以利于养生,这就是卦辞所说的"观颐自求口实"。从这最原始的本能需求出发,可以推衍出颐养生命的许多道理,总的原则是"贞吉",守正则吉。顺应生命成长的规律就是守持正道,如此则利人生。

[爻辞新解]

初九:舍尔灵龟,观我朵颐,凶。

象曰:观我朵颐,亦不足贵也。

"龟"在古代用来占卜,有能够多日不吃不喝,所以称"灵龟"。"朵"原义是树枝下垂,"朵颐"是下腭下垂,张口想吃东西的形象。"尔"指"初九","我"指"六四"。

"初九"阳刚,在最下位,因与"六四"的小人相应,以致产生贪欲,

蠢蠢欲动，将自己如同灵龟般的智慧舍弃，呆呆地张着口，观望他人手中的食物。

"象传"说：只羡慕他人的富贵，不知道运用自己的智慧，并不足以富贵，所以凶险。

这一爻说明临渊羡鱼，不如退而结网的道理。

"六二"：颠颐拂经于丘颐，征凶。

象曰："六二"征凶，行失类也。

"拂"是违，"经"是常，"拂经"是违反常理的意思。"丘"是高地，指"上"位。"六二"阴柔，象征女人不能单独生活，必须依附阳性的男人。于是，"六二"求养于"初九"。然而寻求在下方的"初九"供养，就颠倒违背常理，因而，又想寻求"上九"供养。但"上九"的地位太高，而且与"六二"不相应，没有供养的义务，以致前往有凶险。

"象传"说："初九"、"上九"都不与"六二"相应，并非同类，所以，前往也不会有结果。

这一爻说明求养必须依循常理，不可违背原则。

六三：拂颐，贞凶，十年勿用，无攸利。

象曰：十年勿用，道大悖也。

"六三"阴柔，不中不正，而且在下卦"震"亦即动的最高位置，象征不正当的行动，已经到达极点，为达到目的，不惜采用任何手段，违反了养的道理。由于养的手段不正当，养的目的即或正当，也会凶险，以致在十年的漫长期间里，得不到供养，没有任何利益。

"象传"说：因为完全违背了道理。

这一爻说明求养必须采取正当的手段。

六四：颠颐，吉。虎视眈眈，其欲逐逐，无咎。

象曰：颠颐之吉，上施光也。

"六四"居于上卦艮体。震为动，是贪食之象，只养体而不养德，觍颜求食于人，所以戕生而多凶。而艮为止，能清心寡欲，节制饮食，所求在道，以德自养，身心皆安，所以得养生之正道而吉祥。在震体的下三爻与在艮体的上三爻都有此差异。

这一爻是说,养德胜于养口。

六五:拂经,居贞吉,不可涉大川。

象曰:居贞之吉,顺以从上也。

"六二""拂经"、六三"拂颐"皆凶,六五"拂经"却吉。六五以阴虚之质,只宜静养,以利于生命力的逐渐生长和积累,切不可轻举妄动,冒险犯难,随便损耗虚弱的元气。所以爻辞告诫说:"不可涉大川。"只有当元气积蓄充足之日,阴虚转化为阳实之时,养己已足,才能兼养天下。

这一爻是说,应求贤养德,守正安居。

上九:由颐,厉,吉。利涉大川。

象曰:由颐,厉,吉,大有庆也。

"上九"处于颐卦之极,这时元气已经得到了充分的积蓄,阴虚已经转为阳实,既养己又养人,既养体又养德,最得颐养之正道,是颐道大成的象征。当此之时,排难涉险必利。但也要防危虑险,心存戒慎,以免功亏一篑。

这一爻是说,以德自养,可以兼养天下。

[颐卦点悟] 莫让祸从"口"入

俗语有"祸从口出"之说,因口而祸并非仅仅"言"故,还有"食"故,即为了满足"口食",常常因为取之失道而致祸,如"吃人嘴软"即是一例,也有因"口食"之需而不惜走上种种犯罪道路者。因此,走正道满足"口食"之需,乃是人生的一项重要"课题"。观察一个人平生利益相关联的是些什么人物,以及观察他如何养活自己,就可以知道,只有走正当的取食之道,才能吉祥。

[颐卦例解] 不要贪占别人的便宜

颐卦讲自养,讲守正,也就是说,不能靠别人,更不能占别人的便宜。常言道,拿人家手短,吃人家嘴软。千万不要因为贪图一点儿实惠而把自己置于进退两难之地。

战国时代,孟子名气很大,府上每日宾客盈门,这一天,接连来了两位神秘人物,一位是齐王的使者,一位是薛国的使者。

齐王的使者给孟子带来赤金100两，说是齐王所赠的一点小意思。孟子见其没有下文，坚决拒绝齐王的馈赠。使者灰溜溜地走了。

隔了一会儿，薛国的使者也来求见。他给孟子带来50两金子，说是薛王的一点心意，感谢孟先生在薛国发生兵难的时候帮了大忙。孟子吩咐手下人把金子收下。左右的人都十分奇怪，其中一个叫陈臻的问道："齐王送你那么多的金子，你不肯收；薛国才送了齐国的一半，你却接受了。如果你刚才不接受是对的话，那么现在接受就是错了，如果你刚才不接受是错的话，那么现在接受就是对了。"

孟子回答说："都对。在薛国的时候，我帮了他们的忙，为他们出谋设防，终于平息了一场战争。我也算个有功之人，为什么不应该受到物质奖励呢？而齐国人平白无故给我那么多金子，是有心收买利用我，君子是不可以用金钱收买利用的，我怎么能吃人嘴软呢？"

左右的人听了，都十分佩服孟子的高明见解和高尚操守。

我们祖先的古训是：君子不言利。但亚圣孟子早在战国时期就打破这种观念，对它做了正确的理解。他说过，对于钱财，可以取也可以不取，取和不取的分界，在于会不会损害自己的廉洁。用我们今天的话说，只要是合法所得，岂有不取之理。所以齐国有贿赂之嫌，孟子拒收它的金子。薛国奉送的是报酬，因此孟子坦然接受。

有人求你帮忙办事，只要是合法的事，你挺身而出，救人水火，最终总会得到人家的回报。按照"礼尚往来"的传统和规矩，这也是应该的。如果在人际交往中，你向别人付出的多，而不给人家一个回报的机会，反倒会伤害人家的感情。

俗话说"销财免灾"。这句话如果反过来讲，也是有一定道理的，那就是：贪财招灾。越是大利在前，越应该小心谨慎，因为大利背后可能隐藏着巨大的陷阱，一不留神，你就会上当受骗。

大过卦第二十八 ䷛ 巽下兑上

——君子独立无惧

大过：栋桡，利有攸往，亨。

彖曰：大过，大者过也。栋桡，本末弱也。刚过而中，巽而说（悦），行。利有攸往，乃亨。大过之时大矣哉！

象曰：泽灭木，大过。君子以独立不惧，遯世无闷。

本卦阳多阴少，有阳盛过度之象；其中初、上两爻为阴，形如木材之中间坚实而两端软弱，以此作栋梁，则有"栋桡"之虑。又，上卦"兑"是泽，下卦"巽"是木，水应浮木，然本卦却呈木沉于水下之形，亦有"大过"之象。栋：栋梁之才。桡：弯曲。

就像栋梁的受重压弯曲变形很容易被人发现一样，过度引起的危险也很容易被人们察觉，这是好事，可以及时得到纠正，使事情能够顺利发展。此卦象又寓有另一意思：人的地位虽然高且显赫，如同栋梁一般，然而不胜重任，也会有木被水所淹之象。

[爻辞新解]

初六：藉用白茅，无咎。

象曰：藉用白茅，柔在下也。

上古时期，古人席地而坐，祭祀时，就在地上铺上干净的茅草，以示恭敬，郑重。

"初六"，在巽卦下位，谦恭柔顺；面对非常过度时期，小心翼翼，就像在祭祀时，在祭品下垫上清洁的茅草一样谦恭，表示甘居下位，所以不会有过失。

这一爻是说处于非常的时期，要特别谨慎才可以避祸免灾。

九二：枯杨生稊，老夫得其女妻，无不利。

象曰：老夫女妻，过以相与也。

"稊"是老的杨树根下长出的嫩芽。"女妻"在这里是比喻年轻的妻子。

"象传"说："过以相与也"。是说在过度时期，过分的不相当的匹配，好歹也是刚柔相济，也就是过度的阳刚，得到阴柔，阳刚之盛，相对缓解的意思。

这一爻是说阳不能离开阴来维持平衡，老夫少妻，虽然脆弱，但因应时势，相对而言．还是适宜的。

九三：栋桡，凶。

象曰：栋桡之凶，不可以有辅也。

"九三"是阳爻居阳位。过度刚强，虽然与"上六"相应，但"上六"又过于柔弱，无法相应；"九三"又以刚用刚，过于绝对，排斥了阴柔的辅助，因而就像屋顶中央的栋桡一样，有倒塌的危险。

这一爻是说过分刚强而又毫无借重，强调了过于自负，得不到辅助，往往会招致危险。

九四：栋隆，吉。有它，吝。

象曰：栋隆之吉，不栋乎下也。

"九四"与"九三"同是阳爻，都是房屋的正中，区别是"九四"阳爻居阴位，以刚居柔，象征着虽刚，但能用柔，也就是大过中的不过。"九四"与"初六"相应，"初六"是已经被压弯的房梁，无力上应，"九四"只好下行以阳趋阴，求得辅助。虽然得志，但以刚强求助柔弱，面子上难免羞辱。

"象传"说："不栋乎下也。"是说，栋隆弯曲而不折，是得自于下梁勉力的支持。

这一爻说明，过刚就要以柔来辅，强调要是避免倒塌折断，必须以刚用柔。

九五：枯杨生华，老妇得其士夫，无咎无誉。

象曰：枯杨生华，何可久也。老妇士夫，亦可丑也。

第五爻，象征着有如一棵老且枯萎的杨树，却还在生出花朵。犹如一年纪较大的妇人嫁给一个年轻丈夫一般。这样能够没有灾患，但也不会有什么可光荣、称誉的。

由于"九五"爻在"上六"爻之下,而且是兑卦之主体,兑乃少的意思,所以说是少男、士夫。

这一爻是说,不正则不久。

上六:过涉灭顶,凶,无咎。

象曰:过涉之凶,不可咎也。

此爻意为,若涉过河川的话,有遭水淹没、溺死的可能,这一现象是凶险的。他本身无所怨咎,不会因此而造成过失。

由于"上六"居于"九五"阳爻之上,所以是"乘刚"的现象,即可能因此而招祸,但同时它又居"正位"(阴爻阴位),所以对他本身是无奈的,不能归咎。

这一爻是说,在必要的情况下,只要是正义之事,哪怕有危险也要为之,这是无可非议的。

[大过卦点悟] 在"动荡"中寻找机会

大过卦不仅有"过",而且"过"前有"大"的附加形容词,构成了"大为过甚"之义,这就表明了自然或社会正处于一个"大为过甚"的大动荡年代。从传统观念看,处于大动荡的混乱年代中的人们,如能持中守正,那么"大过"之时,也正是人们大有作为的最佳时机。古人说"乱世出英雄",合于大过卦理。

[大过卦例解] 抓住"大过"时期的机会

"大过"之时,社会动荡,人心惶然。这时,就很需要能独立潮头而无惧的人来干一番非凡的过人事业,以挽危图强。其实,"大过之时"的大动荡年代,正是君子大显身手、大有作为之时,挽危图强须英才,这是早已被历史所证明的真理。

身处大动荡时期的魏征审时度势,不断地调整自己的状态和方法,使自己乱中求稳,进而把自己的事业做大做强,真正成了一个"乱世人杰"。

魏征来到长安后,因职位低微,一时不为李渊所知。此时,李渊父子虽已建国立朝,但天下仍是群雄割据的逐鹿局势。魏征审时度势,认为这正是自己建立功名,求取仕进的好机会。十一月,他自请前往山东地区(包括今河北、河南及山东),招降瓦岗军旧部归唐。李渊任命魏征为秘书丞(掌管国

家图书之职），乘驿车东下。

魏征奉命后直奔黎阳，先给据守此城的徐世勣写信指陈形势利害："当初魏公（李密）举旗反隋，振臂一呼便拥众几十万，声威所及，半于天下。一败不振，终降唐朝，由此可知天命之所归也。现在你身处兵家必争之地，不早作自图，就可能错失机会，前途有危了。"徐世勣看过信之后，前思后想，决计归唐。他一面将所辖地区的郡县户口、士马人数造册登记，派人送往长安，一面运送粮草接济唐将淮安王李神通。此时，李神通因被河北义军窦建德所败，自相州退至黎阳，遂与徐世勣合兵守城，保存实力。

魏征劝说徐世勣归唐后，又前往魏州（即武阳郡）劝说自己的老上司元宝藏归降。魏征在山东地区的招抚活动，以得到徐世勣所占据的李密旧地十郡和二十万众为最大成绩，这对李唐平定中原地区起着奠基的作用。

武德二年（619年）二月，窦建德在山东聊城擒杀了自称皇帝的宇文化及。十月，又举兵南下攻克黎阳，李神通、徐世勣父子及魏征等人，全都当了俘虏。窦建德早在大业十三年（617年）时就已自称长乐王，第二年又称帝建立夏国。他早就闻听了魏征的名气，便任命魏征担任起居舍人（记录皇帝言行的官职）。

武德四年（621年）五月，窦建德被统帅大军东征的秦王李世民击败活捉，押至长安斩首。盘踞洛阳的王世充，在孤城难守的穷途末路，只好开城投降。山东地区宣告平定。

窦建德失败后，魏征与隋朝旧官裴矩一同回到关中。皇太子李建成听说魏征有才干，召他担任太子洗马职务，主管东宫的经籍图书。

李世民执掌朝政后，立即传召魏征。作为李建成的亲信下属，众人都替魏征的性命前途捏一把汗。但魏征却并不惊慌，坦然前往。李世民一见魏征，劈头责问："你为什么要离间我们兄弟？"魏征面不改色，从容答道："如果先太子早听从我的建议，就不会有如今的下场。臣下各为其主尽忠，我为先太子出谋献策，这有什么过错呢？春秋时管仲辅佐齐桓公创立霸业，但他在做齐桓公哥哥公子纠的师傅时，还曾用箭射中公子小白（即齐桓公）的带钩。"李世民听后，无言反驳。他也早就听说过魏征多才善辩，现在又听他引用管仲相桓公的典故，言语坦率，态度不卑不亢，不禁对他的耿直非常赏识和器重，满腹的嫌怨也消去了大半。随后，李世民任命魏征为詹事主簿（掌管文书之职）。登基称帝后，李世民又提升魏征任谏议大夫，这是专门负责向皇帝提意见的官职。以后，魏征又屡次升迁，位极人臣。

像魏征这样，如果不是在动荡年代乘风破浪，无惧而立，积极发挥自己的聪明才智，可能很难有出人头地的机会。魏征的这种人生经历，在很大程度上，很是符合大过卦所揭示的规律。

坎卦第二十九 坎下坎上

——以自制和诚信渡过艰险

习坎：有孚维心，亨。行有尚。

彖曰：习坎，重险也。水流而不盈。行险而不失其信。维心亨，乃以刚中也。行有尚，往有功也。天险，不可升也。地险，山川丘陵也；王公设险，以守其国。险之时用大矣哉！

象曰：水洊至，习坎；君子以常德行，习教事。

本卦的上、下卦都是"坎"即陷阱，象征其险无比。"坎"经卦的上、下爻均为阴虚而中爻为阳实，象征心中实在，故有"维心"之辞；"坎"形与古字"水"相似，当水流动时，前有凹陷，必注满之后溢出才继续前行，无论前方有多少凹陷，水绝不违背这一原则。习：两个相同的卦相重，两个坎卦相重，两个离卦相重，两个艮卦相重……都叫习。有孚：诚信。

坎卦是说虽然总是不顺利，大志难伸，但还应该讲信用，保持心胸开阔、品行高尚。这是告诫人们，即使长期处在不顺利、不得志的境地，也需要胸怀广大和坚守正道。另外，习坎是险上加险，在险难面前，水直往前流而不只是装满坑坎，穿过种种险阻而不失掉往前流淌的信念。这是以水的"诚信"来比喻人要讲诚信。

[爻辞新解]

初六：习坎，入于坎，窞凶。

象曰：习坎入坎，失道凶也。

"窞"即陷。"初六"柔弱，在坎卦重重险难的最下方，是陷入陷中的陷，亦即陷的最底层，无法脱身，所以凶险。

"象传"说：到这种地步，已经失去脱险的方法，凶险到了极点。

这一爻，告诫不可深陷于险中，以致不能自拔。

九二：坎有险，求小得。

象曰：求小得，未出中也。

"九二"也在艰难中前方又有险阻，不过，"九二"阳刚得中，虽然不能完全克服险难，但所求不大时，仍然可以达到目的。

"象传"说：这是由于还在危险中，没有脱离的缘故。

这一爻，告诫在险难中，不可操之过急，应逐步设法脱险。

六三：来之坎，坎险且枕，入于坎，窞勿用。

象曰：来之坎坎，终无功也。

"坎坎"是前临是险，后倚有险。"六三"阴柔，不正不中，而且夹上下两个坎卦的中间，进退皆险，处境既险，且倚赖奸险之人，是入于险地，已经陷入危险的深处，任何行动，都不会有用。

"象传"说：终究都不会成功。

这一爻，告诫在重重险难中，不可妄动，应先求自保以待变。

六四：樽酒簋贰用缶，纳约自牖，终无咎。

象曰：樽酒簋贰，刚柔际也。

"樽"是酒器。"簋"是装谷物的竹盘。"缶"是没有文饰朴素的瓦器。"贰"即二。"约"是俭约。

"六四"接近尊位的"九五"，本来君臣之间的分际，非常严格，但在险难的时刻，刚强的顺臣与柔的君，就不能不省去一切繁文缛节，而以诚意代替了。就像一樽酒、一盘饭，再用朴素的瓦器陪衬，由窗户将简单的食物送给君王。这样，才能度过险难，终于没有灾祸。

"象传"说：这是刚与柔能够坦诚的来往，合作无间的缘故，"际"是两墙相合的界线，有相合相亲的含意。

这一爻，说明险难中，应不拘泥于常规。

九五：坎不盈，祇既平，无咎。

象曰：坎不盈，中未大也。

这一"爻辞"也不易解，"衹"是敬慎意。"九五"在上卦"坎"的中央，水还在流入，没有满出，还不能脱险。但"九五"阳刚中正，而且在尊位，无论德性与地位，都是以拯救天下的艰难为己任；而且，"九五"已在接近坎卦结束的位置，相当流入坎中的水，已到达平面，不久即可溢出，亦即脱险，所以无咎。

"象传"说："九五"虽然得中，但还不够大。

这一爻，说明虽然有希望脱险，也应把握最有利的时机。

上六：系用徽纆，寘于丛棘，三岁不得，凶。

象曰：上六失道，凶三岁也。

"系"是缚，"徽"是三股的绳。"纆"是两股的绳，"寘"与置相同。"上六"阴柔，在坎卦的终极，就像绳索重重束缚，放置在荆棘丛中，三年都不能走，所以凶险。

"象传"说：这是"上六"违背了道理。

这一爻告诫，在险难轻举妄动，愈陷愈深，就无以自拔了。

[坎卦点悟] 修德修行方能度险

纵观坎卦六爻，尽管都处险境，但吉凶不同，这里的关键在有无自我约束力和修德守信的精神。能够做起到这些且又刚健中正者，就能脱离险境。在现实生活中，人难免要遇险，而一旦遇险，一个人能否去修德修行，对于能否脱离险境至关重要，对于长远的人生事业之路来说也同样重要。

[坎卦例解] 信义救人救已

一个人能在紧急危险之时，用诚信和正义来勇敢面对，不仅能使自己逢凶化吉，也会让别人免于灾祸。下面这个感人的故事就极好地证明了这一点。

公元前四世纪，在意大利，有一个名叫皮斯阿司的年轻人触犯了国王。皮斯阿司被判绞刑，在某个法定的日子要被无辜处死。

皮斯阿司是个孝子，在临死之前，他希望能与远在百里之外的母亲见最后一面。国王感其诚孝，决定让皮斯阿司回家与母亲相见，但条件是皮斯阿司必须找到一个人来替他坐牢。

这是一个看似简单其实近乎不可能实现的条件。有谁肯冒着被杀头的危

险替别人坐牢呢,这岂不是自寻死路。但,茫茫人海,就有人不怕死,而且真的愿意替别人坐牢,他就是皮斯阿司的朋友达蒙。

达蒙住进牢房以后,皮斯阿司回家与母亲诀别。人们都静静地看着事态的发展。日子如水,皮斯阿司一去不回头。眼看刑期在即,皮斯阿司也没有回来的迹象。人们一时间议论纷纷,都说达蒙上了皮斯阿司的当。

行刑日是个雨天,当达蒙被押赴刑场之时,围观的人都在笑他的愚蠢,那真叫愚不可及,幸灾乐祸的也大有人在。但刑车上的达蒙,不但面无惧色,反而有一种慷慨赴死的豪情。追魂炮被点燃了,绞索也已经挂在达蒙的脖子上。有胆小的人吓得紧闭了双眼,他们在内心深处为达蒙深深地惋惜,并痛恨那个出卖朋友的小人皮斯阿司。

就在刽子手将屠刀举起前的瞬间,人们听到了从雨声中传来的呼喊:"我回来了,我回来了!刀下留人,不要杀我的朋友!"

人们在惊诧中回过神来,只见皮斯阿司从远处飞快地奔跑过来,一边跑一边挥舞着手臂,同时大声喊着。

这个令所有人感动的消息,像雨声中的呼喊一样,很快传进了王宫,传到了国王的耳朵里。国王似乎不敢相信。他亲自来到刑场,召见皮斯阿司和达蒙,确认之后,大为感动,当场赦免了他们的死罪,并给予厚重赏赐。

在艰难困顿之中,如果确实能够做到守诺诚信,信念坚定,内心诚实而能看到光明亨通,有时真的产生一种神奇的力量,使人们能够跨越艰难险阻,走出困境。

离卦第三十 ☲ 离下离上

——谋划人生要善于借势

离:利贞。亨。畜牝牛吉。

彖曰:离,丽也。日月丽乎天,百谷草木丽乎土。重明以丽乎正,乃化成天下。柔丽乎中正,故亨,是以畜牝牛吉也。

象曰:明两作,离。大人以继明照于四方。

本卦上、下经卦都是"离"为火，火为光明，火的重叠则愈见其光明。又"离"经卦外实内虚，与火的非虚心不燃之性相符；"六二"、"六五"以阴爻居中位，故有"畜牝牛"之喻，又处于火之虚心处，故两爻断语均"吉"。离：美丽，附丽。

本卦说明，依附于一个强有力的人或集团，可以得利；但需坚守正道，才会顺利通达。既然是依附他人，就应该像畜养的母牛那样柔顺，便可以平安吉祥。

[爻辞新解]

初九：履错然，敬之无咎。

象曰：履错之敬，以辟咎也。

"初九"是阳爻得正位，刚健正直，处于离卦的开始，表示刚刚开始实践行动，各种错综复杂的事情，纷沓而至，因此，"象传"告诫要谨慎行动，不可妄动以避免出现过失。

这一爻是说吉凶祸福，往往显于行动之初，强调要小心谨慎，才能善始善终。

六二：黄离，元吉。

象曰：黄离元吉，得中道也。

"六二"阴柔居中正之位，"黄"是五色中的中色，正色，意味着太阳升起至中午，象征"六二"最适宜的发挥了柔和中正的作用。

这一爻说明，依附必须遵守中正之道。

九三：日昃之离，不鼓缶而歌，则大耋之嗟，凶。

象曰：日昃之离，何可久也？

"昃"就是太阳西斜。耋（dié 读叠），是七八十岁的老人。

"九三"是阳爻居下卦上位，意味着太阳过了中午已经西斜；然而离卦是"明两作"，头一个太阳，已经到了夕阳西垂，但明天的太阳，又已经升起；"九三"处于离之上，又紧邻上离之下，故有此象；因而，如不能以乐天知命的态度，高歌而唱，那就只有徒然悲伤了。

这一爻是说，生老病死如同日升日落，是自然规律，人的态度要像天道规律那样。

九四：突如其来如，焚如，死如，弃如。

象曰：突如其来如，无所容也。

"九四"处于上下两离之间的"多惧之地"，以阳爻居阴位，失正而又不中，不能以中正之道行事，突然来"依附"居君位的"六五"，以阳刚进逼阴柔，如火焰之燎人，有强宾逼主之势。名为"依附"，实为逼迫，这必然会引起"六五"的戒备。"九四"下无正应，上无正承，虽然咄咄逼人，毕竟失道寡助，凶多吉少，弄不好要丧失性命，或者被充军流放，弃于荒野。总之，这样"突如其来"的"依附"是不会被人容纳的。

"象传"说："九四""无所容也"。

这一爻是说，依附者以强宾逼主，必有凶险。

六五：出涕沱若，戚嗟若，吉。

象曰：六五之吉，离王公也。

是否得中是判断吉凶的一个重要因素，是否得位是判断吉凶的又一个重要因素。"六五"以阴居阳不得位，内柔弱而外躁动，所以有危象，以至流泪嗟叹。幸亏它在尊位而得中，居危而知惧，所以能够在强宾压主之时避凶得吉，当然及不上"六二"的"黄离元吉"。

这一爻是说，依附于尊位而知忧惧，可以避凶得吉。

上九：王用出征，有嘉折首，获匪其丑，无咎。

象曰：王用出征，以正邦也。获匪其丑，大有功也。

离卦发展到最后一爻，离之道大成，众人皆来依附。这时仍有少数顽固分子，就要加以讨伐问罪了。但是居君位的"六五"柔弱，无力征讨。于是具有柔中之德的"六五"，任用具有刚健之才的"上九"为将，去征伐尚未依附的异己力量，动起干戈兵革来了。

这一爻，说明征伐是为了"正邦"，说到底还是实现依附的一种手段。

[离卦点悟] 万物均需借势

离卦象征亮丽与光明。离的自然象征物为火、为日，日与火都是光明之源。上下两离即为重迭以明的意思。但是光明是怎样来的呢？光明为虚物，必须附着于一定的物质才能发出。

在自然界与人类社会中，不管什么光明之源，本领有多大，如果没有一定的附丽关系，行吗？太阳之明，如果不在宇宙空间占据一定位置，依附天体运行，怎能形成太阳系呢？太阳即使有光，其光波光能又通过什么物质媒介传播到各个星球呢？如果火不依附于燃烧的物质如木头、石油之类，火源何在？其实世上万事万物各有其一定的附丽关系。作为万物之灵的人类，也附着于一定的社会关系中。这一点也决定着人要成就事业，也离不开借身外之势。

[离卦例解] **杜邦的借势成功之道**

离卦说的是关于"借"的谋略，即发展自己既要凭自身的优势，同时又要善于借势。这对于一般人做事，尤其是开创自己的事业时，如何以一搏百，借用外在的力量，有着极为现实的指导意义。

杜邦公司的真正创始人是伊雷内·杜邦（Eleutherelrenee duPond）和美国陆军上校路易·特萨德（Louisde Tousard）。有一天，他们一起外出打猎，他们一边行猎一边谈论起英国火药与美国火药的质量差别。上校抱怨说美国人生产的火药质量太差，既然伊雷内精通化学，应当知道美国火药的症结。伊雷内告诉路易，他曾经师从拉瓦锡研究过火药，路易上校说："你有这么好的基础，为什么不创办一家火药公司？"

上校一句话令伊雷内·杜邦茅塞顿开，他立刻意识到火药是一种前途无量的商品。

外交家皮埃尔更看好火药的巨大前景——国际政治变幻莫测，美国的军用火药历来从英国进口，两国一旦交恶，美军火药就得不到保证。他立即表示支持儿子创办火药公司。

维克多利用父亲的旧关系，到处结交法国社会名流，步入一家又一家皇亲贵族和金融家的豪门大宅，甚至结识了约瑟芬皇后、拿破仑的宠妃拉兹亚姬和拉瓦锡的漂亮遗孀，他利用这些女人的影响，叩开了法国火药局的大门。杜邦家族深知，火药是一种特殊商品，仅靠自家人经营火药公司难免势单力薄，必须有政府的大力支持，有金融界人士的鼎力相助。此时，法国政府正在筹备对英作战，急需优质火药。老皮埃尔和维克多向法国火药局递交了在美筹办火药厂的计划，得到了火药局官员的支持。他们同意向杜邦家族提供最先进的火药生产技术和设备，同意法国金融界人士以私人身份对杜邦家族的公司进行投资。他们还希望杜邦家族把火药公司牢牢控制在法国人手中，

全部雇用法国移民。

1802年4月，杜邦—尼摩尔火药制造公司正式成立，注册地为特拉华州的威尔明顿，注册资本3.6万美元，杜邦家族占11股，分别记在老皮埃尔、维克多和伊雷内名下，路易上校1股，法国银行家毕格尔曼1股，杜瓦根1股，原法国财政大臣涅卡1股，此外，流亡美国的法国商人彼德·波蒂2股。股东们个个背景不凡，全是在美、法两国工商界、政界、军界和金融界有影响的人物。

杜邦靠一个"借"字发展成了一个世界性的大公司。中国有句俗语叫"背靠大树好乘凉"，善于借势的人总能像杜邦一样找到一棵可供借力的"大树"。离卦的现实意义也正在于此。

咸卦第三十一 ䷞ 艮下兑上

——通达和顺是生活之基

咸：亨。利贞。取（娶）女吉。

彖曰：咸，感也。柔上而刚下，二气感应以相与。止而说（悦），男下女，是以亨利贞，取（娶）女吉也。天地感而万物化生，圣人感人心而天下和平。观其所感，而天地万物之情可见矣。

象曰：山上有泽，咸。君子以虚受人。

本卦下卦为艮，属阳卦，象征男青年爱情诚挚，知有所止，谦恭有礼地追求女孩子；而上卦为兑，属阴卦，兑为悦，为少女，象征少女在上，爱情专一，下顺阳刚而感动喜悦，这是异性之间的"一见钟情"，情投意合，一切都是自然而然。咸：通感。取：娶妻。

咸卦处于下经的首位，是上、下经之间过渡和转变的关键，关系重大。

从总体格局看，上经虽兼人事，但多言天道；下经则相反，虽论及天道，但重在人事，所论各有侧重。上经以乾坤二卦开篇，从宇宙玄黄、天地洪荒的本体根源开拓，言阴阳之道化生万物；下经则从咸卦始，由宇宙自然转入社会人事，从青年男女的无心感应、婚姻恋爱说起，叙述道德人伦社会秩序的发端。这就从青年男女、成年夫妇的无心之感，深入一步讨论了天地阴阳和世事人伦的自然和谐，不仅富有深邃哲理，而且涉及了巩固社会统治秩序的大问题。由此可见，作为下经之首唱的咸卦，在六十四卦中的特殊地位。

[爻辞新解]

初六：咸其拇。

象曰：咸其拇，志在外也。

咸卦通篇喻示男女的感情交流。"初六"是咸卦最下一爻，所以取象于脚拇指。相感之始，所感尚浅。正像人举步抬足，脚拇指首先伸出。"初六"与"九四"相应，相应则感，这是男女两相感应的开始，如同抬足的第一步，脚拇指有所感触罢了。

这时"初六"已经萌生"志在外"之心了。因为"九四"在外卦，"初六"心向往之，有感于"九四"，想与之亲近，不能在深闺独处了，在这春情萌发的将动之始，因为善恶未现，吉凶未卜，所以爻辞也不言凶吉，但是隐然含有慎重初始、避凶趋吉的告诫。

这一爻是说，所有的感应由心而生，所有的行动由心而支配，心智慎密，考虑周全，就能趋吉避凶。

六二：咸其腓，凶。居吉。

象曰：虽凶居吉，顺不害也。

"六二"位居下体之中，以腓（小腿肚）为象。"腓"是躁动的象征，因为走路时总是腿肚子的肌肉先动。"六二"处于下体，与上肢的九五相应，隐喻在男女感应之时，女子有急躁冒进之象。不过"六二"毕竟具备柔顺中正之德，如能安居不动，等待"九五"来求，会得到吉祥的。安居不动，其实是以逸待劳，以守为攻。这是女子在男女关系中的策略。爻辞指出"居吉"，"象传"指出"顺不害"，这是耐人寻味的。如果两心相应，最好稍待以时，男子一定会紧追不舍的，此时再顺从好了。

这一爻指出，不应操之过急，而应安居待时。

九三：咸其股，执其随，往吝。

象曰：咸其股，亦不处也。志在随人，所执下也。

"象传"说：感应到了大腿，说明也不会安居独处了。志在随从别人，说

明执意是卑下的。处：安居不动。大腿自己不能走路，总是跟随着小腿和脚活动，这就叫"执其随"。"九三"处在下体之上，正是"股"的位置，又是刚爻居阳位，性躁好动，前往与相应的"上六"亲近。这样，"九三"追求上六只是随从别人而行动，并无真情可言，"上六"当然不会以真情报之，仅用言语敷衍，使"九三"受到了羞辱。这就是爻辞所说的"往吝"。

这一爻是说，应持有主见，不宜随人盲动。

九四：贞吉。悔亡。憧憧往来，朋从尔思。

象曰：贞吉悔亡，未感害也。憧憧往来，未光大也。

"九四"在"九三"、"九五"三个阳爻的正中间，相当于心脏。而心乃人最重要的部分，所以此爻是为咸卦的卦主。"九四"之感应在心，而心中如存有悔恨、偏私，即将不吉不祥，因而必须坚持纯正，否则便不能得到多数人的赞同。

"象传"说：坚持纯正吉祥，可以消除悔恨，因而这种感应，便无损害。而彷徨失措，心神不定，是因心地不够光明正大之故。此爻说明：消除私心，心地正大光明，必不会犹豫不决。

这一爻是说，感应宜坚持正道。

九五：咸其脢，无悔。

象曰：咸其脢，志末也。

"脢"，就是心以上，口以下的喉中的梅核，也就是俗说的喉头。"九五"阳爻居上卦中位，与"上六"成比，感应进一步加强，在这里以喉头比喻口虽无言，但心意已通，已经激动得说不出话来的意思。希望快点与心中的人匹配成婚，这是必然的现象，没有什么可后悔的。

"象传"说："志末也"，是指"上六"，意思是一心要与"上六"成婚。

这一爻是说感应到了一定程度，就要表现出来，顺其自然地发展。

上六：咸其辅颊舌。

象曰：咸其辅颊舌，滕口说也。

"辅"是唇齿相辅的辅，即颚。"滕"，本意是水超涌，在这里是翻腾喋喋的意思。

"上六"是咸卦的最后一爻，表示婚配之事，从初始的感应到最后的完成。到这一爻，少男少女，已经结为夫妻，用面颊和口舌彼此相感以示亲悦。

"象传"说："滕口说也"是形容新婚夫妻之间感情好，没完没了地说知心话。

这一爻是说心灵的感应和形体的感应已经融在一起。

[咸卦点悟] 相感与守正

咸卦六爻可看作是古时青年男女的婚恋图。但《周易》以"观物取象"，其目的是"以象尽意"。男女相感在咸卦中只是象，这种象在世界上一切相感的事物中最易为人所理解、所感知；如果以引象来推及其他各类事物，许多道理都是一样的。

相感首先需要一定的感情基础。俗话说"强扭的瓜不甜"、"捆绑不能成夫妻"，看来这在古时男女求爱时就意识到这一问题。感情是婚姻的基础，男女之间彼此的感应、感知，共同的理想、追求，是婚姻得以成功的黏合剂。

其次，相感要利于守正。《周易》中经常强调的"正"，即符合正道，也就是说人的所作所为要符合社会伦理道德。守正有利于家庭的稳定、社会秩序的正常；无论是社会中的什么样的关系，彼此间如能相感以情，关系就和顺、通达；彼此间如能守正，就有益于共处、共事，也有益于社会。

[咸卦例解] "咸"通和顺结幸福硕果

俗话说，强扭的瓜不甜。在爱情生活中，必须坚持"咸"的原则，这样才能酿造出爱情的美酒。

宋朝大文豪苏轼在密州上任时，通判是刘庭式。一天，刘庭式请假回乡后，同僚们对苏轼说："庭式说是回乡结婚，恐怕未必……"

"为什么？"苏轼有点不解。

原来刘庭式年少时，和同乡一个姑娘议定了婚约，后来，他中了进士，偏巧那姑娘的眼睛瞎了。姑娘家本来很穷，女婿当了官，地位就悬殊了，何况又双目失明呢？难怪同僚们议论纷纷了。然而，出人意外的是，不久，刘庭式却同瞎姑娘结婚了，连苏轼也感到诧异，问他："你同瞎姑娘结婚，家里……"

"别说家里，连我老丈人也不落忍哩。我妻子的妹妹长得漂亮，有人劝我娶她妹妹。"刘庭式严肃地说："这怎么成呢？我早把心交给妻子了，怎能悔约呢？"

苏轼看看刘庭式诚朴的脸，说："别人大都爱美色，那么，你爱的是什么呢？"

"我爱她，因为她是我妻子！"刘庭式认真地说："谁要是只图美色，再美的妻子也有衰老的时候，岂不也没有爱了吗？那么，轻浮的女人岂不就可做他的妻子吗？"

苏轼听了，连连点头。

后来，刘庭式夫妻俩非常恩爱，日子过得很幸福。

这个故事让那些以钱、以利、以色为标准来择偶的人看来，无疑是神话，然而它却是真实的。咸卦告诉我们，只有自然的真情相感应，两情才能相悦。刘庭式看起来很傻，也很蠢，绝对是个糊涂虫，但实际上他们过得很幸福。

没有"咸"的婚姻生活不仅感受不到爱情的甜蜜和幸福，而且是一种痛苦和折磨。

幸福是需要追求的。它需要放弃那些无"咸"的结合，而去追求有"咸"的真情。

恒卦第三十二 巽下震上

——有恒才有胜利

恒：亨。无咎。利贞。利有攸往。

象曰：恒，久也。刚上而柔下。雷风相与。巽而动，刚柔皆应，恒。恒亨无咎利贞，久于其道也。天地之道恒久而不已也。利有攸往，终则有始也。日月得天而能久照，四时变化，而能久成，圣人久于其道而天下化成。观其所恒，而天地万物之情可见矣！

象曰：雷风，恒。君子以立不易方。

本卦卦体与《咸》卦互为颠倒，其下卦"巽"是长女，上卦"震"是长男；长女处下，长男居上，男尊女卑乃夫妇常理，其关系能持久，故取名

"恒"。又，下卦"巽"为顺，上卦"震"为动，下依随上而动，如夫妇之间的夫唱妇随；下卦"巽"为风，上卦"震"为雷，雷因风而远传，风因雷而气盛，雷风相长，亦为恒久之理。

从本卦中，可溯男尊女卑、夫唱妇随这一家庭伦理观念之源头；从中也可进一步体味夫妇关系贵在长久，推而广之于一般人事，君子亦当效法这一守常恒久的精神。

[爻辞新解]

初六：浚恒，贞凶，无攸利。

象曰：浚恒之凶，始求深也。

"浚"是深入的意思。"初六"与"九四"相应，下卦"巽"是入，所以，"初六"必定会深入追求。但"九四"是上卦中惟一的阳爻，一心力争上游，不会理会"初六"。何况"初六"在最下方，中间又有"九二"、"九三"两个阳爻阻挡。在这种情势下，如果不顾一切，强求深入，即或动机纯正，也有凶险，前进不会有利。也就是说，正义也不能强迫使他人接受，过度要求，就会凶险。

"象传"说：这是"初六"在开始的位置。开始就要深求，所以凶险。

这一爻，说明正义也不可强迫他人接受的道理。

九二：悔亡。

象曰：九二悔亡，能久中也。

"九二"是阳爻阴位，位不正，以刚居柔位，好比用刚来行妇道，难免出现悔过之事；但"九二"居中与"六五"的中正相应，最终还是能消除后悔，守住了中和之道。

这一爻是说不偏不过，强调中和。

九三：不恒其德，或承之羞，贞吝。

象曰：不恒其德，无所容也。

"九三"阳爻阳位，已经越过了下卦的中位，本来就性刚躁动，又以刚行动，于夫妻关系上朝三暮四，反复无常。也就是"不恒其德"，终于被她的丈夫抛弃。在古代一女不事二夫的情况下，被夫抛弃是十分羞辱的事情；"九三"竟然不加改悔，就更加鄙吝了，简直到了无法容身的地步。

这一爻说明坚守恒德不能动摇，恒久之道的大原则，不可违背。

九四：田无禽。

象曰：久非其位，安得禽也。

"九四"阳爻阴位不正，已经进入上卦，上卦"震"为长男，田猎本是男子的事，但"九四"狩猎，居然一无所获，根本不能尽到丈夫的责职以供养妻子。这样一来，虽然主观上想忠于夫妇长久之道，但实在是力所不及。

"象传"说："久非其位"的缘故，怎么可能有收获呢。

这一爻是说恪守持久之道，要有所作为，力量和地位要和正道相一致，才守得住。

六五：恒其德，贞，妇人吉，夫子凶。

象曰：妇人贞吉，从一而终也。夫子制义，从妇凶也。

"六五"阳爻居上卦中位，与下卦居中的"九二"阳爻相应，象征刚柔相兼，能够持久的操守其德行；但"六五"是柔居阳位，对于女子来说以柔顺之德，从一而终，是坚守了正道，可以获得吉祥；但作为阳刚男子就应当表现出决断能力来，因此，如果男子行事用柔，听从妇人的摆布，那就要遭致凶险了。

这一爻说明恪守常德，又应当各有其序，男女不可颠倒。

上六：振恒，凶。

象曰：振恒在上，大无功也。

"上六"已经到达这一卦的极点，又是上卦最上方的一爻，象征极端恒久，也违背常理。上卦"震"是动，因而经常动荡不安。这一爻又阴柔，难以坚持，所以凶险。

"象传"说：在上位，就应当具备恒久的德行，经常动荡不安，缺乏恒心，就不能成就大事。

这一爻，说明极端恒久，违背常理，以致不安定的道理。

[恒卦点悟] 坚守恒久之道

恒卦所阐发恒久之道，是《周易》哲学思想体系中极其高深的理论，但落实到人事上，全卦的大义就是"人贵有恒"。只要真正懂得恒久之道的精髓，即持中守正的不易之恒与终而复始的不已之恒，并在立身处世时真正地持之以"恒"，那就会亨通，无害，利于守正，利有所往。

卦辞从正面立论，说明只要真正懂得并做到持之以恒，则必然亨通无害，所以卦辞非常吉祥。爻辞从反面立论，分别以夫妇之道为喻象，从不同的侧面指出不能持恒的各种情况及后果，所以各爻兆辞均不吉利，这实际上是从反面警醒世人，道出持之以恒的重要性。

[恒卦例解] 坚持是生命的需要

"恒"卦从一个侧面告诉我们恒久之道的意义，其实，恒不仅是爱情的需要，也是我们取得最终成功或脱离险境所必有的前提。有时候，"恒"，甚至是生命的需要。下面这个令人惊心动魄的故事就说明了这一点。

佩尔肩上背着用毯子包起来的沉重包袱，在山谷中一瘸一拐地走着。

他们本来是两个人，但就在佩尔的脚腕子扭伤后，他的同伴比尔抛下他，头也不回地一个人先走了。

现在，他已经两天没吃东西了。他常常弯下腰，摘下沼泽地上那种灰白色的浆果，把它们放到嘴里，嚼几口，然后吞下去。这种浆果并没有养分，外面包着一点浆水，一进口，水就化了。

突然，佩尔被一块岩石绊了一下，因为极度疲倦和虚弱，他摇晃了一下就栽倒了。他侧着身子，一动也不动地躺了一会儿。接着，他从捆包袱的皮带当中脱出身子，笨拙地挣扎起来勉强坐着。这时候，天还没有完全黑，他在乱石中间找到一些干枯的苔藓，生起一堆火，并且放了一白铁罐子水在上面烧着。

佩尔在火边烤着潮湿的鞋袜。鹿皮鞋已经成了湿透的碎片，毡袜子有好多地方都磨穿了，两只脚皮开肉绽，都在流血。一只脚腕子胀得血管直跳，已经肿得和膝盖一样粗了。他一共有两条毯子，他从其中的一条撕下一长条，把脚腕子捆紧。然后他又撕下几条，裹在脚上，代替鹿皮鞋和袜子。

6点钟的时候，佩尔醒了过来，开始整理包袱准备上路。在检查一个厚实的鹿皮口袋时，他踌躇了一下。袋子并不大。他知道它有15磅重，里面装着粗金沙——这是他一年来没日没夜劳动的成果。在是否要继续带上它的问题上，他犹豫了很久。最后，当他站起来，摇摇晃晃地开始这一天的路程的时候，这个口袋仍然包在他背后的包袱里。

佩尔扭伤的脚腕子已经僵了，他比以前跛得更明显，但是，比起肚子里的痛苦，脚疼就算不了什么。饥饿的痛苦是剧烈的，它一阵一阵地发作，好像在啃着他的胃，疼得他不能把思想集中在走出去的路线上。

这一天，佩尔走了10英里多路。第二天，他只走了不到5英里。

又过了一夜。早晨，佩尔解开系着那厚实的鹿皮口袋的皮绳，倒出一半黄澄澄的金沙，把它们包在一块毯子里，在一块突出的岩石下藏好。又从剩下的那条毯子上撕下几条，用来裹脚。

这是一个有雾的日子，中午的时候，累赘的包袱压得他受不了。于是，他又从口袋中倒出一半的金沙，不过这次是倒在地上。到了下午，他把剩下的那一点也扔掉了。

佩尔重新振作起来，继续前进。这地方狼很多，它们时常三三两两地从他前面走过。但是都避着他。一则因为它们为数不多，此外，它们要找的是不会搏斗的驯鹿，而这个直立行走的奇怪动物可能既会抓又会咬。

接着下了几天可怕的雨雪。佩尔不知道什么时候露宿，什么时候收拾行李。他白天黑夜都在赶路。他摔倒在哪里就在哪里休息，一道垂危的生命火花重新闪烁起来的时候，就慢慢地向前走。他已经不再像人那样挣扎了。逼着他向前走的，是他的生命，因为他不愿意死。

有一天，佩尔醒过来，神智清楚地仰卧在一块岩石上。太阳明朗暖和。他只隐隐约约地记得下过雨，刮过风，落过雪，至于他究竟被暴风雨吹打了两天还是两个星期，他就不知道了。

远处仍旧是一片光辉的大海，那艘船仍然清晰可见。难道这是真的吗？他闭着眼睛，想了好一会，毕竟想出来了。他已经偏离了原来的方向，一直在向北偏东走，走到了铜矿谷。这条流得很慢的宽广的河就是铜矿河，那片光辉的大海是北冰洋。这次不是幻觉而是真的！

太阳亮堂堂地升了起来。这天早晨，他一直在跌跌绊绊地，朝着光辉的海洋上的那艘船走去。

下午，佩尔发现了一些痕迹，那是另外一个人留下的，他不是走，而是爬的。他认为可能是比尔。

佩尔跟着那个挣扎前进的人的痕迹向前走去，不久就走到了尽头——潮湿的苔藓上摊着几根才啃光的骨头，附近还有许多狼的脚印。他发现了一个跟他自己的那个一模一样的厚实的鹿皮口袋，但已经给尖利的牙齿咬破了。

比尔至死都带着它。

佩尔转身走开。不错，比尔抛弃了他，但是他不愿意拿走那袋金沙，也不愿意吮吸比尔的骨头。

这一天，佩尔和那艘船之间的距离缩短了三英里。第二天，又缩短了两英里——因为现在他已不是在走，而是在爬了。到了第五天，他发现那艘船离开他仍然有七英里，而每一天连一英里也爬不到了。

这一天，有一半时间他都一直躺着不动，尽力和昏迷斗争，当佩尔又一次从梦里慢慢苏醒过来的时候，觉得有条舌头在顺着他的一只手舔去。他静静地等着，狼牙轻轻地扣在他手上了，扣紧了。狼正在尽最后一点力量把牙齿咬进它等了很久的东西里面。突然，那只被咬破了的手抓住了狼的牙床。于是，慢慢地，就在狼无力地挣扎着、他的手无力地掐着的时候，他的另一只手也慢慢地摸了过去……

5分钟之后，他已经把全身的重量都压在了狼的身上。他的手的力量虽然还不足以把狼掐死，可是他的脸已经紧紧地压住了狼的咽喉，嘴里已经满是狼毛。半小时后，佩尔感到一小股温暖的液体慢慢流进他的喉咙。后来，翻了一个身，他仰面睡着了。

捕鲸船"白德福号"上，有几个科学考察队的人员。他们从甲板上望见岸上有一个奇怪的东西，它正在向沙滩下面的水面挪动。他们没法分清它是哪一类动物，于是，他们划着小艇，到岸上去察看。

他们发现了一个活着的动物，可是很难把它称做人。它已经失去了知觉。它就像一条大虫子在地上蠕动着前进。它用的力气大半都不起作用，但是它仍在一刻不停地向前扭动。照它这样，一个小时大概可以爬上20尺。

3个星期以后，这个人躺在"白德福号"的床铺上，眼泪顺着他削瘦的面颊往下淌，他说出他是谁和他所经历的一切。同时，他又含含糊糊地、不连贯地谈到了他的母亲，谈到了阳光灿烂的南加利福尼亚，以及橘树和花丛中的他的家园……

这是杰克伦敦以他的亲身经历所写的一个令人难忘的故事，主人公正是由于生死边缘的坚持才重获新生。

坚持就是胜利，这个道理表面上谁都明白，关键在于人们能否从深层次上用心去领悟它的真谛，并且在生活中时刻坚守，从而使自己的生命防线永不溃败。

遁卦第三十三 ䷠ 艮下乾上

——明退即大智之举

遁：亨。小利贞。

彖曰：遁亨，遁而亨也。刚当位而应，与时行也。小利贞，浸而长也。遁之时义大矣哉！

象曰：天下有山，遁。君子以远小人，不恶而严。

阴爻由下生长，阳爻渐退，象征小人势力渐渐伸长，君子因此退避，故卦名为"遁"，取其逃亡、退避之意。又：下卦"艮"为山，上卦"乾"为天，山高而天退，即遁之义。下卦的中位"六二"爻与上卦的中位九五爻阴阳相应，故又有"小利贞"。遁：逃，退隐。

本卦说明，君子在必须退避的时候便应该退避，因为退避从表面上看为消极，其实也是以退为进，亦即退的目的是为了更好地进。

[爻辞新解]

初六：遁尾，厉，勿用有攸往。

象曰：遁尾之厉，不往何灾也？

"初六"是遁卦的末尾，退避祸害时，当然危险。在小人得势之时，亦不可意气用事，积极行动，当权宜轻重，应退即退。

"象传"说：一见情势不好，就该退避，即使落后了，也不要太过急躁，待机行事，哪里会有灾害呢？

这一爻说明，小人道长，该退则退，应时机，不可躁动。

六二：执之用黄牛之革，莫之胜，说。

象曰：执用黄牛，固志也。

"说"当脱解释。

"六二"居中，象征中正，又与"九五"相应，故能洁身自爱、柔顺地追随"九五"。这种固执的态度,就像用黄牛的皮革捆绑一般坚固,不会解脱。

"象传"说:黄牛的皮革坚固无比,拿它来捆绑,是象征意志的坚定。

这一爻强调,坚守正直的重要。

九三:系遁,有疾厉,畜臣妾吉。

象曰:系遁之厉,有疾惫也。畜臣妾吉,不可大事也。

"系"是牵累的意思。

"九三"欲遁,却被下方的二阴爻牵累,因而有所依恋,犹豫不决,如不速退,就如得了厉害的疾病。此时,蓄养只侍奉家居的奴婢,便会吉利。

"象传"说:应该隐退时,如被拖累或有所依恋而迟疑不决,就有危险,就像生病,精神已疲倦不堪,蓄养奴婢吉利,是因其不可担任大事。

这一爻强调,不可受牵制,应当机立断。

九四:好遁,君子吉,小人否。

象曰:君子好遁,小人否也。

"九四"下应"初六",与"初六"的关系很好,但"九四"是刚健的君子,当遁之时毅然割爱,毫不犹豫地退避而去,故吉。小人遇到此种情况肯定是牵恋不舍,当然也就做不到毅然退避之举。

这一爻是说,君子虽心有所系,但当退时应断然退遁。

九五:嘉遁,贞吉。

象曰:嘉遁贞吉,以正志也。

"九五"阳刚居中得正,且下应"六二"柔中。这说明"九五"高居尊位,且有"六二"相帮,看来不遁也可,但"九五"识微虑远,及时顺随时势而退避。"九五"以中正自处,处理遁退问题恰当得体,故守持正固可获吉祥。所以"九五"爻的兆辞是"贞吉"。

这一爻是赞美"九五"处事得体,及时退避。

上九:肥遁,无不利。

象曰:肥遁无不利,无所疑也。

"肥"的古字是"甾",在这里作"飞"解,飞快的意思。"疑"与"凝"通,即阻挡的意思。

"上九"处上卦的终极之地,阳爻无位,与下卦阴爻无应比关系。退避之时不受任何拘束,当然不会有什么不利。

"象传"说:"无所疑也",就是说与二阴爻距离最远,退避之时,没有任何滞凝的意思。

这一爻是说,从容退避,移世独立,卓然不群。

[遁卦点悟] 当退则退,其道亨通

遁卦象征退避,强调该退之时则避,是应天顺时,其道亨通,意义重大,道理又是相通的。实际上,"遁"卦所象征的退避,是事物发展中的一个特殊阶段。一般人以事物发展向上向前为吉,而以向下向后之退避为凶。这样并非全面地理解易理。如果该进之时而向前,当然是吉兆。但是,如果处在该退之时仍盲动前进,则由吉趋凶,自取其咎。相反,此时如能顺时而急流勇退,行遁之道,则又逢凶化吉,故卦辞所以称"亨",即退避是为将来的更大发展作铺垫,从而打开了通向亨通之道的大门。

[遁卦例解] 能退才能更好地进

在人生进取中,如果情况对自己不利,再要继续下去很可能身败名裂,甚至丢了性命,那就必须考虑如何全身而退,先保住自己的本钱再说。此时,必须当机立断,绝不可拖泥带水,如果本钱没有了,后来的一切都将无从谈起。

在春秋五霸中,晋文公重耳是最为独特的一个,他即位于多事之秋,并且即位时已六十多岁。但他在短短的几年内就使晋国强盛起来,成了著名的春秋五霸之一。

他之所以能够迅速取得这样的成就,主要得益于他的曲折丰富的人生经历。他成功的最大特点是以退为进。第一次以退为进是为避祸在外逃亡19年,后来终于回国当了国君;第二次以退为进是在与楚进行城濮之战时退避三舍,终于赢得了战役的胜利,确立了他的诸侯霸主地位。这种靠以退为进而成就千秋霸业的事例,在中国历史上恐怕是绝无仅有的一次。但这种在被动或主动的情势中都自觉使用"遁"卦的策略却成为中国政治运营术中一个不可忽视的传统。

重耳在狄国住了12年,晋国一些较为有才能的人也跟他跑到了狄国,其中比较著名的有狐毛、狐偃、赵衰、胥臣、狐射姑、先轸、介子推、颠颉等人，他们大都在狄国娶妻生子，看样子要长期住下去。一天，狐毛、狐偃接到了在晋国做大臣的父亲狐突的信，说是上次刺杀重耳的那个大力士勃辊在三天内要来刺杀重耳，重耳听后急令从人拾掇东西，准备逃走。启程之后却发现掌管行李的人携物逃走，害得重耳一行人狼狈不堪，不得不到处求乞。

他们准备到齐国去，但去齐国必须先经过卫国。卫国当初造楚丘时晋国没有帮忙，卫君心胸怒愤，况且重耳是个落难公子，卫君就吩咐城门卫兵不让重耳进城。重耳一行只好忍饥挨饿，来到了齐国，齐桓公热情地招待，送给他们二十辆车，八十匹马，不少房子，把这一行人安排得很舒服，并把自己的一个本家的姑娘嫁给了重耳，他们就在齐国住了下来。

齐桓公死后，桓公的五个儿子争位，把齐国弄得一团糟，齐国霸主的地位从此失去，不久又归附了楚国。重耳等人本是希望借助齐国的力量回国，看看没了希望，只好又来到了曹国。

曹国国君只让他住了一夜，而且很不客气，还戏弄他们，要看重耳身上的"骈肋"（一种肋骨长在一起的生理畸形），惟有曹国大夫僖负羁见重耳手下人才众多，日后必成大事，就暗暗地施以饭食，赠以白璧。重耳一行又来到宋国，宋襄公虽刚打了败仗，但对重耳还是十分欢迎，就送他们每人一套车马，只是没有力量帮助重耳回国。不久，他们又到了楚国，楚成王把重耳当贵宾接待，重耳对楚成王也十分尊敬。当时，楚国大臣子玉要杀掉重耳，以除后患，但被楚王阻止了。在一次宴会上，楚王开玩笑说："公子将来回到晋国，不知拿什么来报答我？"重耳说："玉石、绸缎、美女你们很多，名贵的象牙，珍奇的禽鸟就出产在你们的国土上，真不知拿什么来报答您，如果托你的福能回到晋国，万一有一天两国军队不幸相遇，我将后退三舍来报答您。"

不久，秦穆公派人去请重耳到秦国，说是要送他回国即位。原来，晋惠公对秦国多次忘恩负义，秦穆公当初打算立个坏国君自己可弄点好处，结果事与愿违。晋惠公即位不久即发兵攻打秦国，秦国兵强势大，打败了晋国，并俘虏了晋惠公，后来秦穆公还是将晋惠公放了回去，但让他把儿子公子圉送到秦国当人质。秦穆公善待公子圉，把自己的女儿嫁给了他。后来秦灭梁国，梁是公子圉的外公家，他怕自己失去了靠山无法即位，于是在父亲病重时偷偷地跑回晋国当了国君，秦穆公十分生气，决定送重耳回国即位。

公元前636年，秦国大军到了秦晋交界的黄河。过河的时候，重耳掌管

行李的人把过去落难时用的物品全搬到了船上，重耳见了，就让他扔到河里。狐偃一见，心里格登一下，赶忙跪下说："现在公子外有秦军，内有大臣，我们放心了。我们这帮老臣就不必回去了，就像您刚才扔掉的旧衣服旧鞋子一样，还是让我们留在黄河这边吧！"重耳一听，恍然大悟，立刻让人把破衣服、鞋子、瓦盆等搬上船去，并把玉环扔到河里。行过祭祀河神之礼后发誓说："我重耳一定暖不忘寒、饱不忘饥，不忘记过去的一帮旧臣。"这样，狐偃等人才跟随他过了河。

他过黄河后攻下几座城池，因为公子圉已众叛亲离，晋国的大臣们就不再抵抗，迎立了重耳，就是晋文公。晋文公43岁逃往狄国，55岁到了齐国，61岁到了秦国，即位时已62岁了。他在外流浪了19年，过的是寄人篱下、颠沛流离的日子，受尽了人情冷暖之苦，尝尽了世间的酸甜苦辣，见识了各国的政治风俗，锻炼了各方面的才能，到这时，他已成为一个成熟的政治家了。

晋文公的"退"虽然是被迫无奈的，但同时也在客观上适应了实际情况。所以后来他的成功，虽然有晋国内部的原因，但在很大程度上，还是得益于这种该退即退、不盲目冒进的策略。

大壮卦第三十四 ☰乾下震上

——盛旺守正戒骄矜

大壮：利贞。

彖曰：大壮，大者壮也。刚以动，故壮。大壮利贞，大者正也。正大，而天地之情可见矣。

象曰：雷在天上，大壮。君子以非礼弗履。

大壮卦下乾上震，乾为天、为健；震为雷、为动。当雷在天上震动，其势强大而雄壮。天上打雷，是自然界阴阳之气运动的结果，是符合自然规律的。大壮是指阳刚之气强大，在人事上喻君子之势强盛，所以占卜吉利。履：

实践。

本卦说明了持守正义、力戒骄溢才能获致真正意义的"大壮"。故象传释卦辞之"利贞",有"君子非礼勿履"之语。这不是一般意义的道德说教,而是对大壮卦义作深入一层的阐释,对读者颇有启发。

[爻辞新解]

初九:壮于趾,征凶,有孚。

象曰:壮于趾,其孚穷也。

"趾"即脚趾,脚趾强壮,象征旺盛的前进意图。但它还不足以带动全身,因而,前进凶险,而且必然如此。又,"初九"虽然阳爻阳位得正,但与"九四"阳爻不能相应,上方没有援引,所以,前进凶险。

"象传"说:脚趾强壮,必然穷困。

这一爻,说明壮大也应当量力,不可妄动。

九二:贞吉。

象曰:九二贞吉,以中也。

"九二"阳爻阴位不正,但在下卦的中位,虽然位置不当,却有中庸的德性。当壮大时,往往容易过分,必须具备中庸的德性,坚持纯正,能够克制,才会吉祥。

这一爻,说明壮大,应当中庸,有节制。

九三:小人用壮,君子用罔,贞厉。羝羊触藩,羸其角。

象曰:小人用壮,君子罔也。

"羝羊"即公羊。"藩"是篱。"羸"与纍累同义,挂住无法摆脱的意思。

"九三"阳爻阳位得正,但已经一连三个阳爻,又离开中位,刚强过度。小人会利用这种刚强的气势,欺凌他人,但君子就不会这样做。因为这种作风,就是纯正,也有危险。就像公羊去抵触藩篱,角被挂住,无法摆脱。

"象传"说:小人利用壮大,君子不会。

这一爻,说明不可利用壮大,逞强任性。

九四:贞吉,悔亡。藩决不羸,壮于大舆之辐。

象曰:藩决不羸,尚往也。

"辐"即车箱与车轴相扣合的地方。

"九四"阳爻阴位，不中不正，是上卦"震"的主体，又是大壮卦最上的阳爻，象征着非常壮大。但"九四"以柔用刚，刚柔相济，就消除了由于过刚可能带来的后悔，仍然固守刚柔中正之道，当然吉祥，并且可以继续前进。

这一爻是说前进的道路正确，人强马壮，强不用强，获得吉祥。

六五：丧羊于易，无悔。

象曰：丧羊于易，位不当也。

"易"有两层含义：一是疆场，是从位置上来看，一是变易之易，是依时义而言的。

"六五"以柔居阳位，位不当，象征性格柔弱，就像公羊在疆场上丧失了它的刚猛；"六五"又是"消息卦"乘阳之上的阴爻，在强壮的阳刚上升的势头面前，无力抵挡，必然被上升的阳爻驱走，变为夬；但顺应自然的发展趋势，也没有什么可后悔的。

这一爻是说壮大在前，顺其自然。

上六：羝羊触藩，不能退，不能遂，无攸利，艰则吉。

象曰：不能退，不能遂，不详也。艰则吉，咎不长也。

"详"即审。"上六"居大壮卦的最上位，又是阴爻，处于不进不退的局面。"不退遂"是由于"不详"造成的，也就是阳刚壮大，不能审时度势，十分容易冒进，难以制止，必须以柔济刚，才能维持壮大发展的中正之道。

"象传"说："艰则吉，咎不长也"，是说在这种情势下，更要艰贞固守正道，待时而进，眼前相持不下的局面，就会自然而然地消除。

这一爻是说艰苦支撑，维持中正，期待好运来临。

[大壮卦点悟] 戒骄戒躁，保持长久

大壮是衰退的反面，本是好事。然而，因为壮大，往往滋生自负、自满的情绪。危险往往潜伏在人们的自满中，在人们懈怠的那一刻突然出现。无论现状有多好，我们时时都要具有忧患意识。只有居安思危，做好迎战坏事到来的思想准备，才能使"大壮"的状态保持长久，即使危机来临，也不会措手不及。

指点生活迷津的圣典
体悟人生奥秘的学问

[大壮卦例解] 骄矜者必吃苦头

"大壮"容易引起自满的情绪，于是骄矜滋生，这是导致失败非常常见的原因。"大壮"者应防止自满情绪产生，不被一时的"壮"所陶醉，以保持长久的"大壮"。

三国时期的曹操就因骄矜而痛失西川。当时，盘踞汉中地区的汉宁太守张鲁，打算夺取西川，扩大势力，好登上"汉宁王"的宝座。益州牧刘璋急派别驾张松到许都向曹操求援。张松走时，除携带一批准备献给曹操的金银珍宝以外，还暗地藏了一幅西川的地形详图。由于刘璋糊涂而又懦弱，当时川中的有识之士都感到在群雄竞争的形势下，刘璋绝对不能保住西川，因此不少人都有另投靠山的打算。张松借出使的机会，带着这幅极有价值的军事地图，就是有这种打算。

张松一行到了许都，被接待在驿馆里，等了三天才得到接见的通知，心中很有些不高兴。而且丞相府的上下侍从都公开索贿，才肯引见，这使得张松更加摇头。曹操傲慢地接受了张松的拜见，然后责问："你的主人刘璋，为什么这几年都不来进贡？"张松巧妙地解释："因为道路艰难，贼寇又多，常常拦路抢劫，不能通过。"曹操大声呵斥说："我已扫清中原地区，哪里还有什么贼寇！分明是捏造借口。"

张松是四川有名的人物，生得头尖额翘，鼻低齿露，身长虽还不满五尺，但嗓音洪亮，说话有如铜钟之声。他读书很多，有超人的见解，以富有胆识闻名。自来许都后，发现曹操那样慢待，心中早已不快。今天又见曹操这般蛮横，便断了向他投奔的念头，决心教训他一番。曹操刚讲完话，张松嘿嘿一笑说："目前江南还有孙权，北方存在张鲁，西面站着刘备，他们中间拥有军队最少的也有十余万人，这算得上太平吗？"

这一段抢白顿时使曹操窘得说不出话来，曹操一开始见到张松，觉得他个子小，面孔怪，猥猥琐琐，已有五分不喜欢，现在又发现他言语冲撞，让人很不高兴，于是一甩袖子，起身转进后堂去了。

曹操左右的人纷纷责怪张松无礼，张松冷笑一声说："我们西川可惜没有会说奉承讨好言辞之人！"这句话立即召来一声大喝："你们西川人不会奉承讨好，难道我们就有这样的人吗？"张松转眼一看，原来是丞相门下的掌库主簿杨修。张松过去听说过他是朝廷太尉杨彪的儿子，博学善辩，不觉有心难

Gei Da Mang Ren Du De Yi Jing | 145

他一难。杨修也一向自命不凡，发现张松不是一般人物，就邀请张松到旁边书院里会上一会。

两人坐定后，杨修略作寒暄说："出川的道路崎岖，先生远来一定很辛苦。"

张松表示："奉主人的命令办事，虽赴汤蹈火，也不能推却啊！"

杨修接着又询问一句："川中的人才怎么样？"

张松越加得意地说："西川历史上出现过大辞赋家司马相如、名将马援、"医圣"张仲景和著名阴阳家严君平。其他出类拔萃的人才，数也数不完！"

杨修又问一句："先生现在担任什么职务？"

张松谦虚地回答说："滥充一名别驾，很不称职。敢问杨先生在朝廷里担任什么职务？"

杨修回答说："在丞相府里担任一名主簿。"

张松不客气地反扑过来："杨先生的上代担任国家高级官员，为什么不到朝廷里任职，直接协助皇帝工作，即屈居在丞相府里干这样一个小官！"

杨修听了这话，满脸惭愧，硬着头皮勉强解释说："我虽然职位不高，但蒙丞相将处理军政钱粮的重任交付给我，而且早晚还可以得到丞相的教诲，很受启发，所以就接受了这个职位。"

张松听到这句话，干笑一声说："我听说曹丞相文的方面不明白孔孟之道，武的方面不了解孙武、吴起的兵法，仅仅依靠强横霸道取得宰相的高位，哪能有什么教诲来启发阁下呢？"

杨修一本正经地说："不对，先生居住在边地，怎么知道丞相的杰出才干呢？我不妨让你开开眼界。"说着，叫手下人从书箱里拿出一卷书来，递给张松。张松一看书名题作《孟德新书》，于是从头到尾翻了一遍，其中共有13篇，都是谈论战争中的重要策略的。谁知张松看完，颇有些不以为然地对杨修说："杨先生怎样看待这部书呢？"

杨修不无炫耀地回答："这是曹丞相博古通今，模仿13篇《孙子兵法》写成的。你看这部书可以传之不朽吗？"

张松竟扬声笑了起来："我们西川三尺高的孩子都能把这部书背下来，怎能叫'新'呢！这原是战国时代一位无名氏的作品，曹丞相把它盗窃来表现自己，这只能骗骗阁下罢了！"

杨修不无嗔怪地说："这完全是丞相自己写成的，先生说什么川中的孩子

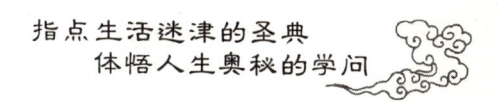

都能背诵，欺人太甚了吧！"

不料张松立即应声说："先生如果不相信，我马上背给你听。"说着，即合起书来，从头到尾将书中全部字句背诵了一遍，一字不差。杨修大吃一惊说："张先生过目不忘，真是天下的奇才啊！"

后来，杨修在曹操面前夸赞张松，要求重新接见张松。终因双方的观点差距太大，张松又讽刺了曹操一顿，然后离开许都，把身上带着的那张十分有价值的地图献给刘备去了。

曹操一辈子都在搜罗人才，却因自己一时的骄矜之态而助了他人一臂之力。这种教训，是一切正处于盛大之势者引以为戒的。

晋卦第三十五 坤下离上

——进取高升要看清极限

晋：康侯用锡马蕃庶，昼日三接。

彖曰：晋，进也。明出地上。顺而丽乎大明，柔进而上行，是以康侯用锡马蕃庶，昼日三接也。

象曰：明出地上，晋。君子以自昭明德。

此卦上卦是离，是火是光，下卦是坤，是地是顺。地上有光，则为顺。离在上坤在下，是太阳普照大地、万物柔顺依附之象，因此，忠于职守的人，就能晋升。锡：通赐。马：车和马。蕃庶：多。

柔顺、依附，构成"晋"的必要条件，颇有意思。在中国古代，中国的官吏无不以柔顺、依附为晋升的必要条件，恭顺和人身依附成为升官途中必不可少的两大要素。

[爻辞新解]

初六：晋如摧如，贞吉。罔孚，裕无咎。

象曰：晋如摧如，独行正也。裕无咎，未受命也。

"摧"是摧毁、挫败。"如"是助词，与然相同。"罔"是无，"孚"是信。这一卦的卦名"晋"，当然各爻都要前进。但"初六"是阴爻，在最下位，力量弱，虽然与"九四"相应，可是，"九四"阳爻阴位不正，并不能施以援手，如果勉强前进，就会挫败。不过，只要坚持纯正，仍然吉祥，即使不能取信于人，只要心里坦然，面对现实，就不会有灾难。

"象传"说：前进会挫败，但自己走的是正道，心地坦然，不会有灾难是说还没得到任用，没有责任，所以能够无忧无虑，悠然自得。

这一爻，说明前进时，必须动机顺正，即或失败，也能坦然。

六二：晋如，愁如，贞吉。受兹介福于其王母。

象曰：受兹介福，以中正也。

"介"是大"王母"，是祖母。最古老的字书《尔雅·释亲》中说："父亲的母亲为王母。"

"六二"阴爻阴位，在下卦中位，中而且正，当然会升进。但与"六五"阴阴不能相应，上方缺乏援引；因而，前途困难，不能不忧愁。不过，开始孤立无援，只要坚守纯正，仍然吉祥；就像由祖母那里，得到很大的福气。

"象传"说：这是因为"六二"在中位，又阴爻得正的缘故。

这一爻，说明不得前进，不必忧虑，中正必然有成功之日。

六三：众允，悔亡。

象曰：众允之，志上行也。

"允"是信的意思。"六三"阴爻阳位不正，又不在中位，当然会后悔。可是，下方的两个阴爻，志同道合，也要前进，得到众人的信赖与支持，本来应该后悔的因素，就消失了。

"象传"说：众人信赖，是由于志向都在向上升进。

这一爻，说明前进必须以获得群众的信赖为前提。

九四：晋如鼫鼠，贞厉。

象曰：鼫鼠贞厉，位不当也。

《诗经·魏风·硕鼠》中说："硕鼠硕鼠，无食我黍。"硕鼠"即偷吃农作物的野鼠。"

"九四"阳爻阴位，离开中位，不中不正，却晋升到高位。由于缺乏道德，地位高反而更加贪婪，就像田间的野鼠，所以说，像野鼠般贪婪的人，晋升到高位，即或行为正当，前途也有危险。

"象传"说：这是由于"九四"不中不正，地位不当。

这一爻，说明不可悻进，不可贪得无厌。

六五：悔亡，失得，勿恤。往吉，无不利。

象曰：失得勿恤，往有庆也。

"恤"是忧的意思。"六五"阴爻阳位不正，结果应当后悔；但"六五"是上卦的"离"象征光明的主爻，下卦"坤"是顺；因而，是以光明磊落的态度，高居君位，下面又服从的形象，想像中的后悔就消失了。所以，不必为得失耽忧，前进吉祥，没有不利。

"象传"说：这是说前往会有吉庆。

这一爻，说明光明磊落，不计较得失，前进必然有利。

上九：晋其角，维用伐邑，厉吉，无咎，贞吝。

象曰：维用伐邑，道未光也。

"上九"以刚爻居晋卦之极，故以"晋其角"为"上九"的喻象。但这一爻象很不好，晋卦虽是上进之卦，但用柔而不用刚。由于"上九"刚，已无处可进，偏偏又要躁急而进，这样下去当然有危险。此时惟有自我克制，将这种躁进之气力转移到征伐叛乱的属邑上，方可变危厉为吉。

征伐叛乱的属邑，虽然正确，但叛乱本身是由于自己王侯之政道未能昌明而造成的，仍是令人遗憾之事，所以要守持正固，以防憾事再度发生。

这一爻是说，刚进而至极，须自我克制。

[晋卦点悟] 进取应把握中正的原则

本卦阐述了进取的原则。积极进取以求发展，须动机纯正，即便失败也问心无愧。不能忧虑于一时的得失，而宜把握中正的原则。前进时不可贪得无厌，不可存侥幸心理，而应谨慎从事，不能在发生偏差之后再去纠正。

[晋卦例解] 杨秀清被诛的教训

在前进高升的途中，一定要把握一定的原则，懂得依附和柔顺的道理。如果过于激进，看不清仕途的极限，无异于与虎谋皮，其结果也可想而知。

太平天国的高级领袖杨秀清的遭遇，就很能说明这个问题。

太平军攻破清军南大营后，清将向荣战死，太平军举酒相庆，歌颂太平军东王杨秀清的功绩。天王洪秀全更深居不出，军事指挥全权由杨秀清决断。告捷文报先到天王府，天王命令赏罚升降参战人员的事都由杨秀清做主，告谕太平军诸王。像韦昌辉、石达开等虽与杨秀清等同时起事，但地位低下如同偏将。清军大营既已被攻破，南京再没有清军包围。杨秀清自认为他的功勋无人可比，阴谋自立为王。于是，一场导演并不高明的"天父下凡"之戏就上演了。

杨秀清借天父之口要求洪秀全禅位，洪秀全表面上积极筹备禅位大典，把杨秀清稳住；暗中调兵遣将，召见韦昌辉秘密商量对策。韦昌辉自从江西兵败回来，杨秀清责备他没有功劳，不许入城，韦昌辉第二次请命才获许。韦昌辉先去见洪秀全，洪秀全假装责备他，让他赶紧到东王府听命，但暗地里告诉他如何应付，韦昌辉心怀戒备去见东王。韦昌辉谒见杨秀清时，杨秀清告诉他别人对他呼万岁的事，韦昌辉佯作高兴，恭贺他，留在杨秀清处宴饮。酒过半旬，韦昌辉出其不意，拔出佩刀刺中杨秀清，当场穿胸而死。韦昌辉向众人号令："东王谋反，我暗从天王那里领命诛杀他。"他出示诏书给众人看，又命令紧闭城门，搜索东王一派的人矛以灭除。结果是东王一派的人多数死亡或逃匿。洪秀全的妻子赖氏说："祛除邪恶不彻底，必留祸。"因而劝说洪秀全以韦昌辉杀人太酷为名，施以杖刑，并安慰东王派的人，召集他们来观看对韦昌辉用刑，可借机全歼他们。洪秀全采用了她的办法，而突然派武士围杀观众。经此一劫，东王派的人差不多全被除尽，前后被杀死的多达三万人。

正如晋卦所提醒我们的那样，晋升之道，须把握中正的原则。前进时不可贪得无厌或者存有侥幸心理，而应谨慎行事，等发生偏差之后再去纠正恐怕就来不及了。杨秀清之所以被诛，正是因为没有看到自己晋升的极限，行动过激而丢掉了性命。

明夷卦第三十六 ䷣ 离下坤上

——在"黑暗"中向"光明"进取

明夷：利艰贞。

彖曰：明入地中，明夷。内文明而外柔顺，以蒙大难，文王以之。利艰贞，晦其明也，内难而能正其志，箕子以之。

象曰：明入地中，明夷。君子以莅众用晦而明。

坤在上而离在下，象征太阳沉于大地，光明受到损伤。恰好和晋卦相反，表示昏君在上，而贤能受损。卦辞原意是说：虽然时局昏乱，明德被损害，但惟有于艰辛之中，坚守正道，以扶持正义于不坠，才会有利。夷：同痍，是伤害的意思。

明夷卦的卦义正如卦体所显示的，光明受到伤害，世道黑暗，光明正大之人必受伤害。在这种形势下，对于光明正大的君子来说，宜于知艰难不轻易用事，而又不失贞正，守持正固。

[爻辞新解]

初九：明夷于飞，垂其翼。君子于行，三日不食。有攸往，主人有言。

象曰：君子于行，义不食也。

明德被创伤，邪恶残害正义，"初九"就像鸟于飞行负伤，翼下垂。但由于在开始飞得高，距离远，负伤不重，还能飞离险境。于是君子舍弃一切逃亡，难免穷困，会三天没有吃的；就是有投奔的地方，也会被讥笑为不识时务，听到闲言闲语。

"象传"说：君子外出，由于对方不正当，所以不接受他的食物。

这一爻，说明在正义被残害的苦难时期，惟有退避韬光养晦以自保。

六二：明夷夷于左股，用拯马，壮吉。

象曰:"六二"之吉,顺以则也。

"六二"阴爻,居离卦的中位,是下卦的主爻,象征柔顺中正明德的大臣,不被昏君所容,并且负伤在左大腿,"六二"负伤较重,用强壮的马还可以拯救他脱难,得以免灾得吉。

"象传"说:"顺以则也",是说"六二"能用柔顺中正之道的法则。

这一爻说明,虽然祸已及身,但小不忍则乱大谋,用柔又不失中正,终于逢凶化吉。

九三:明夷于南狩,得其大首,不可疾贞。

象曰:南狩之志,乃大得也。

"九三"阳刚,居下卦离的最上位,以刚居刚,又得正,象征刚正阳明的君子,不屈不挠,向南方去征讨暴君;但是,这是非常行动,必须小心谨慎,不可操之过急。还需要贞固以待,必然获得成功。

"象传"说:"乃大得也",是说前往必然成功,但并不一定立即采取行动,仍要等待时机彻底成熟。一说:此爻是讲武王伐纣之事。

这一爻是说,采取非常行动前,投石问路,需要特别谨慎。

六四:入于左腹,获明夷之心于出门庭。

象曰:入于左腹,获心意也。

"明夷之心"即残害贤良,伤害光明的心。右尊左卑,所以"左"代表卑鄙。卦辞是说,在黑暗卑鄙之中,君子得知暴徒之心,只好出于门庭而远逃,以避伤害。

"象传"说:只要脱离黑暗,心意就可获得自由了。

这一爻说明,凡事要自有打算,在遭受打击、承受压力之时,仍能安然避过。

六五:箕子之明夷,利贞。

象曰:箕子之贞,明不可息也。

"六五"以阴爻居阳位,能够不柔不刚,合乎中正。箕子在最暴虐黑暗的时刻,能刚正而不同流合污,因而不伤害他的正义之心。

"象传"说:箕子坚守中正,正是光明不可熄灭。

这一爻说明,越在昏乱之时,越要坚守正义,明辨善意。

上六：不明，晦。初登于天，后入于地。

象曰：初登于天，照四国也。后入于地，失则也。

"上六"以阴爻居阴位，又是"明夷"的最上爻，所以昏暗已到极点，因此不光明。高高在上，却昏暴失德，最后难免陷入黑暗的地狱中。

"象传"说：开如登天一般地得高位，光芒四射，照耀四海万匡，最后却堕落于地，是因为违反了正义，昏庸失则，终至灭亡。

这一爻说明，违背正义，必定灭亡。

[明夷卦点悟]"自晦"中保存光明

明夷卦记载了商周之际政治斗争的风云变幻，也给后人留下了极为珍贵的政治斗争经验，特别是处在政治黑暗之时的斗争策略。明夷卦总的说来就是光明受到黑暗的伤害，这从卦象上可以看得很清楚，处在这种环境中，代表光明的君子应该怎样对付这种黑暗现实呢？总的原则就是卦辞所说"利艰贞"，强调在艰难中维护正道，在"自晦"中保存光明，以待时局的发展，转衰为盛，变黑暗为光明。

[明夷卦例解]"黑暗"中要学会自保

处于"明夷"这个黑暗的时代，形势险恶、世事艰难，要晦藏明智而不显露出来，显露必招祸，因此宜于知险而不轻举妄动，在这一点上，司马懿可谓做到了家。

魏明帝曹睿死时，太子年幼，大将军司马懿与曹爽共同辅佐太子执政。曹爽是皇室宗族，自从掌握大权后，野心勃勃，要独揽大权。但司马懿是三朝元老，功劳高，有威望，而且谋略过人，在朝廷中有相当大的势力，因此，曹爽还不敢公开与司马懿斗。而司马懿也想夺权，他早把曹爽的举动看在眼里，但表面上仍然装糊涂，后来，干脆称病不上朝。

曹爽虽然一人独揽朝廷大权，可他对司马懿仍然不放心。司马懿虽然自称年老多病，不问朝政，可他老奸巨猾，处事谨慎，谁知他是真有病还是假有病？因此，曹爽对司马懿不敢掉以轻心，他经常派人打听司马懿的情况，可就是摸不到实情。

河南尹李胜讨好曹爽，得到曹爽的信任，曹爽就把李胜召到京城，任命他为荆州刺史。李胜临去上任时，曹爽安排李胜以探望为名，到司马懿府中

去探听虚实。

李胜在客厅坐了很久,才见司马懿衣冠不整,不断地喘息着,由两个侍女一左一右地架着,从内室慢慢走出。

李胜连忙站起身来,向司马懿行礼问安。司马懿的儿子司马昭对李胜说:"李大人免礼罢,家父身体难支,还要更衣。"

旁边走过一个侍女,用盘子端着一套衣袍来到司马懿面前,司马懿颤颤抖抖地伸手去拿,刚拿起来,他的手无力地往下一垂,衣服掉在了地上。侍女赶忙拾起衣服,帮司马懿穿上,两个侍女搀扶着,小心地让司马懿半躺着坐在躺椅里。

司马懿喘息了一会儿,慢慢地抬起右手,用手指指自己的嘴,上气不接下气地说:"喝——粥——"

一个侍女连忙出去,端着一碗粥来到司马懿面前,司马懿抖着手去接,可他的手抖动得太厉害,最终还是拿不住碗。侍女只好端碗送到司马懿的唇边,用汤匙一小口一小口地把粥送进司马懿嘴中。司马懿的嘴慢慢地蠕动着,粥不断地从嘴角流出来,流到下巴的胡须上,又顺着胡须滴落在他的衣襟上。

喝着喝着,司马懿突然咳嗽起来,嘴里的粥喷了出来。不仅喷到他自己身上,还喷了喂粥的侍女一身。侍女放下手中的碗,拿过毛巾给司马懿擦身上的粥。司马懿叹了一口气,闭上眼睛。

李胜看见司马懿这副样子,就走上前去,对司马懿说:"太傅,大家都说您的中风病复发了,没想到您的身体竟这样糟,我们真替您担心!"

司马懿慢慢地睁开眼睛,气喘吁吁地说:"我老了,又患病在身,活不了多久了。我不放心的是我的两个儿子,你今天来,我很高兴。我以后就把两个儿子托付给你了。"说着说着,眼中流下泪来。

李胜连忙解释说:"太傅不必伤心,我们都盼着您早日康复呢。我马上要到荆州赴任,今天特意来拜望您,向您辞行的。"

司马懿故意装糊涂,说:"什么?你要去并州上任,并州靠近胡人,你去了要很好地加强戒备,防止胡人入侵。"

李胜见司马懿年老耳聋,连话都听不清了,就重复说:"太傅,我不是去并州,是去荆州。"

司马懿听了,故意对李胜说:"你刚去过并州?"

司马昭凑上前去,大声对司马懿说:"父亲,李大人不是去并州,而是去荆州。"

"哦，是去荆州，那更好了。唉，我人老了，耳聋眼花，不中用了！"司马懿对李胜说。

李胜认为司马懿确实老病无用了，就站起身来，对司马懿告辞说："太傅多保重，您的身体会好起来的，以后有机会进京，我会再来拜望您的。"说完就离开了太傅府。

李胜刚出府门，司马懿就从椅子上站了起来，手捋胡须，看着司马昭，父子两人相视而笑。

李胜出了太傅府，直奔曹爽的府中，见到曹爽，高兴地说："司马懿人虽活着，却只有一息尚存，已经老病衰竭，离死不远了，不值得您忧虑了。"

曹爽听了，心中大喜，当即把李胜留在府中，饮酒庆祝。从此以后，曹爽根本就不把司马懿放在心上了，更加独断专行。

春天到了，按照惯例，曹魏皇帝宗族要去祭扫高平陵。曹芳起驾，曹爽、曹羲等兄弟全部随驾同行，一行人耀武扬威，浩浩荡荡开出了洛阳城。

等曹爽他们出城不久，司马懿就精神抖擞地带领着司马昭、司马师披挂上马，率领着精锐士兵占领了洛阳各城门与皇宫，把洛阳城四门紧闭，不准人随便出入。然后假传皇太后的诏令，废曹爽为平民，并派人把诏令送到皇帝曹芳那里。

司马懿握有重兵，曹爽又没防备，所以只能坐以待毙。司马又懿下令把曹爽兄弟及其亲信桓范、何晏等人抓起来砍了头，并灭掉了三族。

司马懿的手段，虽然是为一种更大的阴谋而做出的，但同时也有自保的成分。这种"自晦"的策略，是深得明夷之卦意的。

家人卦第三十七 ䷤ 离下巽上

——家和万事兴

家人：利女贞。

彖曰：家人，女正位乎内，男正位乎外。男女正，天地之大义也。家人有严君焉，父母之谓也。父父，子子，兄兄，弟弟，夫夫，妇妇，而家道正。正家而天下定矣。

象曰：风自火出，家人。君子以言有物而行有恒。

本卦"六二"爻、九五爻分别处于内、外卦之中位，不仅都是阴阳得位，而且二、五阴阳相应，象征女主乎内，男主乎外，男女和睦相处互敬互爱。又，内卦"离"是火，外卦"巽"是风，火热气上升而成为风，有发乎内而成乎外之象。

在一个家庭中，每个成员都应尽各自的本分，这样，家庭伦理也便纳入了正规；家庭是社会的细胞，家庭入正规，社会就安定，因而古人有"齐家、治国、平天下"之说。同时，君子应懂得本卦所示生乎内而成乎外的道理，以内在为根本，由此延伸再求外在的发展。

[爻辞新解]

初九：闲有家，悔亡。

象曰：闲有家，志未变也。

"初九"，防止邪恶于家庭初建之时，悔恨消失。有：词头，无意。

"象传"说：防止邪恶于家庭初建之时，是说在思想尚未产生变化的时候预先防范。志：思想。

这一爻是说，治家要一开始就立规矩。

六二：无攸遂，在中馈，贞吉。

象曰："六二"之吉，顺以巽也。

"六二"以柔居阴，又处下卦之中，柔顺中正，上应"九五"阳，有妇人顺夫之象，故无所专，即什么事都听从丈夫的，不自做主张，不擅行其事，全力主内，这样就可守持正固，获得吉祥。

这一爻指出女子主要任务是主管家中饮食之事。当然在今天看来，这是一种落后的思想。

九三：家人嗃嗃，悔厉吉；妇子嘻嘻，终吝。

象曰：家人嗃嗃，未失也；妇子嘻嘻，失家节也。

治家很严，甚至严过头了，难免有伤感情，使家人感到十分严酷。治家当然以适中为宜，然而在不能适中的情况下，与其过宽不如过严。过严虽然会产生一些悔恨、危险之副作用，但由于未失治家之道，最终还是吉的。如果过宽，妇人小孩都嘻皮笑脸的，无所畏惧，这就会导致废家规，乱伦礼，生邪恶，结果自然是凶。故爻辞说"妇子嘻嘻，终吝"。而吝的原因，就是"象传"所说的"失家节也"，即家教失去节度，过于宽缓。

这一爻指出，治家宜严不宜宽。

六四：富家大吉。

象曰：富家大吉，顺在位也。

"六四"阴爻阴位得正，又是外卦"巽"谦逊顺从的开始，守正道，又能谦逊，顺从本分理家，当然会使家庭富足，所以大吉。

"象传"说：这是因为巽卦是顺，又阴爻阴位在正位的缘故。

这一爻，说明理家应顺从本分。

九五：王假有家，勿恤，吉。

象曰：王假有家，交相爱也。

假与遐通用，大的意思。君王拥有天下的大家庭，使天下人相亲相爱。

这一爻，说明一家人应当相亲相爱，和睦共处。

上九：有孚威如，终吉。

象曰：威如之吉，反身之谓也。

"上九"刚爻在这一卦的最上位，象征一家之主的家长。"上九"又是这一卦的终了，所启示的，是治家的久远法则。治家不可缺少诚信，家长以诚信治家，必然就能感化家人，一心向善。

"象传"说：威严所以吉祥，是说自己应当反省，严于律己，以身作则，就能使家人尊敬，自然产生威严，而能服从。

这一爻，说明治家的基本原则，在诚信与威严。

[家人卦点悟]　家道贞正天下兴

人既是活生生的个体，同时又是社会关系的一种体现。而家庭则是人所处的社会的基层细胞。因此，家庭不仅涉及个人生命，而且直接关系到社会发展。简而言之，家庭是社会的缩影。治家即是齐国、平治天下的演习。因此，古代儒家有修身、齐家、治国、平天下之明训。齐家进一步关系到国家安危和天下盛衰。"家人"卦所言，即是儒家之前的上古人民对于齐家重要性的一种朴素的认识。

[家人卦例解]　沈氏"制造"家庭和睦

家庭，对于个人来说，是我们的生所，也是我们的死所。我们的一生都是为了这个家。倘若家庭不能和睦，不但不会产生幸福，相反还让人难以全力以赴去干事业。只有家庭和顺了，有一个坚实的"后方"，人心才能切实踏实下来。

有个叫沈爱珠的，本来是名门闺秀，后来嫁给许季臣为妻。

许季臣天性风流，经常留连在青楼柳巷中，爱珠屡次劝谏，季臣仍然是我行我素，结果夫妻间也弄得不和。季臣索性就纳妓女王墨兰为妾，把爱珠打入冷宫。

邻居有个叫郭氏的妇人，面貌可说得上是丑恶，但性情和顺，所以夫唱妇随，十分恩爱。因结婚多年，郭氏并没有为丈夫生下一女半子，郭氏就劝丈夫纳一小家女为妾，而夫妇间的感情却不受丝毫影响，反而更加恩爱。

爱珠真是想不通，难道郭氏有什么秘方，使得先生对她的宠爱不稍减？她感到大惑不解，就去请教郭氏。

郭氏说："我们夫妇俩，是在患难中结合，彼此都能互信互谅，自然就如琴瑟般和顺。现在姊姊你的容貌比二太太要好得多了，却得不到先生的宠爱，理由很简单，因为人通常都喜新厌旧的，又加上二太太本来是妓女出身，善于耍弄手段，来媚惑先生，自然姊姊就要失宠了。现在我教姊姊个计策，此后一个月内，姊姊只需穿着破衣，不必化妆，与夫婿疏远些。这是第一步。一个月后，姊姊再来，我教姊姊第二步。"

指点生活迷津的圣典
体悟人生奥秘的学问

爱珠回家后，就按计行事，每天着粗服，和奴婢们一道劳作。季臣看见夫人变成了这个模样，望而却步，益加不敢亲近。

一个月后，爱珠又去向郭氏请教第二步骤。

"明天，是我姑妈的寿诞，姊姊可盛妆艳服来我这儿，切记：不可使你先生见着了。"郭氏说。

第二天，爱珠一大早就打扮得艳丽异常，到郭氏家道贺。

季臣、墨兰也被邀请参加。寿宴后，季臣先回家去，郭氏就强邀墨兰搓麻将，打个通宵，直到第二天早上才回去。

那季臣守到半夜，还不见墨兰回家，百般寂寞，没处可遣解。忽然听到敲门声，以为是墨兰，开门一看，只见得一美人，不声不响的，直往里走。

季臣想：怪了，哪来的这么一位貌若天仙的丽人？跟踪进去，才看出来，原来是爱珠。

本来爱珠的姿色就胜墨兰许多，加上盛妆艳服，看起来更加光彩动人。季臣不禁心旌摇动，颠倒不已，强拉爱珠并坐卧床。

"你有你心爱的人，这里又不是你留宿的地方，来这儿做什么？"爱珠故做娇嗔地说。

"夫人不要生气，我知错了，请夫人不要见怪。今晚我是住定这里了。"季臣陪着笑脸说。

从此，夫妇二人重修旧好。

家首要应推"和睦"二字。一家人尤如舌，牙齿，共居一处，时时刻刻会有矛盾冲撞发生，但是，在绝大多数的时间里，他们的关系是相互协助，相互关切和睦共处的。像上面的例子中许季臣、沈爱珠两口子，本来是热呼呼的小家庭，之后却因不和而闹得很不愉快。当发现这种现象以后，如果双方不采取任何措施，必然就会发展到不可收拾的境地。郭氏就抓住了这一点，略施小计，让沈爱珠给予许季臣一种崭新的印象，终使许季臣回心转意。

从此沈爱珠一心一意地帮助丈夫，攻读诗书，在日常生活中经常出些小花样，将自己的小家庭生活点缀得甜密幸福，许季臣再无异心，两人和睦亲爱、携手共进。终于，许季臣金榜高中，后从政亦得妻子协助，颇有政声，子女均有成就。

正如"家人"卦所描述的那样，家和才能万事兴，如果一家人整天吵架不休，在这样的环境里，哪里会有什么兴隆发达呢？家庭是社会的基础，是

最基本的细胞，家庭的安定和顺，是社会稳定的基础。《礼记·大学》中说："所谓治国必先齐家，齐家不可而能教人者，无之。"就是这个道理。中国历代王朝以齐家为治国平天下的根基，所以十分注意褒扬一些治家有方的大家族。这些世代合族共居的大家族，又称为"义门"，其治家根本就在于和睦二字。

睽卦第三十八 兑下离上

——求同存异共发展

睽：小事吉。

彖曰：睽，火动而上，泽动而下。二女同居，其志不同行。说（悦）而丽乎明，柔进而上行，得中应乎刚，是以小事吉。天地睽而其事同也。男女睽而其志通也。万物睽而其事类也，睽之时用大矣哉！

象曰：上火下泽，睽。君子以同而异。

睽卦上卦离是火，下卦兑是泽，火动向上而泽动向下。离卦是中女，兑卦是少女，二女同住，想法却不能统一。下卦兑是悦，上卦离是依附是光明，悦依附于光明，而阴柔升到六五尊位，得正并与九二相应，这是小事吉祥。天地相反，却有共同的作用；男女相反，却能沟通思想；万物不同，却有类似之处。睽：违背，不合。

任何事物都由正反两个部分组成，因而异中有同。另一方面，同一类事物，包含着不同的个性，因而同中也有异。只要因势利导，终究可以化解前嫌，把分离变为合作，化干戈为玉帛，重修秦晋之好。睽卦六爻虽然都处于睽分之中，但没有一爻是久分不合的，各爻都通过曲折之途走进分而再合之门。

[爻辞新解]

初九：悔亡。丧马勿逐自复。见恶人无咎。

象曰：见恶人，以辟咎也。

"初九"与"九四"两阳不相应，所以本来就不会合作，何来违背的现象？因而当合作时，违背反而无从发生，因此没有后悔。凡事既已相违，有距离的产生，亦不必急于求和，否则恐怕相距更远，就如同丧失的马，不必去追逐，愈追逐就愈奔跑，如果静等诱引，不久便自己回来了。

这一爻说明，异中当有相同之处，适度地应用，或可避祸。

九二：遇主于巷，无咎。

象曰：遇主于巷，未失道也。

"九二"以阳刚居中位，与"六五"相应，本该相遇，但在人情背离的情状下，却不得见。从而四处寻求，终在小巷中遇到主上，虽不在大道上相遇，但也无灾祸。

"象传"说：在避静的小巷中求得君主，并未失其君子之道。

这一爻说明，应懂得权变，此路不通，当另辟他径。

六三：见舆曳，其牛掣，其人天且劓，无初有终。

象曰：见舆曳，位不当也。无初有终，遇刚也。

"天"是额上刺字的刑罚。"劓"是割劓之刑。

"六三"与"上九"相应，本想往"上九"前进，但处于"九二"和"九四"两刚阳之间，就前不得进，后退不得，所以"六三"就像遭受刺字、割鼻的刑罚一般，激愤异常。但厄运终会解除，终究会有好结果的。

"象传"说：车子被牵掣，是因"六三"以阴爻居阳位，位置不当之故。起初不顺利，终也有结果，是遇上了"上九"的刚爻之故。

这一爻说明，虽然一时的背离，也不需烦忧，只要巧妙地在异中求同，必能重合。

九四：睽孤遇元夫，交孚，厉，无咎。

象曰：交孚无咎，志行也。

"元夫"在这里指"初九"。睽卦讲乖离，都是离中求合，异中求同，因此，"九四"已进入上卦，更接近合的趋势。"初九"抱着来者不拒，去者不留的态度，对待乖离之世；于是，两个孤独的刚爻，在特殊的情况下相遇了，虽然通常的情况下会有危险，但两人在条件变化的情况下，能够倾心结交，彼此深信不疑，虽有危险，也不会有什么灾祸。

"象传"说:"志行也",是说在特殊的情况下,双方通过相互信任,共同济世救世。

这一爻就说明了,信任是求同存异的保证。

六五:悔亡。厥宗噬肤,往可咎?

象曰:厥宗噬肤,往有庆也。

"厥"在此指"九二"。"宗"即宗主,按照古代宗法制度的规定,是嫡长子继承王位,为宗主,也就是次一代的君主。

"六五"阴爻阳位,柔弱,又身处至尊之位,在乖离之时,十分容易造成后悔之事,幸运的是,"六五"与"九二"阴阳相应,"九二"是有德的刚中之臣,前来应援,很容易地排除了阻碍。

"象传"说:只要"六五"与"九二"相合,就会有福庆。

这一爻是说乖离的世道,已经快要过去,正在往合的方面转化。

上九:睽孤见豕负涂,载鬼一车,先张之弧,后说之弧,匪寇,婚媾。往遇雨则吉。

象曰:遇雨之吉,群疑亡也。

"涂"是泥。"弧"即弓。"说"即脱。

"上九"是阳居阴位,已经处于睽离的极点,进而象征着睽离的世道已经走向物极必反的顶点。"上九"本来与"六三"阴阳相应,但"九二","九四"前堵后拉,使本来就糟糕的"六三"更加倒霉,当"六三"好不容易与"上九"前来会合时,竟然受到"上九"的猜疑,把"六三"当成了满身粘着泥巴的脏猪,又像看到了可怕的恶鬼坐在车上,于是就张开弓,准备射他,后来又迟疑了一下,把弓放下了。最后,终于认清了"六三"原非"敌寇",而是可以匹配的"婚媾",从而就像雨水清洗了污泥,消除了猜疑,相遇而获得吉祥。

"象传"说:"群疑亡也",是说此时,所有的猜疑统统化为乌有。

这一爻是说,可怕的猜疑,往往是乖离的原因,因此,去掉猜疑,就可达成谅解而合同。

[睽卦点悟] 有离必有合,有异必有同

有离必有合,有异必有同,这是必然的自然法则。君子固然应坚持原则,

但也应积极以异中求同，才能结合力量，有所作为。异中有同，正邪之间也不例外，惟有宽大包容，才能异中求同。异中求同，是为了结合力量，不得已而权变，积极主动去寻求，并不违背原则。异中有同，同必然能合作，即或障碍重重，最后也能合作，以达到齐心协力共同发展的目的。

[睽卦例解] **苏秦游说六国合纵**

与对方建立合作关系，能否成功的核心就是有无共同的利益。战国时的苏秦之所以能够凭借一张嘴，将相异的六国联合在一起，共同对付强大的秦国，靠的就是从求同存异的角度切入，让各国认清了"合纵"与自己国家的利害息息相关。

战国中期，著名纵横家鬼谷先生的学生苏秦，开始时企图推行连横政策，鼓动秦惠王用武力兼并天下。由于秦国尚处在整顿内政、养精蓄锐时期，秦惠王没有接受他的建议。苏秦怀着忿恨和不满，转而到关东六国组织合纵反秦。

周显王三十六年（公元前333年），苏秦到达燕国，求见燕文公，向文公献策说："燕国之所以长期不受别的诸侯侵犯，能够避免战争灾害，是因为有赵国在南面遮蔽着。秦国当然是不敢攻打燕国的，因为秦国若向燕国出兵，要到千里之外作战。但是，如果赵国要袭击燕国，那就是百里之内的事，这是十分令人担心的。大王现在似乎害怕千里之外的秦国，而不担心百里之内的赵国，这是很不明智的。因此，我建议大王赶快与赵国结盟，改善关系，并进而与关东各诸侯国团结一心，燕国就可以真正长治久安了！"燕文公认为他的话很有道理，便采纳了这个意见。

苏秦到了赵国，对赵肃侯说："目前，关东诸侯中最强的是赵国，秦国最忌恨的也是赵国。但是，秦国为什么迟迟不敢攻打赵国呢？主要是害怕韩国和魏国袭击它的背后。秦国若是先攻打韩国和魏国是很方便的，这两个国家没有什么名川大山作为险要的屏障，秦国可以直捣它们的都城。那时，韩国和魏国支持不住，必然会降服秦国。秦国一旦没有了韩国和魏国的威胁，那赵国的战祸就在眼前了。根据天下的地图测算，关东诸侯的土地是秦国的五倍，各国的军事力量是秦国的十倍。我认为最好的办法，不如把韩、魏、齐、楚、燕、赵等国家联合起来，一致对付秦国。"赵肃侯觉得苏秦说得很有道理，打心眼里高兴，立即优厚地款待苏秦，赐给他大量财物，作为他去联络

其他诸侯的费用。

苏秦到了韩国，见到韩宣惠王，针对韩国的形势分析说："韩国的领地方圆九百多里，拥有几十万军队，集中了天下的强弓、劲弩和利剑。可是，大王如果追随秦国，秦国一定会把宜阳（今河南宜阳西）和成皋（今河南荥阳）这些险要的地方割去。今年割了，明年还要继续割。到一定的时候，再给吧，已经没有地方可给；不给吧，以前的代价就会白费，灾祸会随之而来。大王的土地是有限的，而秦国的需求是无限的，以有限的土地，去对付无限的需求，这简直是拿钱去买祸害，不经过战争就悄悄地把土地消耗光了。"韩宣惠王把苏秦的话琢磨了一阵，决定参加合纵。

苏秦到了大梁，激励魏王说："大王拥有方圆千里的土地，地方似乎不大，但是房屋遍布，人烟稠密，几乎找不到什么荒地。从城市到郊野，一天到晚人喊马嘶，车声隆隆，就像部队在行军一般。我估计大王的国力不在楚国之下。现在我听人说，大王的士卒有武士二十万、用青巾裹头的战士二十万、敢死队二十万、一般士兵二十万，还有六百辆战车、五千匹战马。现在，竟然要听信身边一些倾向秦国的大臣的意见，向秦国称臣，这实在是很不明智的，希望大王详细地斟酌。我今天奉赵王的命令，来向大王提出六国同盟、合力抗秦的方针。是否可行，请大王明示！"魏王也采纳了苏秦的方针。

苏秦继续到临淄活动，向齐王发表了长篇的说辞。苏秦说："齐国四面都有险要的地势，土地方圆达二千多里，有几十万军队，存粮堆得像山一般，实力确实很强大啊！对韩国和魏国来说，它们害怕秦国的原因是与秦国接壤，秦军一旦压境，不要十天功夫，就面临着存亡的抉择。即使他们战胜了秦国，也得牺牲一半的力量，剩下来的人甚至不够守护边防；假使战败了，跟着就是亡国。所以，韩国和魏国不敢轻易与秦国作战，且很容易就向秦国屈服。但是，秦国攻打齐国，就不那么容易了。老实说，秦国是无论如何也损害不了齐国的，这是明摆着的事实。你们不彻底分析和掌握秦国对齐国无可奈何的弱点，竟然要到西方去做它的附庸，完全是齐国大臣在策略上的错误啊！"齐王听到这里，顿时有所醒悟，急着向苏秦请教今后的方针。苏秦果断地说："你们还没有沦为秦国的附庸，并且有着自己的地位。因此，我建议大王参加六国同盟，互相支持，使秦国根本不敢跨进关东半步。"齐王连连答应。

苏秦最后来到南方的楚国，他对楚威王说："楚国是天下的强国，土地方圆六千多里，军队达到百万，有千辆战车，万匹战马，存粮能够供应十年的需求，真是霸王的资本。秦国最怕的就是楚国，楚国一旦强大，秦国就要被削弱；反之，秦国一旦强大，楚国就要被削弱。双方势不两立。今天，为大王着想，最好的办法不如加入关东各国的合纵，孤立秦国。我可以动员关东各国诸侯，四季向大王呈献礼物，拥立大王为联盟的领袖。大王可以整军经武，发号施令，强化权力，巩固国家。所以说，大王加入合纵，可以让诸侯们向楚国割地依附；而参加连横，就要向秦国割地称臣。这两条道路相差很大，不知道大王究竟作何选择？"楚威王高兴地同意加入合纵集团。

这样，苏秦挂六国相印，建立起让秦国为之忧虑的六国合纵联盟。

异中求同，是客观规律。国家与国家的建交是这样，个人之间的交往也是如此。有作为的人，有时固然因为时势的考虑、坚持原则的需要，虽同而存异，虽合而有别，但是在一般情况下，应以积极主动的姿态，努力从异中求同，团结所有的力量以更好地有所作为，这是对所有加入者都有益处的。

蹇卦第三十九 艮下坎上

——共谋相帮度艰险

蹇：利西南，不利东北。利见大人，贞吉。

彖曰：蹇，难也，险在前也。见险而能止，知（智）矣哉！蹇，利西南，往得中也。不利东北，其道穷也。利见大人，往有功也。当位贞吉，以正邦也。蹇之时用大矣哉！

象曰：山上有水，蹇；君子以反身修德。

下卦"艮"是山，为"止"义；上卦"坎"是水，为"险"义。山高水深，遇险而止，所以卦名为"蹇"。蹇原意是跛，不良于行。又，"坤"是地主西南；"艮"是山主东北；平地易走而山路难行，故有"西南"利而"东北"不利之喻；据文王方位图，西南乃阴卦所居处，东北乃阳卦所居处，因而往西南可得同类，往东北便失去同类而处于异类之间，故西南主"利"而东北主"不利"。蹇：跛。

[爻辞新解]

初六：往蹇来誉。

象曰：往蹇来誉，宜待也。

"往"是前进上升，"来"与往相反，是回来停留在原处。"初六"阴爻阳位，柔弱不正，又与上卦的"六四"，阴阳不能相应，勉强前进，必将陷入上卦"坎"的危险中。因而，前往是自寻烦恼，惟有了解当前的形势，知道量力，返回来停留原处，以等待时机，才会得到荣誉。

这一爻，说明不可轻率冒险。

六二：王臣蹇蹇，匪躬之故。

象曰：王臣蹇蹇，终无尤也。

"匪躬"是奋不顾身，努力向前的意思。"六二"阴爻阴位得正，在下卦中央，又与上卦同样中正，在尊位刚健的"九五"相应，应当可以顺利向前。然而，上卦"艮"是险，"九五"又正陷在险的中央。"六二"只有奋不顾身，前往营救。"象传"再引申说明，这样不论结局如何，最后都不会有怨尤。后世将"匪躬"当做忠臣报国的形容词，就是出自这一爻。

这一爻，说明当陷入危险时，惟有奋不顾身，彼此相救，才不会遗恨终身。

九三：往蹇来反。

象曰：往蹇来反，内喜之也。

"九三"以刚居阳位得正，有济险的才干，又处在下卦的极点；同时又是内卦惟一的阳爻，因此，一心想要前进，但毕竟处在下卦的艰险之中，还是据守本位为宜，何况"九三"一动，"初六"、"六二"想上也止不住了，暂时停止，不仅自身获得安全，"初六"、"六二"两个阴爻，也随之喜悦。

这一爻说明，即使有才干，但也不可凭借侥幸前进，不如先稳保安全为上策。

六四：往蹇来连。

象曰：往蹇来连，当位实也。

"六四"阴爻阴位得正，已经处于上卦"坎"的险境，前进极为不利，但"六四"下面的"九三"，是阳爻阳位得正，一个有柔顺之德，一个有刚健之勇，两者的结合，就有利于前进。同时，"六四"又与邻近的"九五"至尊成比，也下来与"六四"连结，共同济难，这样一来，前面的险难就相对的容易克服了。

"象传"说："当位实也"，是指"九五"与"九三"，都有阳刚之实，"六四"正好处于两刚之间，于是起到了"来连"的作用。

这一爻说明，在艰险之时，应当结合同志，壮大力量，共同渡难。

九五：大蹇朋来。

象曰：大蹇朋来，以中节也。

"九五"居中得正，居蹇卦上体坎险之中位，处在蹇难的深处，所以叫"大蹇"。同时"九五"以一国之君居蹇难之中，也可以看做是天下之大蹇。而这样一位深陷坎险的君主却抱有济大难于天下的雄心壮志，与之相应的"六二"也忠心耿耿地跟随"九五"奔走济难，这就是惟独"九五"与"六二"不言"往蹇"的原因。

这一爻说明，德不孤，必有朋。

上六：往蹇来硕，吉，利见大人。

象曰：往蹇来硕，志在内也。利见大人，以从贵也。

"上六"以柔爻居阴位，且处全卦之极，不可能再往了，若硬往前行反而更生蹇难，所以爻辞也是戒之以"往蹇"。但"上六"处于蹇难之中，想尽快脱险就应当"来硕"，即归来则能建立大功。

"上六"与内卦"九三"相应，这里的内就是指"九三"。"上六"要想出险不能没有"九三"阳刚之正的应援，所以"志在内也"。

[蹇卦点悟] 困难面前应做出明智的选择

遇到困难怎么办？蹇卦辞指出："利西南，不利东北。利见大人，贞吉。"西南、东北在这里只适合当时的情况，但同时也指点人们在遇到困难时能做出明智的选择，以利于克服困难，走出困境。

明智的选择贵在对"蹇"的处境有所知，知才能明。人们在遇"蹇"时，首先要知时势，即对险恶的形势和局面有所认识。在大的困难面前，身担重任的人既要刚健有为，又要有自知之明；既要正视客观现状，又要注意自身修养；既要身先士卒，又要团结大多数，同心协力渡难关。人们在困难

的情况下，要头脑冷静，理智处事，同时要及时修正、调整目标和策略，做出明智的选择。

[蹇卦例解] 不同的选择就有不同的结果

同样是危机和困难，是往"西南"还是往"东北"，结果往往大相径庭。危机的另一面往往是亨通，困难的背后也常常隐藏着机遇。是"利"还是"不利"，关键看你在危机面前是否可以做出明智的选择。希腊船王奥纳西斯一生遇到很多艰难险阻，但他总是凭着机智的选择和得当的策略脱离险境，最终走向了辉煌的成功。

奥纳西斯出生于爱琴海之滨的伊兹密尔，他的父母是烟草商人。1929年，正当奥纳西斯准备去德国读大学时，土耳其人占领了伊兹密尔。接着，奥纳西斯及其父母都遭逮捕。由于奥纳西斯年龄还小，不久便被释放了。回到家里以后，他做了第一次重大抉择，取走了父亲锁在保险柜里的钱，将全家人保释了出来。这一年，奥纳西斯只有16岁。

奥纳西斯乘坐一艘驶向阿根廷的破旧货船来到阿根廷首都布宜诺斯艾利斯，不久便在电话公司找到了一份做电焊工的工作。当时，电话公司实行计件工资制，只要努力工作，任何一个移民都可以获得不少的报酬。奥纳西斯每天工作16个小时，有时甚至通宵达旦地加班。为了节省一点钱，他和另一个打工仔合租了一张床，轮流睡觉。经过一段异常艰苦的生活，奥纳西斯积攒了一笔数目可观的钱。

当奥纳西斯手中有了一定的积蓄后，他选择了从小就耳濡目染的烟草业作为投资对象。当时，南美烟草业被几个大老板所垄断，要打入进去比较困难。但奥纳西斯从自己吸烟的独特癖好中找到了突破口。他发现南美洲及阿根廷的烟草不像希腊烟草那么柔和，许多希腊人都吸不惯阿根廷带有浓烈烟味的香烟，敏锐的奥纳西斯从中看到了成功的希望，于是他就把市场定位在专营希腊香烟上。他四处借钱，买了一台卷烟机。不到两年，他就赚了将近100万比索。

奥纳西斯对此并不满足，他又看上了烟草贸易和烟草运输。他租了一艘轮船，短短四年就从中获利30万美元，成为希腊侨民中的杰出代表，并受到阿根廷的普遍关注和尊重。

但正当奥纳西斯官运商运都亨通的时候，爆发了席卷全球的经济危机。

在这场灾难的袭击下,世界贸易陷于瘫痪状态,而海上贸易更是首当其冲,1931年的海运量仅为1928年的35%,许多扬帆商海的巨轮顷刻间失去了用武之地。

奥纳西斯当然也身陷危机之中,但他很快就摆脱出来,进而抓住了这个千载难逢的良机而大发其财。

奥纳西斯得到一个消息说:加拿大一家公司在这场危机中也元气大伤,要拍卖6艘货船,10年前价值200万美元,如今每艘只卖2万美元仍然无人问津。奥纳西斯一听到这个消息,他当机立断,义无反顾地赶往加拿大,以12万美元将6艘旧船悉数买下。当时,许多人都把奥纳西斯这一怪举视为丧失理智的狂乱行为,简直是在为自己寻找葬身之地。可是奥纳西斯却坚信,危机总有一天会过去,好日子一定会到来,货船肯定会重新获得它应有的价值。

这次经济危机最终激发了第二次世界大战。大战的爆发,需要大量的商船、货船运送战时的军需用品和日常用品,这就给那些拥有船只的人们提供了良好的机会。一夜之间,奥纳西斯在加拿大购买的6艘货船给他带来了财运。奥纳西斯终于实现了自己多年以来的梦想,成为了一位名副其实的大船王。

至1975年,他已拥有45艘油轮,其中有15艘是20万吨以上的超级油轮,从而成为世界上最大的私人商船队。

奥纳西斯的过人之处,在于他在"蹇"中没有束手投降,而是充分发挥自己的聪明才智,寻找可以同舟共济渡难关、谋大事的合作者。这种行为,不仅使之顺利克"蹇",而且借此走向了更辉煌的明天。

解卦第四十 坎下震上

——解决问题应尽快行动

解: 利西南。无所往,其来复吉。有攸往,夙吉。

象曰:解,险以动,动而免乎险,解。解利西南,往得众也。其来复吉,

乃得中也。有攸往夙吉，往有功也。天地解而雷雨作，雷雨作，而百果草木皆甲坼。解之时大矣哉！

象曰：雷雨作，解。君子以赦过宥罪。

内卦"坎"是险，外卦"震"是动。从困境中走出来，行动自由，表明困难已经解除，故卦名"解"。又，上卦"震"是雷，下卦"坎"是雨，象征春雷发动，春雨沛然，冻结闭塞顿时瓦解，万物开始复苏。"西南"乃"坤"卦所居之处，"坤"象征柔与众，往西南则可解困。

解：（音谢）分割，分解，解脱。甲：萌芽。坼：开放。

此卦辞的"利西南"与蹇卦卦辞的"利西南"相同，都是说朝歌的方向。在囚禁中等待从西南方向的朝歌来人，人一到他就会获得自由，就可以从囚禁地得以脱身。脱身以后就早点走，一刻也不停留；走迟了，恐怕有变。所以叫"夙吉"。所以，此卦辞告诫人们，当解脱困境的时机到来时，要及时迅速地脱离险境。千万不可迟疑，机不可失，时不再来。

[爻辞新解]

初六：无咎。

象曰：刚柔之际，义无咎也。

困难既已解除，又有阳刚的"九四"在上待援，自然无咎。

"象传"说："初六"和"九四"刚柔相应，在这种情况下，应不会有灾难，自然无过。

这一爻说明，困难开始之初，应尽快解决，才无咎尤。

九二：田获三狐，得黄矢，贞吉。

象曰：九二贞吉，得中道也。

"狐"是一种多疑，迷惑人的动物，象征小人，而"田获"就象征着除害的意思。

此卦有四阴爻，除了君位的"六五"之外，尚有三个阴爻，因此说三狐。"九二"以阳爻居阴位，刚柔而得中，做事果决而不偏激，能够驱逐迷惑君主的三个小人，就像拿弓箭射狐，射中了，也就得回了箭，所以不仅逐退小人，同时还伸张了正义，此时需坚守正道，才会吉祥。

"象传"说："九二"因得中，而守正道，故吉祥。

这一爻说明，有困难待解，须守正道，正直的原则。

六三：负且乘，致寇至，贞吝。

象曰：负且乘，亦可丑也。自我致戎，又谁咎也？

"六三"在下卦的上位，又以阴居阳位，象征小人阴柔不正却居高位，德性和职位不相称，易遭盗寇，即使守正道，也难免遭羞辱。

"象传"说：越职侵权，乘坐高于自己身份的车子，真该羞惭。而使自己招来盗贼，又将是谁的过错呢？

这一爻说明，名实相符，勿妄求虚位，才不招惹羞辱。

九四：解而拇，朋至斯孚。

象曰：解而拇，未当位也。

"解"，为解脱的意思。"而"即汝，你。"拇"，即大脚趾，在这里是指"初六"。

"九四"是阳爻居阴位，本来刚柔相济而且适中，但用得不当，受到"初六"的不良影响，还不能完全领会守中用中之道。因此，需要解脱与"初六"的关系，就像去掉大脚趾一样，断然切除，才会得到"九二"这个朋友的信任。

"象传"说："未当位也"，是说"九四"未得中，在处缓解之道时，还有欠缺。

这一爻说明，有中正之德，还要能够善于运用，不可失之偏差。

六五：君子维有解，吉，有孚于小人。

象曰：君子有解，小人退也。

维：系，束缚。有：又。解：松绑。有孚：战俘。胜利的贵族把战俘解开，战俘愿望归顺做奴隶。

这一爻说明，宽容和诚信往往是解开"死结"的最好办法。

上六：公用射隼于高墉之上，获之，无不利。

象曰：公用射隼，以解悖也。

"公"，在这里泛指某人，某贵族，并不专指"上六"。"隼"，即凶悍的鹰。"墉"，即宫中高墙。

"上六"是解卦的最后一爻，此时大难已经解除，为了防止新的险难，需

要有备无患，对于刚发生的祸事，要立即扑灭，也就是"夙吉"，宜速不宜迟，越早越好。

"象传"说："以解悖也"，是说防止，反叛作乱之事。

这一爻是说，凭高挽强，常备不懈，大难之后，更要戒备。

[解卦点悟] 有问题就要迅速解决

本卦阐述了解除困难的一般原则。有了困难和危险要尽早感知，并设法解除。在排除困难和危机的时候，一方面要注意方式方法，另一方面，要抓住时机迅速解除。当断不断，而纷扰延续过久，就会坐失良机，等酿成大乱再去处理，那一切都太晚了。

[解卦例解] 刘基和徐达的免祸策略

"解"卦告诫人们，遇到问题需要尽早尽快解决。一般的问题是这样，对于危及生命的事情更应抓住时机迅速行动，切不可犹豫不决，否则就没有第二次机会了。

朱元璋当上皇帝以后，变得多疑、残忍，喜怒无常。特别是对开国功臣，更是疑神疑鬼。夺取胜利的朱元璋时时在内心算计怎样处置这批开国功臣。他从《史记·勾践世家》的"飞鸟尽，良弓藏，狡兔死，走狗烹"这句话中得到启发：既然已经得到天下，留他们又有何用？

第二天，朱元璋便下旨建造功臣阁。名为褒功，暗设圈套，一切做得十分隐蔽。但他的诡计瞒过了满朝文武，却未瞒过正宫娘娘马皇后。她知道皇上要用残忍的办法对付功臣，虽不满意，却又无力阻止。

当她想起开国功臣刘基时，不忍如此良臣惨遭毒手。马娘娘想到刘基每隔一天便要为太子授课，便吩咐心腹宫女，将接送刘基的轿子换上了一根被虫蛀坏的杠子。结果，刘基坐上轿子没走上几步就从轿子里摔了出来，脚踝受伤。

接着，马娘娘又不失时机地差太监送去两盒礼品慰问刘基。刘基打开金丝彩盒一看，一盒盛着几个剩枣，另一盒盛着几个半青半红的蜜桃。刘基暗想，皇宫里有的是山珍海味、时鲜果品，马娘娘为何偏偏送来又小又差的剩枣和半生不熟的蜜桃呢？正在纳闷，忽闻门外徐达前来。

徐达问刘基是否知道皇上要在功臣阁赐宴，而且只有开国功臣才去。刘基觉得这功臣宴太突然，再想到马皇后送剩枣和蜜桃的事情，百思不解的刘基心里豁然开朗："剩枣蜜桃"不就是"趁早秘密逃跑"之意么！刘基有意想告诉徐达，但仔细一想，又不便直说，只好暗示道："赴宴时，请切记八字：'尽忠报国，紧跟万岁'。懂吗？"

徐达听后，似懂非懂地点点头。心里好似压了一块石头的徐达，过了半晌才问："难道庆功宴另有说法？"

刘基紧盯着徐达，一字一顿地说："到时便知，切记勿忘！"

到了那天晚上，功臣阁上君臣欢宴，歌舞升平。酒过三巡，皇帝降旨：今宵赴宴的开国功臣均官晋三级，荫袭三代。群臣三呼万岁，欢声雷动。

朱元璋起身离席，对群臣说："朕有国事，不能奉陪，众卿自便吧！"临走时又吩咐总管李太监："好生侍候众位大人开怀畅饮！"

徐达见朱元璋要走，立即想起刘基叮嘱的八个字："尽忠报国，紧跟万岁"。便悄悄跟下楼来。

朱元璋见徐达跟随下楼，恼怒地问："徐卿不在楼上饮酒，来此作甚？"

徐达急忙跪奏道："万岁夜间回宫，途中需防奸人暗算，臣特来保驾。"

朱元璋见推辞不了，只好让其保驾回宫。

朱元璋走后，李太监频频劝饮，众臣被灌得醉眼朦胧。忽然有人大喊："不好了！失火了！"待群臣惊醒时，四面已烈焰冲天，大家纷纷出逃，但此时楼梯已被抽掉，无路可逃。

这时，朱元璋正在金华宫和嫔妃饮酒作乐，听说功臣阁失火，假装派人去救火。但等到御林军赶到，功臣阁早已是一片废墟。朱元璋"大怒"，下令将李太监立即斩首示众。——可怜的李太监成了替罪羊。

而刘基，已在早些日子告老还乡了。

对于逃命这样的大事，当然必须抓住时机，果断快速行动，才能死里逃生。虽然在人生中的厄运并非都那么严重，但"解"的规律却是相同的：不但要有良策，更要抓紧时机，否则，就有可能因分毫之差而误了大事。

损卦第四十一 兑下艮上

——吃小亏得大便宜

损：有孚，元吉，无咎。可贞。利有攸往。曷之用二簋，可用享。

彖曰：损，损下益上，其道上行。损而有孚，元吉，无咎，可贞，利有攸往，曷之用二簋，可用享，二簋应有时。损刚益柔有时，损益盈虚，与时偕行。

象曰：山下有泽，损。君子以惩忿窒欲。

兑下艮上，山泽损。上体艮为山，中体坤为地，雷为震，下体兑为泽。山在泽上，因震动而减损于泽，山上的山石崩泄于泽中，这是一损。还有一损的意思就是损下益上的意思，这是双方有损有益。下面的水不断地冲刷山，山上的石头不断地往下崩泄，上面损了，但益了下面的泽，同时下面泽的水又滋养了山上的万物，它们这是互损互益。曷：何以。簋：方形的竹盘。

本卦昭示我们，受到损害，失去了一些东西，但取信于人，也不是没有好处的。

[爻辞新解]

初九：已事遄往，无咎。酌损之。

象曰：已事遄往，尚合志也。

"已"同祀，祭祀。"遄"是速的意思。"尚"与上同。

"初九"已当损下益上的时刻，与上卦的"六四"相应。"初九"本身，刚健有余，"六四"则阴柔不足，于是，"初九"急速去协助"六四"。这是舍己为人的善行，不会有灾难。不过，在损益之间，应当斟酌量力，使其适度。

"象传"说：这是由于上方的"六四"与"初九"相应，志同道合的缘故。

这一爻，说明应损则损，但必须量力、适度。

九二：利贞。征凶，弗损，益之。

象曰：九二利贞，中以为志也。

"九二"阳爻刚毅，在下卦中央，中庸不妄进，因而坚持正道有利；如果积极向外发展，就会发生凶险。虽然舍己助人是应当的，但有时不减损自己而能助益对方，反而使对方更加有益。

"象传"说：这是以中庸为志向的缘故。

这一爻，强调不损而益的道理，原则应当灵活运用，不可拘泥。

六三：三人行则损一人；一人行，则得其友。

象曰：一人行，三则疑也。

损卦是由泰卦转变而来，泰卦的下卦，减少一个阳爻，上卦增加一个阳爻，就成为损卦。亦即泰卦下卦的三个阳爻，损失了一个，所以说，三人行，减损了一人。同时，泰卦的上卦，有一个阴爻下降，阴阳相遇，所以说，一人行得到朋友。天下万物，都是由一阴一阳结合而成立。因而，一人单独前往，必定会遇到情投意合的朋友；三人一起前往，就会猜疑，不知道应当与哪一人结为同志；其中的一人，就会因另外找到同伴而离去。亦即，平均的原则，是要损有余，益不足，三人就要减损一人，一人就得增益一人。

这一爻，说明损有余益不足的原则。

六四：损其疾，使遄有喜，无咎。

象曰：损其疾，亦可喜也。

"六四"以阴居阴，阳刚严重不足，因以"疾"喻指其无刚之弊。"损其疾"就是减损自己的柔弱而益之以阳刚。但是"六四"要靠初九来增益其阳刚。"遄"的行为主体即为"初九"。"六四"自损其疾的行为，促使"初九"迅速前来帮助他，这当然是可喜之事。所以爻辞说"有喜，无咎"。

这一爻是说，如果自己乐于克服自身的弱点，别人就会感到容易与你相处并迅速地、真诚地来帮助你，即使犯了严重的错误，只要真诚地表示出改过从善的愿望，仍然会引起人们的关注和帮助。

六五：或益之十朋之龟，弗克违，元吉。

象曰：六五元吉，自上佑也。

"六五"以柔中而居"五"之尊位，有"虚中"自损而不自益之象，颇得天下的好感，所以尽管与之正应的"九二"不自损去增益之，仍有别人来增益之。故爻辞说"或（即有人）益之十朋之龟"。别人既然是诚心实意来益之，那么就不便辞谢，故爻辞又说"弗克违"。

这一爻说明，居尊位而能虚中，可以得到别人的帮助。

上九：弗损，益之，无咎，贞吉。利有攸往，得臣无家。

象曰：弗损益之，大得志也。

"上九"本来就是由下卦乾阳自损而增益坤阴形成的。现在"上九"本身是阳刚了，与他正应的"六三"却是阴柔，因此就要增益他人。这样做看起来是增益他人，其实也是巩固自己。因此与其说"上九"是一个高尚之士，毋宁说"上九"是一个高明的统治者。故而爻辞说"上九""无咎，贞吉，利有攸往，得臣无家"。

"象传"赞之曰："弗损益之，大得志也。"

这一爻是说，在上者应施惠于人，与人分享财富。

[损卦点悟] 损有余以益不足

本卦阐述了损有余以益不足的原则。指出如何运用损的手段为自己开辟前进道路的一般途径。认为损己益人，应以诚信为基础，由此取得别人的信任与支持。以损增益的行动务须不失时机，使增益得到最大的效果。柔顺、中正、谦和的人，即使有所不足也必然会得到众人的助益，全力支持其抱负的施展。

[损卦例解] 吃"小亏"得"大便宜"

损，有时也未尝不是好事。损己益人，反过来别人也会助益自己。真正精明的人，往往都通晓这个道理，而且也善于运用。韩国现代集团的开创者郑周永就是如此。

郑周永在创业之初，他进军建筑行业，通过各种关系以及自己的活动，终于在1953年，一座大桥的修建工程被承包下来。为了能顺利完工，他巧思善虑，设计工程方案。然而，"人算不如天算，天有不测风云"，时间不长，修建大桥的各种费用陡然上涨。按当时的物价计算，所需工程费总额竟比签约承包时高出了7倍。在这危急存亡之际，友人劝告：必须马上停工，以免再受损失。

然而郑周永的决定大大出人意料：为了信誉，宁愿赔本。就是破了产也在所不惜，必须按期完工。结果，工程按时完工，交付使用，可是却使得郑周永差点垮台。但是，自然而然地也给他带来了另一个好的方面，那就是他讲信誉的名声一夜之间传遍天下，尽人皆知。

这样一来，虽然这一次郑周永损失惨重，但得来了信誉之后，他很顺利地承包了大批生意，终于能够起死回生。不久，韩国的四大建设项目被承包，开价3.7亿美元，而且还承建了汉江大桥第一、二、三期工程，赚取了大量的美元，从而在同行业中独领风骚，无人能敌。

发家后的郑周永并未就此止步，而是继续秉持这种"吃小亏得大便宜"的精神前进。

经营企业是这样，而在日常生活中，如果我们在必要时能主动损己益人，同样可以达到"吃小亏得大便宜"的效果。

益卦第四十二 震下巽上

——益人终能自益

益：利有攸往。利涉大川。

彖曰：益，损上益下，民说（悦）无疆。自上下下，其道大光。利有攸往，中正有庆。利涉大川，木道乃行。益动而巽，日进无疆。天施地生，其益无方。凡益之道，与时偕行。

象曰：风雷，益。君子以见善则迁，有过则改。

上卦本为乾，下卦本为坤，乾的第一爻与坤的第一爻互易位置，即成为《益》卦，因而有减损上方增益下方之象。民为国之本，"益"民实质益己，因而卦名《益》。又，上卦"巽"是风，下卦"震"是雷；风愈强雷愈响，风助雷威；雷愈响风愈急，雷助风势；风与雷相互助长，气势增益。下卦"震"是动，上卦"巽"是木是风，卦象又为木船为风所漂动，故有"利涉大川"之喻。益：富足、增加、利益、好处。木道：这个卦中的上卦与下卦

都是属于木的，所以称木道。

损上益下，从古代社会政治的角度看，就是统治者自损以补益在下的平民百姓，人民得到益处而统治者自身也会因此得到益处。民贫，朝廷的统治就不稳固；民富，朝廷才能免除忧虑。所以高明的统治者善于使用损上益下之道，从上方施利于下，其统治才能光明昌盛。

[爻辞新解]

初九：利用为大作，元吉，无咎。

象曰：元吉无咎，下不厚事也。

"大作"即大的作为。"厚事"即重大的事情。"初九"是"损上益下"的开始，由于在上者的施与，使"初九"增益，发展当然是无限的，可以大有作为，并且会获得大的吉祥，没有过错。

"象传"说："下不厚事也"，是说"初九"，本来位卑，不可作大事，但得到增益之后，就可以有功而无过，可以作大事了。

这一爻，说明民众得到施与增益之后，就可以大大地发展进步。

六二：或益之十朋之龟，弗克违，永贞吉。王用享于帝，吉。

象曰：或益之，自外来也。

这一卦是损上益下，"六二"以柔居阴位，是刚不足者。"初九"的阳刚向上发展，增益了"六二"，"六二"又与这一卦的"九五"阳刚相应，于是，"九五"就用有余之刚，弥补"六二"阴虚的不足。

"象传"说："自外来也"，即指外卦的"九五"。但事在人为，"六二"得到增益之后，需要永远坚持正道，才会吉祥。

这一爻，说明力量不足，柔顺，谦虚的坚持走正确道路，就会得到吉祥。

六三：益之用事凶，无咎，有孚。中行告公用圭。

象曰：益用凶事，固有之也。

"六三"是柔爻居下卦的上位，与"九四"相邻，因为发生凶事，请求增益，"公"即指"六四"；得到增益，是由于手执信物，心中有诚，说的是实情，这样做，当然无咎。同时，"六三"又与外卦的"上九"相应，意味着"六三"受损，也是"上九"的所作所为带来的，"六三"在与"六四"的比邻关系、与"上九"的相应关系中，处于损上益下之时仍然得到了平衡。

"象传"说："固有之也"。

这一爻说明，受益要有诚有信，坚持正道而受益。

六四：中行告公，从，利用为依迁国。

象曰：告公从，以益志也。

"六四"是柔爻在上卦得正位，好比邻近天子的公爵，同时爻义与"六三"相连贯。下从"六三"，上依"九五"，而能以中正行事，用正确的态度顺从"九五"至尊，在损上益下，因动而顺主时，能够损己益人，随从国主迁都。这样，就实现了自己的志向。

这一爻是说损己授人，随人益己。

九五：有孚惠心，勿问，元吉。有孚，惠我德。

象曰：有孚惠心，勿问之矣。惠我德，大得志也。

"惠心"是施惠之心。"德"是施益在下的德政。

"九五"刚正，是施益于下的贤君，更信任"六四"能将恩惠布施于人民，因此用不着过问，也知其能办得至善吉祥。也信任他布施恩惠必不居功为己有，而能传达我的德政。

"象传"说：所委任的人，能把施惠的大德公布的明白，如此便可大展抱负了。

这一爻说明，有施即有受的精神。

上九：莫益之，或击之，立心勿恒，凶。

象曰：莫益之，偏辞也。或击之，自外来也。

"上九"刚强，不中不正又是益卦的终点，所以如果再多求受益而不知廉虚，必会求益不得，甚至受到攻击。又因只重利益，以致患得患失，而意志动摇，毫无恒心，结果凶险。

"象传"说：无人给以援助，因其言辞中没有诚意，只是他的片面之语，自欺而后人欺，因而遭受外来的攻击。

这一爻说明，人不可贪得无厌。

[益卦点悟] 益下则固其本

"上"与"下"、"损"与"益"，这种双边活动乃是在国家社稷这个统一

体中进行的。为上者不体恤民瘼，老百姓活不下去，就会揭竿而起，天下立马就要大乱。这就像范仲淹所说的那样："损上则益下，益下则固其本。"由此可见，损下益上也罢，损上益下也罢，不管表面上直接受损的是谁，但是在国家社稷这个统一体之内，受损者最终还是能够有所得益。这就是上下、损益之间最突出最根本的相辅相成的关系。

[益卦例解] 益人终能自益

益民则民悦，民悦国无疆。清初统治者明白此理，轻徭薄赋，奠定了大清的盛世之基。

清初，由于经过长期的战乱，社会经济遭到严重的破坏，耕地大量荒芜，农民死亡逃徙，全国各地呈现一片荒凉萧条的景象。在这种情况下，广大人民群众的生活极端困苦，阶级矛盾十分尖锐。

形势十分严峻地摆在清统治者的面前。要维持自己的统治，就要缓和阶级矛盾，安定人民的生活，以促进社会经济的发展。如果进一步竭泽而渔，对人民进行残酷的剥削，不仅不能稳固自己的统治，而且也不可能有任何效果，因为广大农民已在死亡线上挣扎，根本不可能承受明末统治者那样大的剥削量。清统治者从明朝的灭亡中看到，苛重的剥削是造成农民起义的重要原因，认识到"收拾民心，莫过于轻徭薄赋"，"行蠲免，薄赋敛，则力农者少钱粮之苦，而从逆之心自消"，因此，采取了"轻徭薄赋"的政策。这对当时的清统治者来说，是巩固政权的惟一途径。

从顺治元年（1644年）七月开始，清政府根据各地的不同情况，分别减免田赋，或全免，或免二分之一，三分之一；有免一年、二年或三年不等。自顺治元年始，凡正额之外，一切加派，如辽饷、剿饷、练饷及召买米豆尽行蠲免。并规定，赋税征收以万历初年《赋役全书》所载为正额，其余各项加增尽行免除。

为了确定征收赋税的依据，避免地方官任意加增，顺治三年（1646年）下令重修《赋役全书》，于顺治十一年（1654年）完成。从该书规定的数额看，清朝对农民的赋税征收要比明朝明显减轻。为了使农民自己知道所交钱粮的数目，以防胥吏从中舞弊，清政府于顺治六年（1649年）颁刻"易知由单"。单内开列各州县应征本折款项，共计起运若干，存留若干，每亩应征银米数目等，将单当众散给，收取本人亲笔领状。如果单外多征者，准许告发。

此外，又将应解漕粮改为"官收官解，不得仍派小民"，从而免除了部分解户的赔累之苦。

清初，特别是康熙年间推行的"轻徭薄赋"政策，减轻了农民的负担，对安定人民生活，调动农民的生产积极性，促进社会生产力的发展，起了积极作用。康熙以后，全国耕地面积扩大，人口增长，均与这一政策有一定的关系。可以说，这一政策的推行，为清朝前期社会经济的繁荣发展打下了坚实的基础。

益人必然使人悦服。不但治国如此，对于个人而言，如果能诚心诚意，益于他人，也必然能得到他人诚心诚意的回报。

夬卦第四十三 乾下兑上

——除奸去恶须一举成功

夬：扬于王庭，孚号。有厉，告自邑。不利即戎，利有攸往。

彖曰：夬：决也，刚决柔也。健而说（悦），决而和。扬于王庭，柔乘五刚也。孚号有厉，其危乃光也。告自邑不利即戎，所尚乃穷也。利有攸往，刚长乃终也。

象曰：泽上于天，夬。君子以施禄及下，居德则忌。

本卦阳爻有五，象征君子势盛。"上六"阴爻阴位，象征小人奸巧位居众君子之上，然毕竟势单，很快便将为盛阳所清除掉。君子、小人，水火不容，必须果断决裂，因而卦名《夬》即取"决断"之义。夬：拉弓时戴在大拇指上的护套，弦由此弹离。

这一卦阳盛，象征君子势力强大，仅有少数的小人，有待驱除。不过，小人诡计多端，仍然会有危险，不可掉以轻心。所以，首先应当告知自己领地的人。先获得支持，不可立即动用武力，这样进行才会有利。亦即，本身应先有万全准备，然后才可以发动攻击。

[爻辞新解]

初九：壮于前趾，往不胜，为咎。

象曰：不胜而往，咎也。

夬卦"初九"以阳刚处乾体之下，用壮于初，急于前进，去上除君侧之奸臣，但贸然前往，且无上应，必败无疑。卦辞以"壮于前趾"取象，说明"初九"果决有余，审慎不足。

"象传"说："不胜而往，咎也"，就是指明这一点的。

这一爻，启示我们做事一定要"慎始"，尤其是像除奸这样的政治斗争，没有调和的余地，所以行事更要预先考虑周密，万不可恃强而躁动。否则非但不能实现斗争目的，连老本也得搭进去。

九二：惕号，莫夜有戎，勿恤。

象曰：有戎勿恤，得中道也。

"九二"的行动体现了卦辞"孚号有厉"的精神。"九二"不仅自己时刻警惕，还发出呼号，使众人戒备，这就使大家在日常生活中处于高度警戒的状态，所以奸佞小人虽有诡计，甚至夜间举兵来袭，也不足忧虑。

这一爻强调，小心谨慎行事，做到有备而无患。

九三：壮于頄，有凶。君子夬夬独行，遇雨若濡，有愠无咎。

象曰：君子夬夬终无咎也。

"九三"以刚居刚，处乾体之上，刚亢外露、嫉恶如仇，而恰巧与"上六"这个阴柔小人相应，必然是怒火中烧，急欲除之。但这样做不符合卦辞"不利即戎"的精神，必有凶险。故爻辞以"壮于頄"取象，说明"九三"把对奸臣深恶痛绝的义愤表现在脸上，给对方以警觉，会招来杀身之祸，"有凶"。

这一爻是说，为了铲除奸佞，忍辱负重，经受了严峻的考验，但最终必将无咎。

九四：臀无肤，其行次且。牵羊悔亡，闻言不信。

象曰：其行次且，位不当也。闻言不信，聪不明也。

"次且"即趑趄，徘徊不能前进的意思。"九四"阳爻阴位，又不在中位，象征心中迟疑，坐立不安，以致进进退退，迟滞不前。又，上卦"兑"

是羊，牵羊的要诀，是跟在后面，让羊自由自在地走，如果在前面拖拉，羊就不会前进。所以，要像牵羊一般，不可争先，跟随其他的阳爻前进，才不会发生后悔的后果。不过，在决心决断小人的时刻，无论如何容易冲动，虽然听到这样的忠告，恐怕也不会相信。

"象传"说：所以迟滞不前，因为"九四"的地位不当。所以不听忠告，因为愚蠢，将听到的当做耳边风。

这一爻，说明决断小人，既不可迟疑，也不可冲动。

九五：苋陆夬夬，中行，无咎。

象曰：中行无咎，中未光也。

"苋陆"是一种柔脆多汁不容易干的草。"九五"在这一卦五个阳爻的最上方，是这一卦的主爻，也是决断小人的主角。然而，与"上六"的小人接近，态度暧昧就像苋陆一般潮湿。但"九五"阳爻阳位，在上卦中央的君位，刚毅中正，有将"上六"决断的决心；又不失中庸之道，不会冲动偏激，所以不会有灾难。

"象传"进一步的解释："九五"接近"上六"的小人，最理想的手段，是以感化的方式，使其改过迁善。以力量将其决断，虽然没有违背中庸的原则，但毕竟没有将中庸的道理光大。

这一爻，说明决断小人须把握中庸原则。

上六：无号，终有凶。

象曰：无号之凶，终不可长也。

"上六"阴爻，是要被决断的小人，在被穷追不舍的情形下，就是大声呼号，也不会有人理会，最后难逃凶险。

"象传"说：小人就是高踞在君子的头上，最后也不能长久。

这一爻，说明小人迟早会被决断。

[夬卦点悟] 清除小人不可过激

本卦阐述了清除邪恶小人的原则。小人阴险奸巧，诡计多端，在清除邪恶小人时不能不小心谨慎，戒骄戒躁，应先谋而后动，刚柔相济。对付阴险小人，不妨悄然进行，不露声色，让其无法察觉而不作防备，这样再加上己方已做好充分准备，必然一举成功。而这也正是除恶行动所必须的，否则一

旦不成功就会反被其所害。所以清除小人不可过激，宁可延期，也不可没有把握地轻易行动。

[夬卦例解] 康熙计除鳌拜

一般来说，邪恶小人的势力一旦威胁到正义的事业，必然已成气候。因此，务以小心应对。在没做好充分准备之前，万不可轻举妄动，以防打草惊蛇，导致自身处于被动的劣势。而在做好全面充分的准备之后，一是要果断坚决地行动，快刀斩乱麻，一举成功。康熙皇帝稳妥除掉鳌拜的事例，就是一个很好的典范。

康熙亲政后立志要做一个像汉武帝、唐太宗那样有作为的皇帝，因此对鳌拜擅权十分不满。决心改变大权旁落的状况。于是便下令取消了辅政大臣辅政权，使鳌拜的权力受到限制。

鳌拜虽然意识到康熙要夺回自己的权力，但误认为"主幼好欺"，对自己的所作所为非但不加收敛，反而更加肆无忌惮。在群臣向康熙朝贺新年时，鳌拜竟然身穿黄袍，俨如皇帝。在他托病不朝，康熙亲往探视，他把刀置于床下，直接威胁皇帝的安全。对于鳌拜的这些欺君罔上的行动，康熙已经忍无可忍，决心采取果断的措施，把他除掉。

康熙是一个很有谋略的人。他知道鳌拜的势力大，党羽多，除掉他不是很容易的，必须要计划周密，谨慎从事。他一方面把近身侍卫索额图、明珠提拔为朝廷大臣，作为自己的左膀右臂，以便通过他们联络朝廷内外反鳌拜的势力；另一方面又给鳌拜封官加爵，麻痹他对自己的警觉。与此同时，一个擒拿鳌拜的计划渐渐形成了。

康熙按照满清皇朝的规定，在满族权贵人家中，选了一批身强力壮的子弟充当自己的贴身警卫。这些半大的孩子，跟皇帝年龄相仿，平日里天天在一起练习摔跤。有时候鳌拜进宫办事，他们也照样摔跤，玩得热热闹闹。这就给鳌拜一种假象，以为皇帝跟这群孩子一样，淘气得可以，不问国家大事，只知道打闹找乐子。

鳌拜装病试探皇帝的事发生之后，鳌拜按理该入宫答谢，并且向皇帝汇报这几日发生的事。康熙见时机已经成熟，就把平日跟自己一同练习摔跤的卫士们找来，安排好捉拿鳌拜这件至关重要的大事。

康熙对卫士们说："你们是效忠我，还是效忠鳌拜？"这些侍卫平日早被灌输了憎恨鳌拜的思想，便齐声回答："我们只效忠皇上。"康熙接着说："鳌拜身为辅政大臣，却有违祖先规矩，处处安插亲信，排斥异己，擅杀大臣，实在是太过分了。朝廷里的大事，都由他在家里商量好了才启奏，我这个皇帝还有什么可做的？照这样下去，大清什么时候才能富强？"

接着，他把早已深思熟虑的计划告诉了卫士们。这批侍卫听了，个个摩拳擦掌，只等着鳌拜前来，可以执行皇上布置好的任务。

鳌拜进宫的时间到了。他依然像往日一般，大摇大摆，一副旁若无人的样子。来到皇帝的住处，只见平日那些孩子侍卫们正准备着练习摔跤，一个个蓄势待发，好像士兵即将出征一般。

"这些娃娃又在闹着玩儿啦。"鳌拜一肚子的不屑。不料那群孩子突然冲上前来，抱腰的抱腰，拧腕子的拧腕子，蹬腿窝的蹬腿窝，一下子跟这位满人里的"巴图鲁"大臣较起了劲。

初时，鳌拜还以为小皇帝跟自己闹着玩，便听凭那些娃娃掰了自己的腕子，揪了那条辫子。待到一群娃娃把他摁倒在地上，他才觉得不大对头，斜着眼去瞧指使他们的皇帝，只见康熙一脸的冰冷，又听得小侍卫们满口的怒骂，方才觉得大事不妙。这时他再要挣扎，已经迟了。鳌拜一下子被捆了个结结实实。

拿了鳌拜，康熙立刻召集大臣，把鳌拜交给他们审理。大臣们早就恨透了这位专横的顾命大臣，一桩桩列举他的罪状，一致要求将他处死。康熙听了，倒没有赞成大臣们的意见，只说了一句："念他替朝廷效力多年，军功卓著，免死。"死罪可免，活罪难饶，鳌拜被判终身监禁。而他那些死党，则被一网打尽，处死了一批，另一批判了刑。

16岁的康熙皇帝，深得"夬"卦之深意，不动声色地拿下权臣鳌拜，把大权收归己有，扫除了管理国家道路上的一大障碍，体现出一位杰出的政治家的魄力。从此以后，他开始一心一意地治理国家。在他统治下，一个个棘手的问题迎刃而解，满清政权开始进入全盛的时期。

姤卦第四十四 ䷫ 巽下乾上

——阴阳失衡致祸乱

姤：女壮，勿用取（娶）女。

彖曰：姤，遇也，柔遇刚也。勿用取（娶）女，不可与长也。天地相遇，品物咸章也。刚遇中正，天下大行也。姤之时义大矣哉！

象曰：天下有风，姤。后以施命诰四方。

姤卦上乾下巽，上乾象征天，下巽象征风，故象传释云："天下有风，姤；后以施命诰四方。"风行天下，经触万物，挠激之鸣，成其遇合之事。又全卦五阳爻高高在上，而一阴爻始生于下，阴与阳合，故彖传称"姤，遇也，柔遇刚也"。姤：不期而遇。

本卦指出，阴阳谐和的正义中正之道的相遇相庆，与不中不正的阴邪之道誓不两立。无论是天地自然之道，或社会男女、君臣际遇，其遇合之时，都必须首先分清是正，还是邪，理智对待。

[爻辞新解]

初六：系于金柅，贞吉。有攸往，见凶，羸豕孚蹢躅。

象曰：系于金柅，柔道牵也。

"柅"是刹车。"羸"是瘦弱。"蹢躅"是徘徊的意思。

人在弱小的时候，容易被忽视，而放纵他，使他的危险性增大。因此"初六"阴爻之小人，刚开始势力还小时，就应该扼止，以免势力壮大时，而为害君子。就像一只瘦弱的猪，它不停地徘徊，待机前进，以逃出圈栏。所以君子当慎防有疏漏之处，以免小人趁机发展。

"象传"说：用事上的金柅把他系住，是为了要牵制阴柔小人，以防其扩大。

这一爻说明，君子应懂得防微杜渐。

九二：包有鱼，无咎，不利宾。

象曰：包有鱼，义不及宾也。

鱼是阴柔的水生动物，指"初六"的小人。爻辞意思是说，恐小人为乱，应将小人包住，制止邪恶，这样才没有过错。所以君子应该采取主动的态度，去防止小人扩展。

"象传"说："九二"阳刚，应该不会沦为宾位而受控制。

这一爻说明，小人应当制止，以免祸害加于人们。

九三：臀无肤，其行次且，厉，无大咎。

象曰：其行次且，行未牵也。

"九三"无接应，下又不能和"初六"阴位相遇，形单影只，难免不能安适，就像屁股上的肌肤剥落了一般，不得安坐，徘徊往来的。"九三"以阳爻居阳位，太过刚强，也不必担心被小人伤害，纵使孑然孤身，有危险，但是并无大碍，也就没什么大过错。

"象传"说：虽然踌躇不前，但是行动没有受到牵制，也能踽踽独行。

这一爻说明，就算无君子相伴，也不与小人为伍。

九四：包无鱼，起凶。

象曰：无鱼之凶，远民也。

"九四"虽与"初六"相应，却并没有去应，是好事而不是坏事，如果去与"初六"相应，便会与"九二"相争造成凶事。

这一爻是说，邂逅相遇，要主动疏远，强调"九四"能够这样做，也是得自于"九二"。

九五：以杞包瓜，含章，有陨自天。

象曰：九五含章，中正也。有陨自天，志不舍命也。

"杞"，是杞柳。"陨"，即陨落。

"九五"阳刚得正，居上卦的中位，身为至尊；就是"象传"所说的"刚遇中正"的一爻，"含章"，就是说"九五"有含容章显阴柔的美德。"九五"虽然距"初六"很远，但在与"初六"相遇时，能行中正之道，处在至尊之位，是以控制住大局，不怕阴爻上进。

"象传"说：志不舍命也，是说"九五"的志向就在于不舍弃天道的

规律。

这一爻是说,"九五"既能抑制阴长的志向,又能遵从天道常则,强调只有身处至尊之位又德行刚正的君子,才能做到。

上九:姤其角,吝,无咎。

象曰:姤其角,上穷吝也。

上九,是此卦的最上方,刚强太过,同时也无阴爻相应,既不和小人相接触,就不会有过。

"象传"说:已是到终点的地方,和小人没有相遇的机会,因不能制服小人而感到羞惭。

这一爻说明,虽排斥小人,但仍须付诸于行动。

[姤卦点悟] 阴阳不可失调

本卦卦辞开口就说:"女壮,勿用取女。"强壮的女人不娶,难道一定要让老天爷丢下一位整天喝药汤的林妹妹方才心满意足?到田里做活计,当然身体愈强壮愈好。但是如果功夫用在风骚上,用在勾心斗角,争权夺位上,如此强壮的身手,读书批奏章的男人自然要畏之如虎,无论如何吃不消。

[姤卦例解] 左右李唐江山的武则天

姤卦主要指的是阳刚遇到中正的阴柔,阴柔的发展,达到最高境界时甚至可以左右社稷的发展与安危。中国的历史上曾出现过这样一位前无古人后无来者女皇帝武则天。虽然,她的政声不算坏,但作为与"众"不同的"异类"而君临天下,毕竟称得上是典型的人物。

武则天,名曌,原籍并州(今山西)文水人,因才貌出众,十四岁被召入宫,成了唐太宗的才人。太宗死后,被迫入感业寺为尼,后来高宗又把她召回宫中,她入宫后谦虚谨慎,"卑辞屈体以事后",深得王皇后的欢心,不久晋升为宸妃。

武则天虽为弱女,但性格刚强。当年太宗有匹烈马叫狮子骢,性情暴烈,没人敢骑它,也没人能制服它。武则天说:"我能制服它,但须有三件东西。"太宗说:"要哪三件东西?"武则天说:"我要一条铁鞭,一把铁锤,一支匕首。马不听话,我就用铁鞭抽它;再不听话,我就用铁锤锤它,还不听话,我就用匕首刺死它。"武则天执政后,就是用这种驯马精神控制群臣,维护自己的统治。

当了宸妃并不能满足武则天的欲望，她更高的目标是当皇后。在封建社会，废立皇后事关国家大局，必须得到朝臣的支持。褚遂良和长孙无忌坚决反对立武则天为后，但李勣、许敬宗、李义府等人却很支持。永徽六年（655年）十一月，武则天被册封为皇后。

显庆五年（660年），武则天开始参与朝政，她的眼睛又紧紧盯住了皇位。首先，她利用佛教制造登基的舆论。当时和尚法明等编了一部《大云经疏》，宣扬武则天是弥勒佛的化身，应当称帝。为此，她下令全国各州都要建立大云寺，藏一部《大云经》，由高僧向群众宣讲，利用宗教迷信为她夺取皇位制造舆论。其后，武则天又令酷吏付游艺纠合数百人"劝进"。后来，文武百官、和尚、道士等六万余人也跟着上书，表示拥护改唐为周。天授元年（690年），武则天改国号周，号"圣神皇帝"，她是我国历史上惟一的女皇帝。

武则天执政以后，继续推行唐初的基本国策：坚持中央集权，维护国家统一；压抑部分士族，扶助新兴庶族；反对民族压迫，保卫边防安全。

武则天广泛罗致人才，发展了科举制度。隋和唐初举人答卷，没有糊名制度，评卷时容易营私舞弊。武则天改革科举中试卷管理办法，采糊名制度，使评卷人不能了解答卷者的姓名，以利于人才的选拔。她创立"自荐"和"试官"制度，在各阶层中广泛招揽人才，结果使"天下明经、进士，及下村教童蒙博士，皆被搜扬，不曾试练，并与美职"。在乾封以前吏部选人每年不越数千，垂拱以后，每岁常至五万。这样做的目的是要以新官僚代替被罢黜的老官僚，尤其要以官位收买天下人心，寻找自己的支持者。但是，不可否认，武则天确实发现、任用了一批贤能俊杰之士。如文臣之中富有才干的狄仁杰、姚崇、魏元忠、杜景俭等；武将中有善于统军御敌足智多谋的娄师德、裴行俭、王孝杰、唐休景等；还有能急言直谏的李昭德、徐有功等。

作为封建女皇，武则天在执政时期，也有很多弊政。她用人较滥，主要是重用武氏家族，如武承嗣、武三思、武懿宗、武攸绪、武攸宁、武攸暨等。这些人不学无术，贪赃枉法，欺压百姓，却长期担任宰相、尚书、总管等要职，影响极坏。武则天的面首也是她依靠的力量之一，如薛怀义，自得到武则天宠爱以后，立刻飞黄腾达。他曾四次担任行军大总管，掌握数十万武装，多次战败，却被武则天重用达十年之久。

神龙元年正月，执政将近半个世纪的武则天患重病，她身边的嬖臣张易之、张昌宗兄弟乘机图谋皇位。由张柬之联络武将李多祚等人率兵入宫斩杀张易之兄弟，发动政变，迫使武则天退位，中宗李显复位，存在十五年的武周政权至此结束。李显再次登基，立即复唐国号，改元神龙，百官旗帜、服色文字皆如永淳以前。十二月，82岁的武则天死去，从而结束了惟一女皇统治中国的历史。

武则天称帝，也许是历史的一个"偶然"。在传统的男权社会里，这里的确是一种"牝鸡司晨"的阴阳失调现象。当然，以现代的眼光看来，武则天的作为并不逊于大部分的"男皇帝"。但她的作为，仍然是一段打破"规矩"的历史插曲。

萃卦第四十五 坤下兑上

——凡人可识不可全交

萃：亨，王假有庙，利见大人，亨。利贞，用大牲吉。利有攸往。

彖曰：萃，聚也。顺以说（悦），刚中而应，故聚也。王假，有庙，致孝享也。利见大人亨，聚以正也。用大牲吉，利有攸往，顺天命也。观其所聚，而天地万物之情可见矣。

象曰：泽上于地，萃。君子以除戎器，戒不虞。

上卦"兑"是悦，下卦"坤"是顺，喜悦而顺从，象征欢聚；上卦"兑"是泽，下卦"坤"是地，象征水在地上聚而成泽。又，本卦"九五"刚毅中正，"六二"柔顺中正，以中正为前提而上下呼应，相得益彰，故名"萃"。萃：聚集。假：凭借，借助。庙：宗庙。

"人以类聚，物以群分"，天地万物的普遍情理不外乎聚合与离散。阴阳和悦顺从就能聚合，互相违逆则离散。而聚合则兴旺，离散则衰止，所以从天地万物的聚散中可以看出事物兴衰的端倪。

[爻辞新解]

初六：有孚，不终。乃乱乃萃，若号。一握为笑，勿恤。往无咎。

象曰：乃乱乃萃，其志乱也。

"初六"与"九四"阴爻相应，但中间有两个阴爻阻挡，形成障碍；因而，"初六"纵然有诚意，也难有结果。然而，如果"初九"呼号求援，不被二阴诱惑，"九四"听到，就会伸出援手，两人就可以握手言欢，破涕为笑，所以，果敢的前进，不会有灾祸。

这一爻，为正当的事业目标，不可意志动摇，应当坚定地向前。

六二：引吉，无咎，孚乃利用禴。

象曰：引吉无咎，中未变也。

殷代的春祭，周代的夏祭，都称做"禴"，是简单的祭祀。"六二"与"九五"阴阳相应，但必须有"九五"的援引，才有相聚，吉祥没有灾祸。

"象传"说："六二"虽然在下卦的中位，但却包围在两个阴爻中间，可能受其影响，使中庸的德性发生变化。所以警告说，趁中庸的德性还没有改变之前，立即给予援引才会吉祥，没有灾难。

这一爻，说明只要有意志和诚信，必然可以聚集。

六三：萃如嗟如，无攸利，往无咎，小吝。

象曰：往无咎，上巽也。

"萃如"，是要相聚的状态。"嗟如"，是叹息的样子。"巽"，是顺的意思。

"六三"是阴柔的小人，不中不正，在上方也没有应援，不得已，想与邻近会聚，但没有人与他相应，因此只有叹息，得不到任何利益。惟一的出路是与"上六"相聚，不过，"上六"与"六三"都属于阴，同性相斥，到底不是圆满的结合，出于无奈，不得不与已在极端而且无位的阴爻，结成伴侣，多少会有羞惭的感觉。

这一爻的含义，是说身边即或有坚强有力的援助者，但如果行为不正，宁可舍弃，而与远方志同道合不得势的朋友结交，才会有利。

九四：大吉无咎。

象曰：大吉无咎，位不当也。

"九四"阳刚失正，爻位确有不当；而且"九四"不居尊位，只是近君之臣，却有"初六"之应，又有"六三"之比，在下之民为其所得，故有专权越分、欺君夺民之嫌，本应有咎。

爻辞实为告诫之语，是说"九四"只有得"大吉"，才能"无咎"。对于"九四"爻来说，"九四"不当君位则不应该聚民；既聚民，如果能率领群民归顺于"九五"，并且鞠躬尽瘁，始终团结在君王的周围，成为王室的贤臣，则为得"大吉"，可以免去专民之咎了。

这一爻是说，动机不纯正，只有使结果尽善尽美，才会吉祥。

九五：萃有位，无咎，匪孚，元、永贞悔亡。

象曰：萃有位，志未光也。

"九四"是位的问题，"九五"则是德的问题。若有其位而无其德，仍然不能使人信服。

"元"是元首、君王的意思，作为君王，要反身修己，长久不渝地守持正固，这样才能功德显彰，天下无人不服，自然可以悔恨消失。

"象传"指出："萃有位，志未光也。"仅仅是"萃有位"，而不能做到"元永贞"，那是不行的。

这一爻强调修德的重要性。

上六，赍咨涕洟，无咎。

象曰：赍咨涕洟，未安上也。

"上六"由于处在萃卦之极，与"六三"无应，又与"九五"逆比，孤独而不能相聚，只好哀声叹息，痛哭流涕。

"上六"嗟叹哭泣，心不安宁，说明他认识到不能萃聚、孤苦无助的危险。而能知危惧祸，不敢自安，自然行事谨慎，不会被邪恶所害。另一方面，"上六"既然嗟叹哭泣，也就从反面说明了他有坚定不移的求聚的心志，最终还是能得以会聚的。因此爻辞说"上六""无咎"。

这一爻是说，虽然欲聚不成，但内存求聚之心。

[萃卦点悟] 识人要全面，交往要选择

人是社会的产物，社会是由人组成的。因此人与人之间的关系就是社会中最基本的关系。由此就可以进一步推论：一个人的成败顺逆，与他所接触的人即围绕在他身边的人有着极其重要的关系。

本卦在讲要广泛团结同仁的同时也阐释了这样一个原则：交朋友要选择那些中正的人，只有以中正为前提，才能"欢聚"，"上下呼应"，"相得益彰"。否则，这种不良的人际环境会对你产生不良的影响，甚至还会引祸上身。

谨慎交友与求同存异并不矛盾，因为还有一句话叫"凡敌可恨，不可全敌"将二者巧妙地结合起来是一种心态，更是一种谋略。在我们的人际交往过程中，不管对方看起来是多么友善或可恶，自己都要把握好原则。

[萃卦例解] 王安石误交伪君子

凡人可识，不可全交。交朋友必须认清对方的本质。"萃"之所以萃，是以中正为前提的。野兽只知道吃肉，当你有肉给它吃的时候，你是朋友，而到关键时候，你得到的不是帮助，而是无情的袭击。北宋政治家王安石误交伪君子的教训，可为一戒。

王安石在变法的过程中，视吕惠卿为自己最得力的助手和最知心的朋友，一再向神宗皇帝推荐，并予以重用，朝中之事，无论巨细，全都与吕惠卿商量之后才实施，所有变法的具体内容，都是根据王安石的想法，由吕惠卿事先写成文及实施细则，交付朝廷颁发推行。

当时，变法所遇到的阻力极大，尽管有神宗的支持，但能否成功仍是未知数。在这种情况下，王安石认为，变法的成败关系到两人的身家性命，并一厢情愿地把吕惠卿当成了自己推行变法的主要助手，是可以同甘苦共患难的"同志"。然而，吕惠卿千方百计讨好王安石，并且积极地投身于变法，却有自己的小九九，他不过是想通过变法来为自己捞取个人的好处罢了。对于这一点，当时一些有眼光、有远见的大臣早已洞若观火。司马光曾当面对宋神宗说："吕惠卿可算不了什么人才，将来使王安石遭到天下人反对的，一定都是吕惠卿干的！"又说："王安石的确是一名贤相，但他不应该信任吕惠卿。吕惠卿是一个地道的奸邪之辈，他给王安石出谋划策，王安石出面去执行，这样一来，天下之人将王安石和他都看成奸邪了。"

后来，司马光被吕惠卿排挤出朝廷，离京前，一连数次给王安石写信，提醒他说："吕惠卿之类的谄谀小人，现在都依附于你，想借变法为名，作为

自己向上爬的资本，在你当政之时，他们对你自然百依百顺。一旦你失势，他们必然又会以出卖你而作为新的进身之阶。"

吕惠卿的伪君子手段果然是大见其效，王安石对这些话半点也听不进去，他已完全把吕惠卿当成了同舟共济、志同道合的变法同伴，甚至在吕惠卿暗中捣鬼被迫辞去宰相职务时，王安石仍然觉得吕惠卿对自己如同儿子对父亲一般的忠顺，真正能够坚持变法不动摇的，莫过于吕惠卿，便大力推荐吕惠卿担任副宰相职务。

王安石一失势，吕惠卿的小人嘴脸马上露了出来，不仅立刻背叛了王安石，而且为了取王安石的宰相之位而代之，担心王安石还会重新还朝执政，便立即对王安石进行打击陷害，先是将王安石的两个弟弟贬至偏远的外郡，然后便将攻击的矛头直接指向了王安石。

吕惠卿真是一个伪君子，当年王安石视他为左膀右臂时，对他无话不谈，一次在讨论一件政事时，因还没有最后拿定主意，便写信嘱咐吕惠卿："这件事先不要让皇上知道。"就在当年他们关系非常好之时，吕惠卿便有预谋地将这封信留了下来。此时，便以此为把柄，将信交给了皇帝，告王安石一个欺君之罪，他要借皇上的刀，为自己除掉心腹大患。在封建时代，欺君可是一个天大的罪名，轻则贬官削职，重则坐牢杀头。吕惠卿就是希望彻底断送王安石。虽然说最后因宋神宗对王安石还顾念旧情，而没有追究他的"欺君"之罪，但毕竟已被吕惠卿的"软刀子"刺得伤痕累累。

为人处世中，特别是权力场中，不乏这样的人，当你得势时，他恭维你、追随你，仿佛愿意为你赴汤蹈火；但同时也在暗中窥视你、算计你，搜寻和积累着你的失言、失行，作为有朝一日打击你、陷害你并取而代之的秘密武器。公开的、明显的对手，你可以防备他，像这种以心腹、密友的面目出现的伪君子，实在令人防不胜防。因此，领悟萃卦之意，懂得如何去识人交人，是很有必要的。

升卦第四十六 ䷭ 巽下坤上

——积小成大稳步升

升：元亨。用见大人，勿恤。南征吉。

彖曰：柔以时升，巽而顺，刚中而应，是以大亨。用见大人勿恤，有庆也。南征吉，志行也。

象曰：地中生木，升。君子以顺德，积小以高大。

上卦"坤"是地，下卦"巽"是木，木从地下生出来，苗壮升高，因而卦名为"升"。上卦"坤"与下卦"巽"都是顺，上下通顺，故为"大亨"。"九二"居下卦之中，与"六五"相应，下位刚毅中正之士，必能得到上位中正人物的器重和提拔，在传统图式中，上为南方，故本卦辞中又有"南征吉"之言。有抱负的君子，应不断增进自己的德性，积极奋斗，有所作为。用：以。恤：为担忧、忧虑。

本卦阐释升进的原则。建立群众基础，得到人民拥护，就可以施展抱负，向前升进，应有诚意，才能得到支持。升进为积极的有所作为，应当勇往向前，不必疑虑。但方向必须正确，积德用诚，依循众人所期待的方向前进，必然不会有阻力。同时更应当有目标，知道节制；盲目冒进，将无以为继。

[爻辞新解]

初六：允升，大吉。

象曰：允升大吉，上合志也。

"允"，即信。

"初六"阴爻柔顺，在升卦的最下位，符合"地中生木"的卦象，又是下卦"巽"的主爻，与"九二"成比，只要追随上面两个阳爻升进就可以了；同时，"初六"升进的真诚，也得到了上卦三个阴爻的信任，相信"初六"的上升，对自己是无害的，于是，信则不疑。这些升进的条件使"初六"

得到大的吉祥。

"象传"说："上合志也"，是说"初六"的上升，符合上卦三柔的心意。

这一爻是说，以柔顺谦逊的态度上升，受到了上面的欢迎。

九二：孚乃利用禴，无咎。

象曰：九二之孚，有喜也。

这一爻，"九二"作为有刚健中正之德的大臣，应"六五"的柔顺之君，主动升进，显示臣强君弱的态势，难免造成"六五"的疑虑。因此，"九二"只有得到"六五"的信任之后才宜升进。"孚"即信任，"乃"，即而，指"九二"，在这样的情况下，仅仅用薄礼前去晋见，才不会有过失。

"象传"说："九二"得到君主的信任，可以受重用，于是心中高兴。

这一爻是说升进必须有诚信，同时需要一个渐进的过程，强调宜迟不宜速。

九三：升虚邑。

象曰：升虚邑，无所疑也。

"虚邑"，是无人的村落。

"九三"阳爻居下卦的最上方，与"上六"相应，面临的上卦，阴爻为虚，于是以自己的阳实，十分顺利地升进，没有受到任何阻碍。

"象传"说："无所疑也"，是说"九三"的升进，没有使"上六"疑虑。

这一爻是说，前面无险，无妨，升进畅通无阻。

六四：王用亨于岐山，吉，无咎。

象曰：王用亨于岐山，顺事也。

"亨于岐山"是于岐山祭祀之意。

"九四"阴位柔顺，又比邻"六四"的君位，能得到君王的信任，给予升迁。于是岐山祭祀，感谢德泽。

"象传"说：祭祀神祇，能顺着一定的法则去行事，自然吉祥没有咎过。

这一爻是说，只要合乎法度的去做事，就能够顺利推进，而不会有什么过错。

六五：贞吉，升阶。

象曰：贞吉升阶，大得志也。

"六五"阴柔，而能和刚正的"九二"相应，就能历阶而登上帝位。贤者的相辅，所以能像爬阶梯一样，一步一步高升，同时对于天下之治，也能大展抱负。

这一爻强调知人善任的重要。

上六：冥升，利于不息之贞。

象曰：冥升而上，消不富也。

"冥"当昏庸解释。

"上六"已经到极点，如果一味地前进而不知停止，就会弄得意乱神迷，昏庸无知，必然有危险，倘若能日新又新，自强不息，便会有利。

"象传"说：已经升到极顶，还无知昏昧地想上升，恐怕会力量不足而消失亡毁，所以不能再有所增加、上迁了。

这一爻是教人自知量力，爬得越高摔得越重，得小心行事。

[升卦点悟] 修德养诚求上升

这一卦启示我们，万物的长进，人事的升达，是以德行的提高为前提的，也是一个"柔进"的过程。主观愿望不应违背客观规律，前进的道路蜿蜒曲折，人的头脑也应当尽可能地辩证一点，灵活一点，梦想走直线的人欲速不达，率性而为，搞惟意志论的人必然自食其果。顺应自然规律和天下大势，扎扎实实提高德行，以诚待人，百折不挠，才会沿着正道稳中求升。

[升卦例解] 梁启超教育子女之道

人的一生应当是上升的一生，但真正的"上升"应该是才与德并重的。近代大学者梁启超教育子女成才之道，可谓深得升卦之义。

梁启超教育子女做学问，不只注意专精，还注意广博。梁思成在国外求学之时，他在信中说："思成所学太专门了，我愿意你趁毕业后一两年，分出点光阴多学些常识，尤其是人文科学中之某部门，多用点工夫。我怕你因所学太专门之故，把生活也弄成近于单调，太单调的生活容易厌倦，厌倦即为苦恼，乃至堕落之根源。"

他教导子女只有多学知识，才能丰富生活内容，永久保持不厌倦的精神。同时，梁启超还注意子女的道德培养，教育子女生活要艰苦朴素。同年5月5日，他在给思顺夫妻的信中说："生当乱世，要吃得苦才能站得住（其实何止乱世为然）。一个人在物质上的享用，只要能维持着生活便够了。至于快乐与

否,全不是物质上可以支配。能在困苦中求出快活,才真是会打算盘哩。"给思忠的信中说:"一个人苦在舒服的环境中也就会消磨志气。你看你爹爹困苦的日子也过过多少,舒服日子也经过多少,老是那样子,到底意志消磨了没有?……我自己常常感觉我要拿自己做青年人的人格模范。最少也不愧做你们姐妹弟兄的模范。我又很相信我的孩子们,个个都会受到我这种遗传和教训,不会因为环境的困苦或舒服而堕落的,你若有这种自信力便'随遇而安'地做。"

梁启超的爱国主义思想也贯穿在对子女的教育中。他的九个子女先后有七人曾到国外求学或工作。他们在国外读书数年,学贯中西,成为各自行业的专家。以他们各自的学问专长,完全可以在国外找一份很好的工作,但他们没有一个留在国外,都是在学成后回来报效祖国。梁启超的子女,可以说人人成才:长女思顺(1893~1966)爱好诗词和音乐,编有《艺蘅馆日记》、《艺蘅馆词选》,曾多次再版,解放后任中央文史馆馆员;长子思成(1901~1972)著名建筑学家,在建筑理论、建筑教育思想、城市规划诸方面都有不少超前的新观点,是我国古建筑研究的先驱者、我国建筑教育的奠基人之一;次子思永(1904~1954)著名考古学家,是我国第一个受过西洋近代考古学正式训练的学者,中国近代考古学和考古教育开拓者之一;次女思庄(1908~1986)著名图书馆学家,一生致力于西文编目工作;四子思达从事经济学研究,参与编写《中国近代经济史》,主编《旧中国机制面粉工业统计资料》一书;五子思礼是著名火箭控制系统专家,是我国航天事业的开拓者之一,中国导弹控制系统的带头人,为我国航天事业做出了重要贡献。几十年来,他们在不同的岗位上,都做出很大成绩,共同为祖国的各项事业而献身。

梁启超的子女们的成功都不是偶然的,因为在其父的指导下,他们全都沿着一条正确的"上升"之道,来安排自己的人生。因此,无论是在学业上还是做人上,他们都达到了"升"卦所指示的高度。

困卦第四十七 ☵坎下兑上

——应付困境尤需策略

困：亨。贞大人吉，无咎。有言不信。

彖曰：困，刚掩也。险以说（悦），困而不失其所，亨，其惟君子乎？贞大人吉，以刚中也。有言不信，尚口乃穷也。

象曰：泽无水，困。君子以致命遂志。

坎卦为阳卦，为刚。上为兑卦为阴卦，就是说上面的阴卦将下面的刚卦掩住了，好像是刚被困住了。另有一层含义是，"九二"阳爻居柔位，而且是居坎险的中位，有阳刚被柔掩在其中的景象。困：困乏，穷困。掩：遮盖。

本卦是说，虽然困乏，只要安贫乐道，守正不阿，也能亨通畅达的。而困心处虑对于伟人来说可是一种考验，虽然一时间不能脱险，但是只要站稳脚跟，终会吉祥而没有过尤。君子为小人遮蔽，所以不应图一时口舌之快，而要沉住气，三缄其口。

[爻辞新解]

初六：臀困于株木，入于幽谷，三岁不觌。

象曰：入于幽谷，幽不明也。

"初六"是阴爻，处困卦之始。其素质本来就柔弱卑下，缺乏阳刚气质，而又陷入困境之中，被一困到底，不能自拔。

人行走时脚在最下，而坐则臀在最下，臀部被困，正说明人已行动不得，穷厄而不能自拔。只能如爻辞所说"入于幽谷，三岁不觌"了，即退入幽深的山谷，从此不再露面了。

这一爻是说，柔弱文躯陷于困境，不能自拔。

九二：困于酒食，朱绂方来。利用享祀。征凶，无咎。

象曰：困于酒食，中有庆也。

"九二",酒食贫乏困穷时,荣禄就要降临了,此时利于主持宗庙祭祀大礼,以求神明保佑。若有所行动将会有凶险,但并没有什么咎害。绂:古代祭服的饰带,这里用"朱绂"比喻"荣禄"。

"象传"说:酒食贫乏困穷时,只要坚守刚中之道,必有福庆。

这一爻要求君子处困之时,能做到刚中自守,安贫乐道。

六三:困于石,据于蒺藜,入于其宫,不见其妻,凶。

象曰:据于蒺藜,乘刚也。入于其宫,不见其妻,不祥也。

爻辞中"石"是指"九四","蒺藜"是指"九二"。九四是刚爻,像块坚硬难移的石头一样,居于"六三"之前,阻挡着"六三",使"六三"寸步难移。"九二"也是刚爻,以阳刚之质居中,如同带刺的蒺藜,更非"六三"所能据坐。"六三"处于两难之中,陷入困境。

这一爻是说"六三"陷入困境,无法挽救。

九四:来徐徐,困于金车,吝,有终。

象曰:来徐徐,志在下也。虽不当位,有与也。

"九四"与"初六"相应,"初六"陷在幽谷中,以"九四"的立场,应当加以援救;可是,"九四"的地位不正,力量不足,中间又有"九二"的铁车妨碍,以致救援行动迟缓,不得不徐徐进行。

"象传"说:徐徐而来,是说"九四"志在援救下方的"初六",虽然"九四"的地位不正,但与"初六"有相应的关系,最后能够达到目的。

这一爻,说明解救穷困,不可操之过急,应当量力,审慎行动。

九五:劓刖,困于赤绂,乃徐有说,利用祭祀。

象曰:劓刖,志未得也。乃徐有说,以中直也。利用祭祀,受福也。

"劓刖",不安貌。"赤绂"即朱绂,垂在前面遮膝的服饰,依《说文》,朱是天子的颜色,赤是诸侯的颜色。说,同脱。困卦,正当阳被阴穷困的时刻,"九五"的阳爻,被"上六"与"六三"的阴爻包围,困在当中,但阳的君子,被阴的小人如此折磨,并非穷困,反而会更加惕励奋发;倒是被小人怀柔,赠以高的爵位,穿上红色的遮膝,才是真正的被穷困。不过,"九五"刚毅中正,又是上卦"兑",亦即悦的一部分,坚持原则,经过时间的考验,终有一天,会徐徐得到解脱。"九二"与"九五",都用祭祀有利比拟,因为"九二"与"九五",虽然同是阳,不能相应,但双方都有诚意,就能相当于人与神的关系。

"象传"说:神色不安,因为"九五"还不得志。慢慢得到解脱,是由于"九五"中正刚直。用于祭祀有利,是说像祭祀般诚心诚意,就可得到神的降福。

这一爻,说明要有经得起考验的坚定意志。

上六:困于葛藟,于臲卼,曰动悔。有悔,征吉。

象曰:困于葛藟,未当也。动悔有悔,吉行也。

"葛藟",是葛与蔓,攀附缠绕的蔓生植物,"臲卼",是动摇的危险场所。"上六"是阴柔的小人,穷困到极点,就像被葛蔓缠绕,无法挣脱,陷入动摇不安的险地。这时,采取行动,就会后悔,但如果能够悔改,前进仍然吉祥。

"象传"说:困于葛蔓是由于行动不正当。行动会后悔,但终究能够吉祥,因为已经在困卦的最上位,再向前进,就可以走出困卦了。

这一爻是说,拥有正确的行动,就能走出困境。

[困卦点悟] 应付困境必须头脑清醒

本卦通过困于株木、困于酒食、困于石、困于金车、困于朱绂、困于葛藟等一系列形象的比喻,阐释了应付困境的原则。处于深深的困境时,必须隐忍待机,切忌浮躁,务必量力而行,不可操之太急,以免雪上加霜。

在不利于自己的情况下,不能毫不示弱、玉石俱焚,而应该先顾眼前,不图一时口舌之快,追求自己的事情。

[困卦例解] 审时度势,谨慎进言

面对不公平现象、不合理状况等"困"境,真正的智者应审时度势,研究策略,以寻找最佳时机。然而掌握这种智慧,除了要有忍辱负重的精神之外,还必须从前人的经历中吸取经验和教训,从而总结出行之有效的良谋善策。知识可以改变命运,智谋则可以改造环境,只有做到了这一步才能更好地谋求发展,实现抱负。无论身处怎样的环境,遭遇怎样的局面,智谋与策略永远是至关重要的。

明朝大臣刘宗周在为官过程中,刚正不阿,直言不讳,弹劾贪官,维护

忠良，可就是由于他是一位不懂官场世故、不善用谋略进谏的人，于是屡屡碰壁，当道者在他屡次拜官后，又屡次将他革职。

刘宗周入仕时，明朝已十分腐朽衰败，党争乱政，官场败坏，朝中官员朋比为私，搞得朝廷上乌烟瘴气。刘宗周嫉恶如仇，对此难以忍受，力图挽救时局，巩固明朝统治。

1612年，御史徐兆魁等人力排东林党人。刘宗周上疏声援东林党人，认为其中多为忠良之人。徐则上疏诬陷他颠倒是非，要求诛杀他。刘宗周出于义愤，请假回乡。1621年，才被召回朝中，担任礼部主事。刚入朝，就上疏弹劾弄权误国的宦官魏忠贤。皇帝不辨是非，听不进直言，竟要重裁刘宗周。幸有志同者大力营救，才改为廷杖六十，罚俸半年。第二年，刘宗周因病回籍。1624年，朝廷任命刘宗周为通政司通政，他因为左光斗、杨涟等正直大臣受到无理迫害，决定抗疏不就。因此，又一次遭到魏忠贤一伙的攻击陷害，以刘宗周不入朝犯"蔑视朝廷"罪，将他革职为民。

1628年，刘宗周再度被起用，担任顺天府尹。由于他为民请命，廉洁无私，当时人称"刘顺天"。他虽然因为直谏，历尽坎坷，但依然不改初衷，上任不久就又一次上疏皇帝。更大胆的是这次竟然将矛头指向皇帝本人，指责崇祯帝的许多做法是错误的。这次犯颜直谏的结果是他被迫辞去顺天府尹。

南明弘光政权建立后，招刘宗周入朝官复原职，在前往南京的路上，他就几次劾奏佞臣马士英等人。这些人于是捏造了许多关于刘宗周的政治谣言，但这样仍不能使他住口。马士英咬牙切齿地骂道："宗周奸贼，必驰斩其头。"刘泽清甚至派人对刘宗周行刺。

当时朝中就是否重用阮大铖引起了争论。刘宗周再一次直言劝谏，认为阮党奸邪害正，还说"大铖进退，关系江左兴衰"。然而，弘光帝驳回了刘宗周的奏章，起用了阮大铖。刘宗周见国事已不可逆转，就辞归故里。这次，从他正式任职到离职，仅有24天。

上疏进谏如果遇到的是唐太宗这样的明君，不仅不会受到处分、罢黜，反而还会受到鼓励、赞扬。即使遇不上唐太宗这样的明君，如果把握好了进谏的分寸、语气、方式等，也不失为升官晋级的捷径，但如果像刘宗周这样过于耿直，就在官场上没有立锥之地了。他的屡次被起用，而紧接着被罢职正说明了这一点。

如果仅仅凭着一腔忠诚，不论事情成败，不考虑时机及可行性，硬要鸡

蛋碰石头，徒逞一时的意气，不仅于事无补，同时也是极不明智的。当然，刘宗周性格刚直，对黑暗的社会现实看不惯，胸中藏有太多的难抑不平之气，敢于指责上司，指责皇帝，抨击权臣，这种精神、气节是值得肯定与赞扬的，只是，如果他在进谏时能够讲究一些方式方法和场合，估计结果会好得多。

井卦第四十八 巽下坎上

——役物也应予以养护

井：改邑不改井，无丧无得。往来井井。汔至，亦未繘井，羸其瓶，凶。

彖曰：巽乎水而上水，井。井养而不穷也。改邑不改井，乃以刚中也。汔至亦未繘井，未有功也。羸其瓶，是以凶也。

象曰：木上有水，井。君子以劳民劝相。

下卦为巽上卦为坎，就是井卦。井水养育人是没有穷尽的。村庄迁走后井却不会移动。是因为九二九五阳刚居中。水干而无法汲水，汲水的水瓶也毁坏了，这是凶险之兆。汔：水没有了。繘：汲水的井绳。羸：毁。

井卦讲了人们对井的整治、使井水变清的过程。井是长久不变动的，人们天天使用井水，常年累月，已习惯于只使用不治理。在这样的习惯驱使下，人们注意的是井水的有用性，而忽略了井在使用中需要清理和整治。直到量变引起质变，井水不能食用了，人们才引起重视。然后有人来清理污泥，整修井壁，才使井水可以重新饮用。

本卦揭示了役物还需养护的道理。当然，这种道理所包含的对象也包括其他各种有形或无形的事物。

[爻辞新解]

初六：井泥不食。旧井无禽。

象曰：井泥不食，下也。旧井不禽，时舍也。

"禽"，通擒，即获得的意思。

"初六"是阴爻，居井卦的最下位，象征着井底的泥沙和水混杂着，不能食用。也是说水无法被提取出来使用，也就无水可获，是口被长期舍弃的废井。

这一爻是说，用水需要先掘井。

九二：井谷射鲋，瓮敝漏。

象曰：井谷射鲋，无与也。

"谷"是水的出口的意思。"射"，即注射，流。"鲋"，即鲋鱼，一说是虾蟆。

"九二"虽然阳刚，又居下卦中位，但与"九五"不相应，比喻井水不能上出。但"九二"与"初六"成比，意味着一点点残水顺着旁边流出，只能供养一些小鱼而已，"九二"就像一只破瓦盆一样，失去了作用。

"象传"说："无与也"，是说"九二"是上无爻相应援引。

这一爻是说，井不治理，则不得大用。

九三：井渫不食，为我心恻。可汲用，王明并受其福。

象曰：井渫不食，行恻也。求王明，受福也。

"渫"，是将水中的泥沙挖出，使井水清洁的意思。"恻"，即痛，惋惜的意思。

"象传"说："行恻也"，是说过路的行人，又饥又渴，又因设施不全无法汲取，感到阵阵惋惜。"求王明"，也是感慨，如果有明达的国王，井上井下一齐修理好，本地的人和过路的人，都可以享受饮水之福了。

这一爻是说"九三"的功能只发挥了一半，仍然未得大用。

六四：井甃，无咎。

象曰：井甃无咎，修井也。

"六四"阴爻阴位得正。经过"九三"掏去井中泥沙，使井水清洁之后，"六四"再努一把力继续用瓦砌井壁，修理整治。这样做，当然不会有过错。

这一爻是说修身修业，治理环境。

九五：井洌寒泉，食。

象曰：寒泉之食，中正也。

洌：水甘美澄洁。

"九五"刚直中正，又居尊位，论才能，论德行，都是至善至美的，就好像是甘美洁净的井泉大量涌出，能供人们饮用，所以"九五"也能造福人类。

"象传"说：他之所以如此，是因为他有中正的德行，因此可以广布恩惠。

这一爻是说，人应该不断陶冶高尚的情操，尤其是领导者更应具有美好的品德，如此才具有感召力，并能广施恩德。

上六：井收勿幕，有孚元吉。

象曰：元吉在上，大成也。

收：收起吊绳，汲取井水。幕，盖子。

"上六"是最上位，即是井的功用已大功告成。也就是可以用绳子吊桶汲水使用，井水取之不尽，用之不竭，井口不须用盖封闭，而可供人民普遍享用。也代表了在上位的人能普遍地为人民造福，然而却必须要有诚信，才是最完善的服务，也才能吉祥。

"象传"说："井"到这时已大功告成了，"九五"虽然高居尊位，有寒泉可供人民使用，但是要是掩盖井口，仍然发挥不了功效。现在却将盖子开启，使人们能普遍受惠享用，因此说大功已告成，而没有什么缺憾。

这一爻说的是，身为领导者，要广开言路，接纳忠言。

[井卦点悟] 保护环境，造福后代

古人使用井水，尚知道到了一定时期需清理污泥，修理井壁。井不加盖，尚且需要用人们的诚信来保证，才不至于乱投垃圾和污染物。本卦借用井、护井、养井来说明役物要歇、用土需养，以使人力物力循环交替、生生不息的道理。正如俗语所说，"用兵一时"的前提是"养兵千日"。世界上没有只干活不吃饭的"永动机"。因此，无论是用人还是役物，包括对于自己的才智体力，都不可竭泽而渔，图一时方便省事而不顾后果。

[井卦例解] 五粮液的可持续发展之路

古人用井的同时，懂得去护去养，这就顺应了事物不可"只取不予"的规律。其实人们无论做什么事业，都应当注意，不可让赖以为"命"的东西变成了无源之水。比如作为一个企业，应时刻关注自己的"水井"里是否还

有泉涌，并保持汲取"井水"的渠道畅通。"五粮液"以不断的创新为"涌泉"，所以他们一直能喝到甘甜清新的"井水"。

五粮液集团已取得十分辉煌的成绩，但公司决策层认识到，可持续发展是21世纪企业发展的根基。因此，必须把未来的路整治得通畅，而未来的着眼点正在今天。他们成功地研制出白酒厂废水、废渣处理新工艺、新技术，为白酒厂废水、废渣综合利用树立了一个标杆工程。在酒综合开发利用方面，引进管束干燥机和燃稻壳锅炉，对饲料厂进行技术改造，解决长期困扰五粮液的固体废弃物造成的环境污染问题。干燥后的酒糟燃烧生产蒸汽，进行热能利用，节约能源。以酒糟烧煤后产出的稻壳灰为原料，建设4000吨/年沉淀白炭黑工程。目前，酒糟干燥、燃烧稻壳锅炉工程已于1999年7月初试车成功。在此基础上，正在延伸扩大该工程，这样全年可节约煤炭8万吨，减少运输量13万吨。2000年，用稻壳灰为原料生产4000吨/年沉淀白炭黑工程正式投产。

集团酒厂每日排放一定量高浓度废水，COD含量高达几万甚至十几万。这样大量的废水排放，势必影响江河流域，给环境造成污染，也给酒厂带来大量的罚款和名誉损失。集团现有两个废水站，满负荷运转也只能处理20%左右的废水，而且是消耗性的。经过大量试验，科研人员摸索出一条可行的利用废水提取乳酸和乳酸钙的途径，既解决了大量的废水污染，又得到了产品，产生一定的经济效益。集团投资2000多万元兴建乳酸工程，投产后生产乳酸1500吨，乳酸钙300吨，产生较好的经济效益，同时可免除几百万的废水罚款，重要的是解决了废水对环境的污染。环保创新使五粮液集团进入可持续发展道路的新起点。

公司全面实施了以"320"、"RS"等工程为首的一系列配套的相关工程，全方位地实施可持续发展战略。一大批自行研究的科技成果相继投入生产，使集团公司走上了现代化企业的道路。企业仍持续不断地采用先进的生物技术、自动化技术、节约降耗技术、分析检测技术、治污与环保等技术不断开发新品牌，为五粮液集团永保领先插上腾飞的翅膀。

五粮液集团的做法，可以说深得"井"卦之道，抓住了企业长期发展之本，而没有像某些公司那样，只喝"水"不护"井"，杀鸡取卵，自掘坟墓。

革卦第四十九 ☱☲ 离下兑上

——变革要把握时机

革：巳日乃孚。元亨，利贞，悔亡。

彖曰：革，水火相息，二女同居，其志不相得曰革。巳日乃孚，革而信之。文明以说（悦），大亨以正。革而当，其悔乃亡。天地革而四时成，汤武革命，顺乎天而应乎人。革之时大矣哉。

象曰：泽中有火，革。君子以治历明时。

上卦"兑"是泽，下卦"离"是火，兽皮在水中浸、火上烤，制成皮革。又，下卦形似灶，上卦形似被烘烤的皮，其中两阳爻是坚实部分，一阴爻是要除去的毛及松软部分。经过加工，皮革面目一新，但实质未变。又，上卦"兑"是泽，有水，下卦"离"是火。水浇火，水盛则火灭；火烧水，火盛则水干。水、火不相容，相克相生，产生变革之象。又，上卦"兑"是少女，下卦"离"是中女，两女同住一起，彼此不能相让，便会发生激变。历：历法。

本卦指出，进行变革，必须最大限度地赢得人们的认可和信服，变革的前途才可能大为光明，大大吉祥。当变之时毅然行变，当革之际从容而革，这样做有利于变革者守持光明贞正的德性，在变革过程中出现的种种忧虑、不满和悔恨也会随之消亡。

[爻辞新解]

初九：巩用黄牛之革。

象曰：巩用黄牛，不可以有为也。

"初九"居革卦之初，如何变革形势还不明朗。论位，"初九"卑居于革卦之最下，不是居于可以变革的地位；论才，"初九"是阳刚之才但又处于离卦之中，躁动有余，而沉稳不足，没有适应变革的能力。仅这样，就决定了"初九"不可能有所作为，更不能轻举妄动。所以"初九"只好取用坚韧的

牛皮把自己紧紧地包束起来。黄为中色，比喻持中驯顺，牛革为坚韧之物，喻示着守常不变，这就暗示"初九"当革之初始，只应以持中驯顺之道巩固自守，还不应该有所作为。

这一爻是说，在变革之初，要小心行事。

六二，巳日乃革之，征吉，无咎。

象曰：巳日革之，行有嘉也。

"六二"阴柔得正，又居中位，柔顺而有中正之德，可以说已经具备了变革的主观条件。经过前面一段时间的发展，旧的东西非革不可，已经到了亟须转变的"巳日"，"六二"应该抓住这个时机，否则将遗恨终生。此外，"六二"还需要获得一定的外援。"六二"处下卦之中，居中得正，"九五"处上卦之中，也是居中得正，正好与"六二"形成正应关系，可给"六二"以有力的帮助。"六二"凭着这些优越的条件，实行变革，一定可以获得成功。

"象传"说："巳日革之，行有嘉也。"

这一爻是说，时机到了，要果断改革。

九三：征凶。贞厉。革言三就有孚。

象曰：革言三就，又何之矣。

"九三"以阳刚之才居阳位，并不居中得正，这样的过刚不中之才如果躁动而往，结果必然是极为危险的。所以爻辞极力告诫说"征凶"。

爻辞要求"九三""贞厉"，即坚守正道来防备危险。既然采取行动会有凶险，说明此时宜于审慎稳进，不宜贸然行动。

这一爻，启示我们，做任何事情，都要经过审慎考虑，三思而后行，否则一着不慎，全盘皆输。

九四：悔亡。有孚改命，吉。

象曰：改命之吉，信志也。

"九四"已进入上体，革道将成，变革的行为已经得到人民的理解与信任，不再有任何怨恨，变革后的美好蓝图也已经清晰可见，前景一片光明，所以爻辞说："悔亡，有孚改命，吉。"

"九四"以阳刚之质居阴柔之位，处位不当，应该有悔。但是"九四"

是刚阳君子，有"革"之才，而且又有柔相济，不偏不过，何况卦已过中，正当水火相灭相息的变革之时，"九四"具备了这样一些优越条件，革之必当，纵使人们有怨恨也当消失，所以说是"悔亡"。

可见，这一爻强调的是，变革要有必胜的信心。

九五：大人虎变，未占有孚。

象曰：大人虎变，其文炳也。

"变"指野兽夏季脱毛，色彩浅，到冬季，毛变厚，光泽美丽。"文"是斑纹、文彩。"炳"是光辉。

"九五"阳刚中正，在君位，是革卦的主体，当从事应革之前，必须自己先行改革，然后改革周围的人，最后推广于天下，改革才能成功。而且，改革并非修补装饰，而是彻底使其面目一新，就像老虎的斑纹，到了秋天，变得光泽鲜明。不过，改革虽然可以成功，但先决条件，应当在没有占卜吉凶之前，先得到群众的信赖与支持。

这一爻，说明变革必须彻底，而非修饰，并且再三强调，必须得到群众的信赖与支持。

上六：君子豹变，小人革面，征凶，居贞吉。

象曰：君子豹变，其文蔚也。小人革面，顺以从君也。

君子比大人低一级，豹也比虎的光彩次一等。"蔚"同郁，反省但不明显，比炳也稍差。

"上六"是革卦的极点，表示改革已经完成。在这时候，君子应当随着时代的演进，继续革新自己，庶民也应革除邪恶，善良温顺地追随领导，才能享受改革的成果。当改革完成之后，不可再采取积极行动，应当使群众有喘息休养的期间，以适应新的生活。所以说，前进有凶险，安静无所作为，才正当而且吉祥。

另一解释，说君子受到圣王的感召，由心中改变气质，像豹的斑纹变化，显示在外，但一般群众，不可能由心中改变，人性本来善良，只要表面改变，能够服从，就可以了。如果对群众过分要求，反而凶险，只要固守正道，就会吉祥。

实际上，"君子豹变"这句话，含有以上两重意义。

这一爻，说明变革成功以后，上下应当洗面革心，并且与民休息，以适

应新的生活。

[革卦点悟] 革旧布新的原则

本卦阐释了变革的原则。任何组织，都有一个盛极而衰的过程，当败象显露或面对压力时，即须采取变革的行动，以适应时势的需要。变革是一件牵动全局的大事。应审时度势，积聚力量，抓住时机，果断行动。能否取得变革的成功，不仅变革者要具有不畏怯、不妄动的性格，而且要赢得广大民众的信赖。变革决非修饰，必须彻底。

[革卦例解] 商鞅变法

旧事物限制了自身的发展，就要采取变革来适应新的客观形势，以使自身能够不断地向前发展。历史上著名的商鞅变法，革旧除新而使秦国强大的事例，充分地证明了这一点。

战国时期维持257年，初期列强大约保持均势，一直到117年之后，即秦孝公即位时，秦国才开始打破均势，有了独强的姿态。而秦孝公成就霸业，则与商鞅密切相关。

孝公任命商鞅为左庶长，并决定变法。接下来商鞅出台了他酝酿改革的新政策。

新法规定：民众五家为保，十保相连，彼此连坐，一家犯罪，连保的各家同受其罪。不告密的要受腰斩，告密者与战场杀敌斩首者功劳一样，掩护犯罪者与投降敌军者处罚一样。

一家有两个壮丁而不分家，加倍课税。有军功的人，各依功受赏。民间私斗，各依情节轻重受刑。努力从事本业，不论耕种、纺织，能超额生产的人，可以免除徭役。从事小利的工商匠人，及因急惰而贫穷者，全部充当公家的奴仆。王室宗亲如果没有军功，不得列入簿籍、享受特权。列明地位之尊卑，及爵位、俸禄之等级，循序分配田产，仆妾、衣服也依等级各有定制。对国家有贡献的人可以获得褒扬，没有贡献的人，即使富有也无法荣耀。

法令订好之后，尚未公布。商鞅担心老百姓不按新法做。为取信于民，就在国都咸阳的南门外，立起一根三丈高的木柱子，命官吏看守，并且下令：谁将此木搬到北门，赏黄金10镒（古20两为一镒，一说24两为一镒）。当时围观的人很多，但大家一是不明白此举的意图，二是不相信有这等好事，所以没人敢动。

商鞅闻报，心想：百姓没有肯搬立木的，可能是嫌赏钱太少吧！于是他又下令，把赏钱增加到 50 镒。重赏之下必有勇夫，没出两天，就有一个壮汉，把那木柱扛到了北门。

商鞅立刻召见了搬木柱的人，对他说："你能听从我的命令，是个好百姓。"立刻赏他 50 镒黄金。

这个消息不胫而走，举国轰动，大家都说商鞅有令必行，有赏必信。

第二天，商鞅即公布变法令，虽然新法遭到一些贵族特权阶层的反对，但新法在秦国终于得到顺利实行。

变法令颁布刚一年，太子就触犯了法律。商鞅说："新法不能顺利施行，就在于上层人带头违纪。"但当时规定太子是国君的继承人，不能施以刑罚，于是商鞅就把他的老师公子虔处刑，将另一个老师公孙贾刺字，以示惩戒。

第二天起，秦国上下都开始恪遵新法，十年之后，法令发挥效用，人民安乐，路不拾遗，治安良好，家给户足。人民勇于作战，不敢私斗，各地都繁荣而安定。国力的增强为以后秦统一中国打下了坚实的基础。

商鞅的变法，以长远的历史眼光来看，确实是适应了客观规律的发展。但变革所遭受的阻力，也从反面证明了必须抓住时机强力推进的必要性。变革是必要的，而采取得当的策略和手段，更是必要的。否则，就有可能难以施行，甚至起到相反的作用，导致混乱。

鼎卦第五十 ䷱ 巽下离上

——养贤用能革故鼎新

鼎：元吉，亨。

象曰：鼎象也以木巽火，亨饪也。圣人亨，以享上帝，而大亨以养圣贤。巽而耳目聪明，柔进而上行，得中而应乎刚，是以元亨。

象曰：木上有火，鼎。君子以正位凝命。

此卦的形状像鼎，所以叫做"鼎"卦。"巽"下"离"上，"巽"为木，"离"为火，将木材放入火内烹煮东西，这就是鼎。圣君用鼎烹饪，用来祭祀上帝，又大量地烹煮食物以供养贤人、圣人。再者，巽卦顺从，离卦光明，耳聪目明而又顺从，这是圣王供养圣人所得到的奖赏，"六五"柔顺而居君位，有阳刚的"九二"与之相应，表示"六五"能虚心地接纳供养圣人、贤人，所以大为亨通。凝：凝重。亨，通烹。

与"革"卦的革旧不同，"鼎"卦侧重于变陈出新。古代任一新朝创立，首先铸鼎，书以律令，由此宣告新时代的开始。

[爻辞新解]

初六：鼎颠趾，利出否。得妾以其子，无咎。

象曰：鼎颠趾，未悖也。利出否，以从贵也。

"颠"，即倒。"否"，不善之物。

"初六"阴爻，处在鼎卦的最下位，象征着鼎的足趾，与"九四"相应，相应就要往上行，以致把鼎翻了过来，使鼎足朝上，这当然是坏的现象，但"初六"这样做，是为了把鼎中的不洁之物倒出去，以便更好地使用，坏现象变成了好事，当然更有利了。

"象传"说："初六"把鼎翻转过来，排除污物，去旧布新，追随贵人。"九四"，并不违背常理。

这一爻说明只有去除旧的恶的东西，才能有新的好的东西到来。

九二：鼎有实，我仇有疾，不我能即，吉。

象曰：鼎有实，慎所之也。我仇有疾，终无尤也。

"九二"阳爻，居上卦的中位，在下与"初六"成比，在上与"九五"相应。"九二"之鼎，已经是鼎腹，鼎中已经装满食物，象征着"九二"本身就有充实的才华，因此，只有上应"九五"，才意味着养有所用。

这一爻说明在鼎新之时，要尽量发挥真才实学，不要受到干扰。

九三：鼎耳革，其行塞，雉膏不食，方雨，亏，悔，终吉。

象曰：鼎耳革，失其义也。

"雉",即山鸡,古时有用腊山鸡,作为陪鼎,也就是副菜的礼节。

"九三"阳爻,也是鼎的腹部,鼎中充满食物,象征有充实的才干,但"九三"以阳爻居下卦的上位,虽然急于发挥才干,但与"上九"阳爻并不相应,"上九"如同鼎盖,盖在鼎口上,鼎内肥美的鸡肉和鸡汤,就是无法取出来食用。原因是"九三"与象征鼎耳的柔顺中正的"六五"并不相应,无异于错把"上九"当成了鼎耳,意味着搞错了投靠的对象,因此,上行一时受到阻碍,有才也无法发挥作用,只有坚守正道等到与"六五"阴爻相应,才能弥补一时不得其用的遗憾,并最终获得吉祥。

"象传"说:"失其义也",就是指"九三"与"九五"并不相应,从而失去了正常的发挥才能的机会。

这一爻是说,一时怀才不遇,需要坚守正道,以备日后终有出头之日。

九四:鼎折足,覆公𫗦,其形渥,凶。

象曰:覆公𫗦,信如何也。

"𫗦",鼎中的食物。"形渥",即刑渥,即重罚。

"九四"阳爻与下卦的"初六"相应,处于鼎腹的最上口,好比是一锅美味佳肴;同时又是接近君位的大臣。"九四"身担重任,贪图与"初六"的一己私交,把重任交给"初六",就像把好端端的一大锅美味佳肴,统统倾泻在地,以致受到重刑,前程也十分凶险。

"象传"说:"信如何也",就是说,像"九四"这样不负责任的人,怎么还能得到信任呢。"系辞传"在解释这一爻的时候也说:"德薄而位尊,知小而谋大,力小而任重,鲜不及矣。"

这一爻是说,身居高位,有才无德,玩乎职守,因私废公。

六五:鼎黄耳金铉,利贞。

象曰:鼎黄耳,中以为实也。

铉:鼎耳上面的吊环,可用来提起鼎的。

"六五"得中又居君位,又有刚直中正的"九二"来相应援,就如同有了黄金的双耳及坚固的吊环一样的鼎。象征着君主虚心地接纳圣贤,用圣贤来为天下人造福,此时只要依正道前进,自然会大吉大利。

"象传"说:"鼎黄耳",是由于"六五"虚心又行中庸之道,所以能够

得到刚直的人，以充实自己。

这一爻强调圣君必须要有贤臣，才能成就大功业。

上九：鼎玉铉，大吉，无不利。

象曰：玉铉在上，刚柔节也。

"上九"在最上面，是相当于鼎耳的吊环，因"上六"以阳刚而居阴位，就像玉的本质一样，坚硬而又色泽温润，因此"上九"坚强中又带有柔顺，所以大吉而无所不利。

"象传"说：这是因为刚柔配合得当，才能大吉而无所不利。

这一爻强调，刚中带柔、柔中带刚的重要。

[鼎卦点悟] 知贤用能除旧布新

本卦借烹物化生为熟，比喻事物调剂成新之理，其中侧重体现"经济天下"、"自新新人"、"革故鼎新"的意义。同时本卦六爻的正反面喻象集中揭示了本卦的中心思想：鼎器功用之所以能成，事物新制之所以成立，必须依赖贤能。起用贤能，方能除旧布新。而升擢人才，必须知人善任，给他内在的动力。

[鼎卦例解] 广纳贤才，革故鼎新

巩固新政权，莫过于养贤，也就是储备人才。养贤用贤，则意味着对陈旧腐败的消除，选拔人才，必须量才，做到知人善任。倘若任人惟亲，用人不当，必然招致祸患。明君贤士，相辅相成，才能相得益彰。贤能志士，宜如温玉一般，刚柔相济，才会无往而不利。

清朝定鼎北京后，在短短的十七八年里，基本上在全国范围稳固了清朝的统治，其中的一个重要原因是因为吸收了大批明朝官员加入到清统治者的队伍中。

为拉拢明朝旧官，多尔衮和顺治帝在任用汉人方面采用了"邪正兼收"的方式，不管是东林党还是宦党，只要能为我所用，就过往不咎。

顺治十年（1653年），顺治帝说："国家用人，着眼于叫他立功，而不是叫他再犯错误……冯铨，原阉党骨干，本来没有什么明显的错误，且博通典故，熟悉政事，因此特地召用，以使他自新。"任命他做了弘文馆的大学士，

第三年加了"议和师"衔。冯铨受此礼遇，干得也更加卖力，为清初统治者出了不少主意。顺治十六年，以太保、中和殿大学士衔退休养老。

顺治十年，顺治帝叫洪承畴经略江南时，明确指示"抚、镇以下听其节制，兵马钱粮听其调拨"，"吏、兵二部不得掣肘"，没因洪承畴是个汉族降将，就与满族将领有区别。因此，洪承畴随军南下，攻城劝降，含辛受骂，在所不辞。洪承畴派人迎母于闽，母至，见承畴而大怒，操杖击之，说，"迎我来，将使我为旗下老婢么？我打死你，为天下除一害！"承畴仍不为母言所动，继续为清廷效力。最后干到双眼几乎失明，也毫无怨言。

多尔衮和顺治皇帝采取广用汉臣的手段，解决了清廷所需大部分官员的来源问题，靠不咎既往的策略稳住了这些人的心，从而使满族统治者在较短时间里逐渐在全国站稳了脚跟，使社会局面很快出现了一派全新景象。这不能不说是"鼎"卦在清朝统治者手中的具体运用所起到的良好效果。

震卦第五十一䷲震下震上

——处变不惊则无险

震：亨。震来虩虩，笑声哑哑，震惊百里，不丧匕鬯。

彖曰：震，亨。震来虩虩，恐致福也。笑言哑哑，后有则也。震惊百里，惊远而惧迩也。不丧匕鬯，出可以守宗庙社稷，以为祭主也。

象曰：洊雷，震。君子以恐惧修省。

此卦是由两个震卦重叠而组成，震为动为戒惧，又为雷，象征长子。从卦象看，坤卦初六变初九，最下方发生了阳，使大地震动，也有阴阳交合，发生雷电之义。虩虩：恐惧。匕：匙。鬯：酒具。

震卦说，震动来时，令人恐惧，恐惧而能使人警惕，人应有警惕而不惊变。警觉者可以担当保卫国家的重任。

[爻辞新解]

初九：震来虩虩，后笑言哑哑，吉。

象曰：震来虩虩，恐致福也。笑言哑哑，后有则也。

这段爻辞与卦辞基本相同，并不是无谓的重复。卦辞说的是两种人：一种是平日松懈自己，没有恐惧的人，当震雷炸响时却恐惧不已，无所适从；一种是平日不敢自宁，谨慎戒惧的人，当震雷炸响时反倒镇定若素，谈笑风生。而初九的爻辞，说的是第一种人，是希望这种人由于对震雷的恐惧而能修己省过，从此不敢自宁，谨慎戒惧，做到这一点就能如同第二种人，当危难到来之时能够镇定若素，谈笑风生，获得吉祥。

这一爻强调，平日戒慎自惧，做事不掉以轻心，当危难来临之时，则能镇定自若，这种涵养应该初时就有。

六二：震来厉，亿丧贝，跻于九陵，勿逐，七日得。

象曰：震来厉，乘刚也。

"六二"以阴居阴，居中得正，本应该大吉大利，但"初九"是刚阳卦主，"六二"乘其上，这意味着"六二"以臣下凌乘君主，以下级凌乘上级，故前途危险。只是"六二"能够充分认识到自己的问题，所以心中具有一种恐惧感。爻辞说"震来厉"，这个"厉"不是外在的危险，而是指内心认识到有危险而产生的恐惧。好在"六二"有中德，能够恰当地处理好所面临的问题。

这一爻是说，以退为进会失而复得。

六三：震苏苏，震行无眚。

象曰：震苏苏，位不当也。

"六三"以阴柔之质居于阳刚之位，不中不正，想到自己居位不当，故而整日忧惧不安。

"象传"说："震苏苏，位不当也。"不过只要能怀着惊惧之心谨慎前行，终日修身省己，最终还是能够免除灾患。

这一爻是说，谨慎前进，可以避免灾祸。

九四：震遂泥。

象曰：震遂泥，未光也。

"遂"是坠、止的意思。"九四"虽然阳刚，但不中不正，上下又被两个阴爻挟持；因而力量衰弱，不够强大，就像被雷震惊坠落在泥淖中，不能动转。

这一爻，说明必须发挥刚毅的力量，才能经得起震撼。

六五：震往来，历。亿无丧有事。

象曰：震往来历，危行也。其事在中，大无丧也。

"六五"阴爻阳位不正，当天谴发生地震时，想往上走，却是震惊极点的"上"位；要往下行，又是震惊主体的刚爻；都有危险。不过，"六五"在上卦得中，虽然遭遇重大事故，但不会有大的损失。"亿"在此处当大解释。

这一爻，说明当震惊发生时，坚持中庸原则，不偏不激，可使损害减少到最低程度。

上六：震索索，视矍矍，征凶。震不于其躬于其邻，无咎。婚媾有言。

象曰：震索索，未得中也，虽凶无咎，畏邻戒也。

"索索"是沮丧。"矍矍"是视线不安定。"言"是斥责的话。"上六"阴柔，不中不正，又在震惊的极点，以致惊恐沮丧，目光闪烁，心神不定。在这种状态下，任何行动，必然危险。不过，在危险还没有到达自己身上以前，知道戒慎恐惧，就能够避免。然而，"上六"在最上位，身为领袖，邻居遭受灾难，而自己却得以避祸，难免就要听到亲戚们的怨言了。

这一爻，说明他处遭受震惊，自己知道警觉，就可以防患于未然。

[震卦点悟] 应对"震荡"之道

本卦的中心思想，在于阐释震惊的应对之道。在发展进步的过程中，难免发生意外的重大事故，惟有汲取教训，凡事戒慎恐惧，才能有法则可循，发挥刚毅的力量，镇定而从容地对付，不致惊慌失措。即或遭受灾难，也可将损失减至最小。平时谨慎，经常反省检讨，保持高度警觉，即可防患于未然。

[震卦例解] 刘邦处险不惊终脱险

遇险不惊，镇定沉着，乃化险为夷之良策。倘使惊慌失色，处置不当，

就会坏了大事。警惕而不经变故，会让人在巨变发生的时候，能够从容应对，最终安然无恙。刘邦在鸿门宴脱险的事例，可作为此解。

刘邦率大军进入咸阳后，项羽麾兵四十万，进驻鸿门（今陕西临潼东北）。

这时，刘邦身边出了一个叛徒，名叫曹无伤，当时官居左司马。他见项羽势力大，料想刘邦不是项羽的对手，遂背叛刘邦，派人密报项羽："刘邦想在关中称王，让子婴做丞相，把咸阳城中的珍宝全部占为己有。"项羽被激怒了，传令三军，厉兵秣马，第二天出兵，去消灭刘邦。项羽的叔叔项伯与张良有生死之交，连夜给张良通风报信，劝他速速逃命，免得与刘邦同归于尽。张良便将此事报告了刘邦。刘邦大惊失色，恳请项伯从中斡旋。他恭敬地尊项伯为兄长，献上一杯美酒为他祝寿，并决定把女儿许配给项伯的儿子。

刘邦此举，收益匪浅。项伯慨然答应在项羽那里为刘邦解释、疏通，并出计要刘邦第二天一早亲自去拜会项羽，说明原委，以消除误会。接着，他又连夜返回鸿门，劝说侄儿项羽，替刘邦开脱。项羽怒气消了大半。

第二天一早，刘邦带着张良、樊哙，在百名骑兵的扈从下，来到鸿门。一见项羽，刘邦连忙解释，言语诚恳。项羽见状，不但怒火全消，且觉得自己委实对不住刘邦，说："这都是你的左司马曹无伤挑唆的。否则，我怎会如此！"遂命人摆下酒宴，款待刘邦。

项伯、项羽坐在西边上席，刘邦坐在南边的宾席上，项羽谋士范增坐在刘邦的对面相陪，张良坐在东面下席。觥筹交错，然心事各异。

范增老谋深算，觉得刘邦终必成为祸根，又是使眼色，又是举胸前所佩的玉玦，示意项羽下决心干掉刘邦。但项羽只是默默地饮酒，不动声色。范增十分着急，借故离开宴席，找来项羽的从弟项庄，要他以舞剑助兴为名，寻机刺杀刘邦。项伯看出项庄舞剑，意在刘邦，立即拔剑与之对舞，用身体掩护刘邦，使项庄无从下手。

张良急忙出帐召见樊哙，说："现在情况太危险了！项庄舞剑，其意在沛公。"樊哙即带剑拥盾冲入营帐，怒视项羽。项羽一惊，按剑问道："来者何人？"张良回答："沛公的参乘樊哙。"项羽称赞说："好一个壮士！赶快赐酒！"侍者斟给他一大杯酒，樊哙拜谢后，立饮而尽。项羽又说："赐他一个蹄髈。"侍者给了樊哙一个生蹄髈，樊哙把盾放在地上，然后把蹄髈放在盾上，用剑切了就吃。项羽更加赞叹，问他还能不能喝酒。樊哙说："我死都不怕，还怕喝酒吗？"接着就责备项羽说："秦王有虎狼之心，杀人惟恐太少，刑人惟恐不多，所以天下都反叛他。怀王和诸将约定：'先破秦入咸阳者王之。'沛公先杀入咸阳，什么都不敢动，封闭宫室，还军灞上，以待大王到来，劳苦功高如此，你没有封侯之赏，却听信谗言，要诛杀有功之人。这是亡秦的继续，实在太不应该了！"直说得项羽无话可讲，只好让樊哙坐下，樊哙即坐在张良旁边。过了一会，刘邦起来去厕所，叫着樊哙一起出帐。刘邦打算不辞而别，对樊哙说："我准备回去，但没有向项王告别，怎么办呢？"樊哙说："现在的情况人家好比是刀和案板，我们是要被宰割的鱼肉，还告什么辞呢？"张良这时也出来了，他问刘邦带来了什么礼物，刘邦说："我带了一对玉璧，准备献给项王，一对玉斗，准备送给亚父（范增），刚才他们生气，没敢拿出来，你就代我献给他们吧。"然后他跨上骏马，悄悄离去，樊哙、夏侯婴、靳强、纪信持剑步行扈从，从骊山小道逃回灞上。鸿门距灞上走大路是四十里，小路只有二十里。张良估计他们已经回到灞上，才入帐向项羽告辞。

刘邦之所以能够从鸿门宴上安然脱险，虽然得力于项伯、张良等人的相助，但关键还在于他自身的镇定。这种从容不仅消除了项羽的疑忌，也为自己的随机应变提供了必需的保证。

艮卦第五十二 ䷳ 艮下艮上

——行止有格心无扰

艮：艮其背，不获其身，行其庭，不见其人，无咎。

彖曰：艮，止也。时止则止，时行则行；动静不失其时，其道光明。艮其止，止其所也。上下敌应，不相与也。是以不获其身，行其庭，不见其人，无咎也。

象曰：兼山，艮；君子以思不出其位。

此卦是由两个艮卦重叠而组成，艮卦是山是止。艮卦与震卦卦形相反，互为综卦。艮卦而止，而震卦为动。艮卦是一阳爻在两阴爻上方，在极位，所以为上。震坎巽离兑诸卦都是具备元亨利贞四德，惟独艮卦例外，只说无咎。

形体保持稳定状态的关键在于背部，行动保持稳定状态的关键在于内心。内心宁静，不受外界环境所影响，就不会妄动。此卦寓有道家（老庄）心静的思想，其中"行其庭，不见其人"的喻言，对于庄子追求物我两忘境界具有直接的影响和作用。

[爻辞新解]

初六：艮其趾，无咎。利永贞。

象曰：艮其趾，未失正也。

"初六"在艮卦的最下位，以人身而言，相当于脚趾，人要行动，必须脚趾最先动，"初六"阴爻居阳位，不正，意味着难以保持不动，但"初六"虽不当位，停止了可能的行动，没有失去静止的正道，只要永久坚持固守，就会有利。

这一爻是说止于未动之前，不是动了再止，才不失正道。

六二：艮其腓，不拯其随，其心不快。

象曰：不拯其随，未退听也。

"腓"，即腿肚子。"六二"柔顺中正，本来并不想动，但在"六二"之上的刚爻"九三"，过于阳刚偏激，执意要动，"六二"不仅看到了"九三"的过错，还想制止"九三"的行动，以自身的静止予以补救，但腿肚子要服从胯股，难以制止"九三"的行动，心中很不痛快。

"象传"说："不拯其随，未退听也"，是说"六二"虽然无力拯救"九三"的错误，但最终并没有随着"九三"而动。

这一爻是说，止其所当止，会平安无事。

九三：艮其限，列其夤，厉，薰心。

象曰：艮其限，危薰心也。

"限"，即界限。"列"，通裂。"夤"，即脊梁骨。

"九三"阴爻阳位过刚，执意要前进，心里急得如同烟熏，火烧火燎的，但"六二"在下牵制，不听命于"九三"，使他无法行动；在上又不甘心居于两上阴爻之下，既静不下来，又动不了，像脊梁骨被撕裂了一样，自身受损，又闹得上下不和，怀着这样的心思，是十分危险的。

这一爻是说当止不止，不该动，想动也无法动。

六四：艮其身，无咎。

象曰：艮其身，止诸躬也。

"六四"相当于腰以上的身体部位。又以阴爻居阴位，是该止则止，在视听言动方面都能恰如其分的非礼勿行，所以能够自制而不妄动，也就没有灾难。

这一爻教人自我克制，凡事都要有分寸。

六五：艮其辅，言有序，悔亡。

象曰：艮其辅，以中正也。

辅：面颊，颧骨以下的部分。是说话用的器官。

"六五"以阴爻居阳位，应该会后悔，但却居于中位，知道祸从口出，与其言之不善不如不说，因此停止颊辅而不说话，即使要说话，也经过仔细考虑之后才出口，这样一来说起话来就有条有理，层次分明，当然就可使悔恨消除。

"象传"说：这是因为"六五"坚守中止之道的缘故。

这一爻强调谨言的重要。

上六：敦艮，吉。

象曰：敦艮之吉，以厚终也。

敦：是勤勉厚实的意思。

"上九"阳刚，是此卦的最后一爻，到了终点，应更加的勤勉敦厚。做任何事都该有始有终，到了最后的关头也应该如山一样的静穆深沉，更加勤奋敦厚，才算吉祥，而能止于至善。

"象传"说：所以会吉祥是因为能够勤勉厚实地继续到最后。

这一爻在强调，胜利是属于坚持到最后的人的。

[艮卦点悟] 当止则止内心无扰

本卦以山为象，说的是止的道理。反映的是这一相对静止时期人们的处世态度、行事方法。

卦辞中有"不见其人"，亦即视而不见之辞。形体保持稳定状态的关键在于背部，行动保持稳定状态的关键在于内心。所以当止则止，则会内心宁静，就不受外界环境所影响。

[艮卦例解] 内心宁静才可专注

艮卦所讲的范围是比较广的，但其所揭示的基本道理则是对事物时势当止则止的认识，从而使人的内心达到一种清静无扰、专注行事的境界。而这对于人生的"行"或"止"的状态影响而言，是很重要的。

一天，当时还叫玛利亚的居里夫人正坐在桌前看书，房间的东窗下，有另外两个女孩，一个是玛利亚的姐姐，一个是来作客的表姐，她们正亲热地谈话。

她们正谈着，表姐突然发觉在这儿谈话不妥当，忙说："玛利亚在看书，别打扰她，咱们到别的房间去谈吧。"说完，站起身要走。

玛利亚的姐姐坐着不动，伸手将表姐拉回座位坐下，满不在乎地对她说："没关系！玛利亚看书专心，不怕干扰。"

"真的？"表姐感到惊异，但很快又摇摇头说："没有的事！看书总需要安静的环境，嘈杂吵闹怎么看得下去呢？"

玛利亚的姐姐说："玛利亚看书的确专心致志。不信，你试试！"

表姐一听，产生了好奇心，当真要试一试。她稍微想了一下，有了主意，就对玛利亚的姐姐说：

"来，我们跳舞！"玛利亚的姐姐心领神会，与表姐跳起舞来。她俩故意踏得地板"通通"响，还偷眼观察玛利亚。

玛利亚一点反应也没有，照样在看书。

跳舞的办法不见效，表姐的脑子一转，有一个新点子。只见她将手伸到玛利亚姐姐的腋下，搔起痒痒来了。

顿时，玛利亚的姐姐被搔得"格格格"地笑了起来。

表姐仍不松手，继续搔。

玛利亚的姐姐挣脱身，逃进房间里。

表姐追进来，一把抱住了玛利亚的姐姐，两人滚在一起，"格格格"地大笑着。

玛利亚仍在看书。

房间里闹成这样，玛利亚并不是没有感觉到，但是，她不去理会——你闹你的，我看我的书。

表姐不甘心，又想出了第三个花样：悄悄搬来一些椅子，在玛利亚的身后搭起了椅子罗汉。表姐暗想：如果玛利亚不是真正用心读书的话，那么，现在房间里突然安静下来，玛利亚必然要回头察看是怎么回事。只要她扭头往后看，身体稍微那么一挪动，就会碰倒椅子。

可是，等候了好久，玛利亚没有回头。

表姐彻底地信服了。

可见，止与行相统一的操作之道，是以"艮其背"的凝神专注心态为前提的。"艮其背"即静止如背，这不是平常意义上的静止，而是一种静止至极的状态，它是一种能量的积蓄，一种心态的调整，一种意志的锤炼。从这种意义上说，这种止恰恰是为了进。当你在爬山时面对着峻岭险峰时，你除了专心致志、全神贯注于攀登的每一步外，还会想到什么呢？那时，你的心之所归，在于每一块能用于置脚的岩石的牢靠和稳固，你的止在于保证你向前的每一步都不踩空。如果移心别物、稍有杂念，或动作不慎，危险也将随之而来。

人生犹如爬山。青年毛泽东在求学时，为了培养自己的专注精神，特地选择了车水马龙的长沙城门口热闹处读书，在"人闹吾独静"的氛围中领悟自我，追求真理，培养自己对成就事业的执著精神。在纷杂喧闹的社会中，一个人要做好某件事，做成某件事，没有爬山那样专心致志的心态，没有持久不变的追求，没有专一执著的精神，是不可能实现的。

渐卦第五十三 ䷴ 艮下巽上

——循序才能渐进

渐：女归吉。利贞。

彖曰：渐之进也，女归吉也，进得位，往有功也。进以正，可以正邦也。其位刚得中也。止而巽，动不穷也。

象曰：山上有木，渐。君子以居贤德善俗。

下卦"艮"是山，上卦"巽"是木，山木为"止"义，但是山上有木，木渐渐成长，于是山也随着渐渐增高，所以卦名取"渐"。

进取，不应急功近利，而要循序渐进。这就如同女子出嫁一般，按照婚嫁规矩，一步一步地来，才是吉利的。循序渐进，还应坚守正道，才会有利于进取、发展。

我国古代，从订婚到结婚有六个程序，即：纳采、问名、纳吉、纳征、请期、亲迎。据说此"六礼"自西周始。西伯作六十四卦卦辞时，是在商代的末年，可能在那时还没有明确的"六礼"程序。但那时肯定已有了一定的程序，西周的婚礼"六礼"很可能是在商代婚仪的基础上发展起来的。由此，西伯才会在渐卦卦辞中以女子出嫁来喻进取的循序渐进。

[爻辞新解]

初六：鸿渐于干。小子厉，有言无咎。

象曰：小子之厉，义无咎也。

鸿：大雁，是一种水鸟。干：水边、岸边。小子：老师称弟子也叫小子，在此当青年人讲。

"象传"说：年青人踏入社会，对于世事都不了解，恐怕会惹祸上身，也就很危险。但是只要踏实地，按部就班地来，不暴躁，循序渐进，照道理说应当是不会有灾祸的。

这一爻是说，凡事得一步一步来，不可太勉强，否则反而招惹是非。

六二：鸿渐于磐，饮食衎衎，吉。

象曰：饮食衎衎，不素饱也。

"磐"是大石。"衎"是和乐壮。"素饱"与素餐同，不劳而食的意思。

"初六"是在水边徘徊的鸿雁，"六二"已渐进到磐石，坚固平坦，是落脚最安稳的场所。"六二"柔顺中正，与上方的"九五"相应，所以说是磐石，可以在上面和乐的饮食。"二"是臣位，"五"是君位，又有"九五"赐给俸禄，使"六二"和乐饮食。但"六二"并不是尸位素餐，具备中正的德性，能够辅佐君王，地位安定，所以吉祥。

这一爻，说明渐进应稳当踏实。

九三：鸿渐于陆。夫征不复，妇孕不育，凶。利御寇。

象曰：夫征不复，离群丑也。妇孕不育，失其道也。利用御寇。顺相保也。

"九三"在下卦的最上方，鸿雁已渐渐地走上陆地。"九三"与"上九"，同是阳爻，不相应，只好与情意不合的"六四"阴爻相亲。丈夫指"九三"，因为情意不合，一去不回；妇指"六四"，也因为不正常的婚姻，怀孕生下的婴儿，不能养育，所以凶险。不过，"九三"刚爻刚位，极为坚强，因而，防御外敌有利。

"象传"说：丈夫一去不回。因为"九三"与"六四"相亲，离开下卦"初六"、"六二"的同群伙伴。"丑"是类的意思。妻子怀孕，生子不能养育，是违背了夫妇的正道。有利于防御外寇，是由于上下团结，可以自保。

这一爻，说明渐进不可刚强过度，以致离群，刚强只适于防御外敌。

六四：鸿渐于木，或得其桷，无咎。

象曰：或得其桷，顺以巽也。

"六四"以阴居阴，处得其位，但是没有援应，而又凌乘"九三"之刚，居于不可居之处，故爻辞以大雁栖居高木之上为喻，说明他身处危境。不过，"六四"居位柔正，又上承"九五"之阳，有柔顺之德而又能渐进不躁，谦逊待人，故虽处险恶之境，也可转危为安，宛如大雁栖于高木，如果能够获得一根横平之柯，自然也就居位稳当，平安无事了。

这一爻是说，谦逊待人，渐进不躁，可转危为安。

九五：鸿渐于陵，妇三岁不孕，终莫之胜，吉。

象曰：终莫之胜吉，得所愿也。

"九五"取象于"鸿渐于陵"，陵是高岗，这是大雁所能栖息的最高处了。所以这也是渐进的最高境界。"九五"以阳居阳，而且居中得正，有中正之德，这也是渐进所要具备的最好条件。当然任何渐进都需要一个过程，处渐之时，好事坏事都不可能立见分晓。

这一爻是说，处渐之时，一定要树立必胜的信心，修养中正之德，最终会得到吉祥。

上九：鸿渐于阿，其羽可用为仪，吉。

象曰：其羽可用为仪吉，不可乱也。

《说文》："阿，大陵也。"其羽可用为仪，它的羽毛可作文舞的道具。

渐进的过程，到此已是登峰造极，"上九"身处巽卦之上，为人谦卑，而况以阳居阴，失其正位，使得"上九"更不愿高高在上，而欲超然于进退之外，所以爻辞才说"鸿渐于阿"。

爻辞"其羽可用为仪"，就是揭示"上九"这种精神境界的。羽是德行的比喻说法，仪指的是风范。"上九"这种居功不傲的高超美德，这种不为地位所累的高尚节操，足可作世人的表率与楷模，值得后人敬仰与学习。

"象传"说："志不可乱也"，正是赞扬"上九"头脑清醒、心境高洁、不贪恋禄位的志向。

这一爻是说，具有高尚节操的人，其精神是伟大的，是值得人们崇敬与学习的。

[渐卦点悟] 脚踏实地，循序渐进

渐卦阐释由停顿的状态，迈步向前时，应采取渐进的原则。前进才能建功，前进当然要刚毅，但也要把握中庸原则，不可以勉强，不可以冒进，应当稳当，依据状况，把握时机，脚踏实地，一步步地循序向前迈进，动静顺乎自然，才能安全，行动不会穷困。如果刚强过度，不停的冒进，就有危险。当然，在渐进中，会有阻碍，但邪不胜正，必须以正当的方式突破。超脱于世俗之外，不为名利所累，则可进退由心，可以说是进的极致。

[渐卦例解] 成功是一步一步得来的

循序渐进是事物发展的一个普遍规律。力量薄弱不要紧，只要循序而进，就可以避免失误。循序渐进应该建立在自力更生的基础之上，但是并不排斥正当的外力援助。当力量尚嫌不足时，应尽快寻找一个比较平安的环境，渐渐壮大自己，再徐图进取；所处环境不安稳时，要善于应变，运用柔顺的方法争取强者的援助。渐进的道路也有曲折，也有种种阻碍，应该认识到这种复杂性。尽管道路曲折，前途却是光明的。

事物慢慢地在发展，事业也逐渐地步向成功，一代天骄成吉思汗就是从草原一步步进入中原，得到天下的。

1162年，在蒙古斡难河畔的帖里温孛勒塔黑地方，有个男婴呱呱落地。他右手握着血块，"眼神如火，容颜生光"。按当时的蒙古谚语，这是吉祥的象征。那天，婴儿的父亲——蒙古乞颜部的酋长也速该，带领部众袭击塔塔儿人，取得了胜利，抓到了两个战俘。其中有个战俘名叫铁木真，为了纪念这次胜利，也速该把刚刚生下的儿子取名为铁木真。

铁木真9岁那年，他的父亲带着他到弘吉剌部首领特薛禅家定婚。在回家的路上，也速该被塔塔儿人认出并用毒酒害死。乞颜氏族失去首领，势力中衰，铁木真的家族一时陷入困境。他母亲带着几个孩子，以及少数忠实的部众，"拾着果子，掘着草根"，艰难度日。

青少年时代的铁木真，历尽艰辛。有一次，为了躲避泰赤乌部的侵扰，逃进了山林。后来忍不住饥饿，下山寻找食物，不幸被俘。他被套上木枷，到处示众。铁木真利用泰赤乌人举行宴会疏于防备的机会打倒看守人，几经周折，逃回家中。在磨难中，铁木真得到锻炼，养成了机敏慎重、坚韧不拔、百折不挠的性格。

在克烈部的支持与协助下，铁木真打败了蔑儿乞部，俘获了大量的蔑儿乞部人作奴隶。从此，铁木真登上了草原的政治舞台。

经过这次战争，铁木真的力量迅速壮大，一些在过去困难时刻离开的铁木真家族，也纷纷向铁木真靠拢。在王罕的支持下，铁木真陆续战胜了主儿乞部、蔑儿乞部、乃蛮部、泰赤乌部等。1201年，铁木真与王罕联合打败了札木合，并将塔塔儿部消灭。这样，西起鄂嫩河上游，东至兴安岭、蒙古高

原的东部地区，都归并到铁木真的号令之下了。

随后克烈部和乃蛮部遭铁木真大军拦截，许多人坠崖而死，太阳罕也在乱军中死去。铁木真取得了完全的胜利，蒙古草原成为铁木真的一统天下。

1206年，蒙古的贵族、功臣们，在鄂嫩河边举行大聚会，一致推举铁木真为全蒙古的大汗，并上尊号为"成吉思汗"。"成吉思汗"是蒙古语"强大"的意思。这一年，铁木真45岁，大蒙汗国宣告成立。

成吉思汗建立蒙古国以后，在军事、行政、法律、文化等各方面，都开创了一套新的制度。

1211年初，西夏纳女称臣，1214年6月，成吉思汗围攻金中都，1215年5月，中都终于被攻破。1218年，成吉思汗利用西辽内乱的机会，灭了西辽。

1226年，成吉思汗以西征时西夏不肯出兵为借口，再次出征西夏，并占领了西夏都城的外围。西夏王到了山穷水尽的地步，不得不投降。由于天气酷热，年老体衰的成吉思汗染上了斑疹伤寒，病情一天天加重，他自知不久于人世，对幼子拖雷和诸大将交代了联宋灭金的方略。后来窝阔台灭金，基本上遵循了他的遗嘱。

从铁木真一步步地构建自己的权力范围，到后来大元一统天下，这中间的过程是缓慢而曲折的。其实任何强大的事物莫不如此。企图忽略过程一蹴而就，不仅违反了基本规律，也会导致难以有任何结果。

归妹卦第五十四 ䷵ 兑下震上

——修德去伪遁礼而行

归妹：征凶，无攸利。

彖曰：归妹，天地之大义也。天地不交，而万物不兴。归妹，人之终始也。说（悦）以动，所以归妹也。征凶，位不当也。无攸利，柔乘刚也。

象曰：泽上有雷，归妹。君子以永终知敝。

下卦"兑"是少女，上卦"震"是长男，卦象为少女嫁给长男，是说正夫人的妹妹以介妇的名义从姐姐嫁去为妾，又古时女人出嫁为"归去"，所以卦名"归妹"。下卦"兑"是悦，上卦"震"是动，因此这类婚嫁包含着凶险。

男大当婚、女大当嫁是天地之间的第一正事，但是不可违逆常理，凡事做得过分出格。作为现代人应该摒弃旧的婚姻理念，修身养性，洁身自好。通过违理现象看未来的结果，做到尽可能避害趋利，防患于未然。

[爻辞新解]

初九：归妹以娣。跛能履，征吉。

象曰：归妹以娣，以恒也。跛能履吉，相承也。

"娣"，古代是一夫多妻制，妹妹可以跟随姐姐同嫁一个男人，就是妾。称"娣"。

"初九"在归妹卦的最下方，刚爻得正，象征德行端正贤良的女子。但地位低，在上又没有正当的相应，"初九"不能独自出嫁，只能随姐姐出嫁做妾，不能做正室。就像是脚有毛病，行走不便，活动范围有限。尽管如此，"初九"毕竟有妇人的良好品德，仍然能够协助姐姐共同侍奉丈夫，以尽妇道，所以吉祥。

这一爻，是说虽然位卑，但能够坚守纯正，并不影响贤良端正的美德。

九二：眇能视，利幽人之贞。

象曰：利幽人之贞，未变常也。

"九二"阳刚，处于下卦中位，象征有中正的德性；但阳爻阴位不正，好比不能得良配，居正室，就像瞎了眼睛，尽管如此，"九二"内心里洁身自爱，虽然不利于出嫁，于闺门之内，仍然能够操守贞静。

"象传"说："未变常也"，就是说，"九二"能够保守中正的常德。

这一爻是说，眼有残疾，心地端正，居家静守，不失常德。

六三：归妹以须，反归以娣。

象曰：归妹以须，未当也。

"须"：即待。"六三"，阴爻阳位不正，无才无德，十分轻佻。"六三"本来已经订婚，但婚期未到，就急着要嫁到夫家去，男方推迟了婚期，她只

好耐着性子再等待一段时间，仍不守本分，终于被男方看出是个品行不端的女人，于是又不要她了，也就是"反归"被休回娘家。这样一来，本来地位并不算低的"六三"，只好降低身份，作为陪嫁的妾，才能嫁出去。

"象传"说："未当也"，是专指"六三"品行不端，行为不当。

这一爻是说，品行不端，就会把自己耽误了。

九四：归妹愆期，迟归有时。

象曰：愆期之志，有待而行也。

愆期：延缓而过期了。

"九四"刚强而没有相应的，因而很难找到配偶，因为刚毅，所以做事丝毫不苟，就连婚事上也不肯轻易地许配，如此就延误了婚期。但是一旦遇有良缘，终究会成功。

"象传"说：所以延迟未嫁的缘故，是在选择适当的对象，有所等待是也。

这一爻强调，宁可延误，也不随便凑合。

六五：帝乙归妹，其君之袂不如其娣之袂良。月几望吉。

象曰：帝乙归妹，不如其娣之袂良也；其位在中，以贵行也。

帝乙：指商汤，因其于乙日诞生，所以就以"帝乙"称之。袂：衣袖。

"六五"以阴爻居君位，又和下卦的"九二"相应，就代表着君王的女儿将下嫁于臣子。女子重德不重色，"六五"柔顺中正，能够谦虚待人，不因为居高位而骄傲自夸，也不会刻意地去修饰服饰，因此衣着就不如妾的华美好看了。然而在品性上，却尽量要求完美，如同十五的满月一般皎洁光明，因此吉祥。

"象传"说："六五"，中庸高贵，比较重视品德，所以出嫁之后，也就不太讲究服饰。

这一爻教人应重内在的德行，而不要看重虚华的外表。

上六：女承筐无实，士刲羊无血，无攸利。

象曰：上六无实，承虚筐也。

筐：装东西的竹篮。刲：宰割的意思。

"上六"已是最末一爻而又无正应,表示婚姻终究没有成果。古时结婚时于宗庙祭祀上,新娘该捧着装有东西的竹篮,才有敬意也合礼节,如今新娘的篮中竟空无一物,新郎看新娘如此不尽职,也无心祭拜,当要宰割羊当祭品时,竟割不出血来,所以这祭祀的典礼致败而返。

"象传"说:这是由于女方不称职,虚有其名而空无其实,以致最后也是没有结果。

这一爻教人不该虚有其表,而要充实内在。

[归妹卦点悟] 循理而行是免祸祈福之道

纵观全卦,古人似乎也对以妹陪嫁这一婚姻习俗持批判态度,这种婚姻对陪嫁的少女来说,如雷在水泽上能震动一时,但不能长久,提醒人们看到"归妹"中所说的弊端,对这种关系到个人、家庭幸福的大事,持慎重的态度。社会发展到现代,人们对婚姻的态度更加理性,男女之间一夫一妻的婚姻关系也以法律形式予以规范和保护。但仍然存在着一些只注重金钱、容貌、地位,而忽视内在品德及两情相悦这个重要基础,使婚姻的质量和前景都得不到任何切实的保障。由此我们也可引申类比到生活的其他方面,人处于社会之中,应当以修德循礼,注重自我的内在品格,只有这样,才能避免不幸之事的发生,使眼下和前景都很美好。

[归妹卦例解] 董卓因色丧命

俗话说,万恶淫为首。不能修养内心而为色所惑,是许多人致祸的根源。可见戒除欲望,是修身避祸所必须的。而乱性胡为,欲海难填,许多祸事便由此引发,东汉末年权臣董卓因色丧命,足以令人深省。

189年,在镇压黄巾起义中卓有"战功"的董卓,率兵进入了洛阳,废掉汉少帝,立献帝,独揽朝中大权,从此,为所欲为。

司徒王允表面上效忠董卓,暗地里却时刻想除掉他。他收府中歌伎貂蝉为养女,一面诈董卓,一面诈吕布,布下了一个天衣无缝的美人计。

王允借机布局故意让吕布与貂蝉单独相会,正在二人难舍难分之际,董卓突然从外面进来,见到他们情意绵绵的样子,气得大喝一声直奔过来。吕布见势不妙,扔下貂蝉向外逃走。

董卓站在府门望着逃去的吕布，气得怒目横对。这时董卓的谋士李儒来到门前，看到董卓怒气冲冲的样子就问发生了什么事，董卓一言不发回身进府来到书房。李儒随后跟了进来，站立一旁，这时董卓才对李儒说明发怒的原因，扬言非杀了吕布不可。

第二天，王允将吕布请到府中，若无其事地与吕布闲谈，吕布满脸愁容，心情沮丧，王允假装不知，问吕布因何事而闷闷不乐，吕布就将昨天在太师府中发生的一幕，详细地告诉了王允。

王允听后，故意气愤地说："想不到董卓已经荒淫霸道到如此地步，连自己儿子的妻子都要强娶，这不但使我无脸见人，还是将军的侮辱啊！"

吕布愤恨地说："我真想杀了他，可又怕别人议论，终究我们有父子之名分啊！"王允说："将军说得有道理，看来我们只好任人欺辱了。"王允的话听起来是在赞同吕布，实际上是火上烧油。王允的话音刚落，吕布就拍案而起，咬牙说道："我一定杀了他，报夺妻之仇！"王允见吕布决心已下，又烧了一把火，说："将军如果杀了董卓不但报了仇，重要的是为国家除去一害，可以名留千古啊！"吕布伏地而拜，表示愿意听从王允调遣。

等待数日，行动的机会终于来了。皇帝大病初愈，准备临朝召见文武官员，众臣奉命进朝拜见。

董卓由太师府乘车去未央宫，随身侍卫前呼后拥，董卓的马车行至中途，王允的心腹李肃向众人发出了行动的暗号，紧接着飞步上前拔出佩剑，向董卓刺去，却不料坚实的甲衣挡住了利剑，董卓大叫吕布护驾，吕布大声说道："圣上有旨，诛杀贼臣董卓！"话音未落，吕布的长戟已刺进董卓的咽喉，李肃上前一刀割下董卓的头。

董卓被诛，虽然根本原因是他专权暴虐，尽失人心，但最直接的原因却是他贪色纵欲，并无视道德伦常所致。在很多时候，男女之间的关系是超越其本身，而与政治、人伦、生活等诸多因素密切相关的。因此，保持端正，循礼而行，是非常有必要的。

丰卦第五十五 ䷶ 离下震上

——丰大之后要回报社会

丰：亨，王假之。勿忧，宜日中。

彖曰：丰，大也。明以动，故丰。王假之，尚大也。勿忧宜日中，宜照天下也。日中则昃，月盈则食，天地盈虚，与时消息，而况于人乎？况于鬼神乎？

象曰：雷电皆至，丰。君子以折狱致刑。

"丰"卦下离上震，离为火、为日，震为雷、为动。太阳每天由东向西，普照万物。"丰"卦以此为象，来说世上事物丰大的道理。"象传"指出："丰，大也。明以动，故丰。"认为丰象征大，如太阳一样光芒普照天地而又在不息地运动。

[爻辞新解]

初九：遇其配主，虽旬无咎，往有尚。

象曰：虽旬无咎，过旬灾也。

"初九"和"九四"虽没有正应，但是二者阳刚的性格却相同，一明一动互相衬托，互相借助。在此地位配合得相当，但仍然有高低之分，"初九"为配合而"九四"为夷主。所以爻辞说：遇上地位相配的人而与之共事，虽过了十日，有由满溢而亏损的顾虑，可能会有意外的灾难，但也不碍事，因为前进时有"九四"的扶持。

"象传"说：虽然过了十日，不会有什么大灾难，但总是由盈满转为亏蚀，难免有灾祸。另一解为，在平衡状态中，不得超出了平均的程度，一超出了定量，就难免有祸灾的来临。

这一爻是说，在两者实力相当的情况下，要善于居下，不要去相争，这

样就能免除灾祸。

六二：丰其蔀，日中见斗，往得疑疾，有孚，发若吉。

象曰：有孚发若，信以发志也。

蔀：遮蔽日光的东西。

"六二"居中位，似日正当中之时，又是下卦"离"卦的主爻，因此最光明。"六二"应与"六五"相应，但"六五"阴柔昏暗，就好像阳光被蔀帘子遮蔽了，所以"六二"虽然有中正明智的才学，但所对应的是个昏君，不肯接纳贤者，如果硬要去亲近他、追随他，恐怕会引起猜疑妒恨。"六二"在这种处境之下，只得竭尽所能，以至诚感动人，如果能启发昏庸的君主，那结果还是吉祥的。

"象传"说："六五"虽阴柔昏庸，但毕竟还算中正，如果"六二"以自己的中正明智，诚信地去启发开导君上的意志，那也是吉祥的。

这一爻是说，人应该用诚信来发挥自己的志向，即要保持诚信的心理，不要让阴暗的东西滋生蔓延。

九三：丰其沛，日中见沫，折其右肱，无咎。

象曰：丰其沛，不可大事也。折其右肱，终不可用也。

"沛"与旆通用，是幔幕。"沫"即昧，小星。"九三"是下卦"明"的终了，正午已过，太阳偏斜，而且与昏暗的"上六"相应，比"六五"更加黑暗了，就像用大的幔幕，掩蔽太阳，正午可以看到小星。但"九三"阳刚，又属于下卦"明"，虽然刚毅明智，但却像折断右臂，无能为力。不过，"九三"阳爻阳位刚正，照道理说，应当不会有灾难。

"象传"说：不可以做大事，"九三"终久不可能被重用。

这一爻，告诫因盛大而迷失，造成无可避免的伤害，应当秉持刚正。

九四：丰其蔀，日中见斗，遇其夷主，吉。

象曰：丰其蔀，位不当也。日中见斗，幽不明也。遇其夷主，吉行也。

"夷"是等的意思，在上者，称呼在下者用"夷"。"夷主"是对等的主人，指"初九"与"九四"，有相等的阳刚德性，地位也对应。"九四"仅次于"五"的君位，是在大臣的地位；但"六五"阴柔不正，是昏暗的君王，就像太阳被大的帘子掩蔽，正午可看到北斗星那样黑暗。不过，如果往下方与同样刚正的"初九"交往，同心协力地行动，就会吉祥。

"象传"说：这是因为"九四"刚爻柔位，地位不当，又正当黑暗不明的时期；但采取行动，寻求与自己志同道合的人，就会吉祥。

这一爻，说明因盛大而迷失，应主动结合同志，突破黑暗。

六五：来章有庆誉，吉。

象曰：六五之吉，有庆也。

"六五"是阴爻，居上卦的中位，"六五"以自身的行动，促进了"六二"的光明，彼此互相弥补，恰到好处，终于能以中正、均衡，使盛大更加显耀，获得了与盛世相适应的荣誉，当然吉庆。

这一爻说明光明的行动，需要按中正之道进行，就可以处盛大而光耀。

上六：丰其屋，蔀其家，窥其户，阒其无人、三岁不觌，凶。

象曰：丰其屋，天际翔也。窥其户，阒其无人，自藏也。

"窥"，即窥视，看。阒（qù 读去），即空，寂静。"觌"，即见。

"上六"阴爻，在下既得不到"九三"的离明之助，自身又在震卦动的极点，无法平衡，在不明的情况下，盲目行动，盖的房子几乎快与天一样大了，结果是屋大招风，当人们再来看他的屋子时，已经是空空荡荡连个人影也找不着了，当然非常凶险。

"象传"说："自藏也"，是说"上六"由于过于好大，处盛大不当，实际上是昏暗柔弱到了极点，只好把自己隐藏起来了。

这一爻是说处盛大之时，又极端昏暗不明，在没有光明的情况下，大得过了头，以致自己招致了毁灭的凶险。

[丰卦点悟] 在奉献中追求更大价值

我们从丰卦六爻中可以看到，丰卦告诉我们的不是通过什么措施、办法达到丰大，而是说在"丰"这样的局面下，如何持久地去保持丰大。这就须如太阳一样"明以动"，即以自己的光明照耀世界万物，并顺应着宇宙的规律而不停地运动。

人类社会的发展毕竟不同于宇宙世界。人的生命是有限的。对于个人来

说，要想使自己理想中的事业达到丰大，必须摆脱"丰其屋，蔀其家"的狭隘观念，跳出一家一室的局限，才能在推进社会的进步中追求更广大更有价值的东西。否则，即使是富有四海的秦始皇，修建了"覆压三百余里"的阿房宫，到头来也不过"楚人一炬，可怜焦土"。"丰"不是一种表面的暂时的辉煌，而存在于人类社会发展中人们对人生永恒价值的不懈追求之中。

[丰卦例解] 富而不奢才是智者

丰大和财富是成功的标志，是耕耘的回报。巨富之后，人们常常面临这样的选择：是穷奢极欲，尽情享受属于自己的财富，还是仍然保持本色？

洛克菲勒是人所熟知的全世界第一个拥有十亿美元以上的富翁，他的家庭生活不用说远高于普通人家，甚至胜过一般的王室家族。尽管其家如此富有，但洛克菲勒对儿女的零用钱这样的小事也始终管得很紧。

他规定零用钱因年龄而异：七八岁时每周三十美分，十一二岁每周一美元，十二岁以上涨到二美元，每周发放一次。还给每人发一小账本，要他们记清每笔支出的用途，领钱时交他审查。钱账清楚，用途正当的，下周递增五美分，反之则递减。同时允许做家务活可以得报酬，补贴各自的零用。例如，逮一百只苍蝇十美分，逮一只耗子五美分，背柴、垛柴、拔草各若干。孩子们便都抢着干。后来当副总统的二儿子纳尔逊和后来兴办新兴工业的三儿子劳伦斯还主动要求合伙承包替全家人擦鞋的活儿，皮鞋每双五美分，长统靴十美分。

第一次世界大战期间，全家老小各自吃配给的份额，烤蛋糕时要儿女们交出等量的食糖。此时男孩们合办"胜利"菜园，种出瓜菜卖给家里和附近的食品杂货店。

纳尔逊和劳伦斯还合伙养兔子卖给医学研究所。

儿女们外出上大学时，规定的零用钱与一般同学不相上下，如有额外用途必须另外申请，以致喜欢吃喝玩乐、交女朋友的四儿子温斯格普有一次欠了账还不出，只得向大姐巴博借钱救急。

小儿子"胖娃娃"戴维（后来当大通国民银行总裁）读大学时也一样恪遵家教。有一次放假回纽约，同行的一个同学眼见他记账，这个饮料多少钱，那道菜多少钱，还很不理解。

洛克菲勒对唯一的女儿虽喜爱有加，但在培养其俭朴生活方面也毫不放松。出于宗教信仰，他自己不抽烟，也不许儿女抽烟，规定二十岁以前不抽烟的儿女可得二千五百美元奖金。他发现巴博抽烟，劝她戒掉，否则就不给她奖金式津贴。

洛克菲勒所以这样做，是因为他知道，"今天的许多孩子有一种倾向，走最容易走的路，走阻力最小的路"，他要儿女在这方面得到磨炼。

洛克菲勒家族百年来繁衍至今，世世平安，代代兴盛，几乎没有什么人对他们心存嫉恨，也没有什么人对他们口出恶言，这与他们世代俭朴、为人低调的家风不无关系。

许多人把握时机，成功经营，成为富豪。他们中的很多人仍然保持节俭本色，甚至慷慨捐赠，回报社会，为新时期的富豪树立了楷模。相比之下，为富不仁，为所欲为的行为，则必会如本卦中所讲，被人民所唾弃。

旅卦第五十六 ䷷ 艮下离上

——人在旅途要谨慎自强

旅：小亨。旅贞吉。

彖曰：旅小亨，柔得中乎外，而顺乎刚，止而丽乎明，是以小亨旅贞吉也。旅之时义大矣哉！

象曰：山上有火，旅。君子以明慎用刑而不留狱。

下卦"艮"是山，上卦"离"是火，山上有火，不停地蔓延如同旅行，因而卦名"旅"。"六五"阴爻处上卦之中，柔顺中正，兼具刚毅之性，然与下卦之中"六二"同阴不应，当人处在这种情况之下颠沛流离，举目无亲，惟有持纯正的态度，才能逢凶化吉，遇难呈祥。

人生如旅，必须小心行事，无论是你身后有什么靠山，或者你多么有个性，都不能过于招摇，否则必将遭到祸灾，这是"旅"谋的要旨所在。

[爻辞新解]

初六：旅琐琐，斯其所，取灾。

象曰：旅琐琐，志穷灾也。

"琐琐"，细小的样子，即琐碎小器。

"初六"阴爻阳位，不正，居旅卦的最下位，象征软弱无能的人，在旅行中，身陷困境，过于小器，根本谈不上有什么远大抱负，给人带来麻烦，招人讨厌和忌恨，灾难接踵而至。

"象传"说："志穷灾也"，是说"初六"，不仅琐碎讨人嫌，甚至身穷志也短，行为也太卑贱，难免招灾。

这一爻是说，虽身陷困境，也不应太计较小事，应从大处上着眼。

六二：旅即次，怀其资，得童仆，贞。

象曰：得童仆贞，终无尤也。

"即"，就是住。"次"，就是住所。

"六二"阴爻阴位，又在下卦得中位，意味着在旅行中，能以柔顺用事，还能适中。因此，所到之处都能受到主人的款待，得到安全，身上旅费充足，心情很愉快，十分满意。当然，这都是得自于"六二"能够固守柔顺中正之道带来的。

"象传"说："得童仆贞，终无尤也"，意思是说出门在外旅行的人，能得到童仆的忠实服务，还有什么可怨尤的呢。

这一爻是说，旅行在外，只要坚守柔顺中正，处处都会顺利。

九三：旅焚其次，丧其童仆，贞厉。

象曰：旅焚其次，亦以伤也。以旅与下，其义丧也。

"九三"以刚居阳位，处在下卦的最上位，意味着过刚而不中。本来是旅行在外的人，住在别人的地方，居然还十分高傲，以刚用刚，到处逞强，当然不被人所容。于是，居住的房子被人烧掉了，身边的童仆也借机跑掉了。"九三"成了孤家寡人，如果还继续这样下去，不吸取教训，今后还会更危险。

"象传"说：本来住所被烧，已经是够悲伤的事了，但"九三"自己寄人篱下，无家可归，竟然还把身边的童仆也当做无家可归的人对待，可见有多么刻薄。"其义丧也"是说这么不道义，童仆跑掉也是应该的。

这一爻是说，既然是旅行在外，就需要有起码的谦逊与柔顺，才不致于把自己的路堵死。

九四：旅于处，得其资斧，我心不快。

象曰：旅于处，未得位也。得其资斧，心未快也。

"资斧"，是旅行时携带的钱财与斧头，在露宿时，用斧头砍除荆棘，以便于扎营。"九四"阳爻阴位，刚柔并济，又在上卦的最下位，态度谦虚。所以，在旅行时，能够得到安稳的住处，露宿时，也有利斧可以整理扎营的场地。然而，阳爻阴位，毕竟不是正当的场所，而且，上方"六五"是阴爻，没有强力的援手，向下虽然与"初六"相应，但也是阴爻，力量弱。因而，虽然在旅行中有足够的旅费与应用的器具，但由于所居之处并不合自己的心意，所以心中仍然不会愉快。

这一爻，强调安定必须正当。

六五：射雉，一失亡，终以誉命。

象曰：终以誉命，上逮也。

"六五"是上卦"离"的主爻，离卦是明，所以，用羽毛光彩鲜明的山鸡比拟。"六五"阴爻得中，柔顺中庸，就像在射山鸡时，最初虽然不顺利，丧失一枝箭，但最后仍然得到荣誉与爵命。

"象传"说：这是由于他的为人，可以上达的缘故，"逮"是及的意思。

这一爻，说明求安定应有不计一时得失，光明磊落的态度。

上九：鸟焚其巢，旅人先笑后号啕，丧牛于易，凶。

象曰：以旅在上，其义焚也。丧牛于易，终莫之闻也。

易：同场，是田旁分界的地方。

"上九"是最上位，性情刚烈而不中正，因暴躁妄动而高傲待人，作为旅人，虽然最初还算快意，但最后到了穷困难堪时，又免不了号叫大哭，就像鸟的巢被烧毁了，而没有安身之处。这是因为一味地高傲骄矜，也就丧尽了柔顺的德性，更遭惹了许多凶险。

这一爻是说"上九"在行旅中的态度，比"九三"还过分，离柔顺中正的要求差得太远，以致遭致凶险，无处安身，也是必然的。

[旅卦点悟] 羁旅之时的人格和精神

旅卦上承丰卦的卦义，由盛极而衰，导致了迷失，进而颠沛流离，在外旅行，涉及到了处旅之道。行旅之中，当然不像在丰大之时，可以大有作为，这恰恰是对人的品格和德性的考验，尽管四处漂泊只要从内到外，都不失中正，坚定信念，就会走向通达的途径。六爻所列举的六种人，不同的品格，不同的处旅方法，导致了不同的结果。本卦强调了羁旅之时的人格和精神力量，最为不可缺少，同时以坚持中正作为恒常的法则。

[旅卦例解] 玄奘的取经之途

人在旅途之中，不可能像在家里那样顺当、舒心地生活。由于受到客观物质条件的限制及周围环境的生疏，在旅之人必须小心谨慎，尽可能顺应旅途中的生活环境，以防不测，求得平安。同时应自强不息，战胜旅途中的重重困难，这样终能取得为人瞩目的成果。

大家都知道中国唐代的玄奘，他就是这样一个在旅途中谨慎小心并自强不息而做出大成就的人。

玄奘出身于一个官吏家庭，全家都是虔诚的佛教徒。唐朝初年，他去四川研究佛经，发现汉文佛经译得不完全、不准确，越研究感到疑问越多，便学习了梵文，决心到佛教发源地——天竺去求取真经。

贞观三年（629年）八月，玄奘从长安出发，混在返回西域的客商里，出了玉门关后，然后便孤身西行。

可是，他刚到达凉州（今甘肃武威县），便被都督李大亮看管了起来，硬逼着他沿原路返回。后来，在一位好心和尚的帮助下，才连夜逃出了凉州。

当快到玉门关时，他骑的马也累死了，官府捉拿他的差役又追上来了。玄奘吓得躲在客店里，正在不知如何是好的时候，瓜州州官李昌拿着追捕他的文书走进来了。这位州官大人不仅不把他抓起来、押回去，还特意叮嘱他说："师父快走吧，不然天黑就出不了关了。"玄奘真是又惊又喜，当即告别了州官，离开了客店，出了玉门关，玄奘形单影只地在沙漠中前进。

一天中午，他来到第一座烽火台附近，正在马旁喝水，突然，"嗖——嗖"地接连飞来了两箭，玄奘彬彬有礼地对烽火台上的官兵说："我是长安来的和尚，要去西天取经，请您们不要放箭！"烽火台上的官兵听到了以后，放了他过去。

玄奘过了五座烽火台后，便进入了荒无人烟的莫贺延碛沙漠，这就是号称八百里流沙的大戈壁滩。

经过半个多月的苦难历程，玄奘才走出了浩瀚的沙海，来到了高昌国（在今新疆境内）。

他从天山南路穿过新疆，又从葱岭北隅翻过终年积雪的凌山（今天山穆索尔岭），再经大清池（今苏联境内侵塞克湖），到达西突厥叶护可汗王廷所在地的素叶城（即碎叶，就是现在苏联的托克马克），渡过乌浒水（今中亚阿姆河），又折向东南，重新登上帕米尔高原，通过西突厥南端的要塞铁门关天险（在今阿富汗巴达克山），过了叶火罗（今阿富汗北部），整整走了一年，于628年夏末，终于到达了天竺的西北部。

玄奘经过千难万险，终于来到了摩揭陀国（今印度比哈尔邦南部）的整个天竺佛教最高学府——那烂陀寺。

当时，那烂陀寺已经有七百多年的悠久历史了。寺内常有僧众一万多人。寺的住持戒贤是位年过百岁的佛学权威，早已不讲学了。但是，这位佛学权威却被唐僧的人品和他西天求取真经的精神所感动，特意收玄奘为弟子，特地为他重开讲坛，用了15个月的时间，亲自给他讲解了最高深、最难懂的佛经《瑜珈论》。

在这里，玄奘小心谨慎，对人坦诚，他用了五年的时间，精研了佛学理论。在寺里，除戒贤精通全部经论外，在一万多个和尚里，能通晓20部的仅有1000人，能通晓30部的仅有500人，能精通50部的仅有10人，而玄奘就是10人中的一人，成了博学多才的佛学大师！

玄奘的西游取经之旅，在当时是一种无比惊人的壮举，这不但需要坚强的决心和毅力，更需要有优良的品格和风度去应付所遇到的人和事。玄奘的成功，不仅表现出他非凡的能力和智慧，也从侧面反映出旅卦所揭示的道理的正确性。

巽卦第五十七 ䷸ 巽下巽上

——柔顺处世刚正做人

巽：小亨。利有攸往。利见大人。

彖曰：重巽以申命。刚巽乎中正而志行。柔皆顺乎刚，是以小亨，利有攸往，利见大人。

象曰：随风，巽。君子以申命行事。

"巽"卦上、下卦都是巽，都是一阴爻附伏在二阳爻之下，象征阴顺从阳，符合自然之理。巽是风，风能在每一角落和每一缝隙中穿行，并且风可以随时令变化而变化，智者应遵循这一原则，不断调整自己，以顺应社会环境的变化，增强生存和竞争的能力。

[爻辞新解]

初六：进退利武人之贞。

象曰：进退，志疑也。利武人之贞，志治也。

"初六"在重巽之下，体弱性柔，是进是退，不能决断。

"象传"说："志疑"，是十分准确的。

"初六"的问题既是"志疑"，所以要树立其坚强的意志。对于"初六"而言，之所以"志疑"，进退不决，是由于体性柔弱，逊顺太过造成的。如果临事能用武人的正气加以调整，则可勇猛果断，济其柔弱之不足。

这一爻是说如果逊顺到进退犹疑，不能有所作为，那就失去了逊顺的意义。

九二：巽在床下，用史巫纷若，吉，无咎。

像曰：纷若之吉，得中也。

"九二"是刚爻，刚爻往往不逊顺，且"九二"与"九五"敌应，这些都容易引起"九五"对"九二"的怀疑。所以"九二"表现得非常逊顺，居于床下，同时还主动请祝史、巫觋这些善于沟通人与鬼神的关系的神职人员，往来传话，与"九五"疏通关系，终于使"九五"解除了怀疑，从而获"吉，无咎"。

"象传"说："纷若之吉，得中也。"居中则无过刚之弊，能逊顺从上。

这一爻是说，屈伸适当，可获吉祥。

九三：频巽，吝。

象曰：频巽之吝，志穷也。

频：同颦，是皱眉蹙额的意思。

"九三"以阳爻居阳位，过于刚猛，却在"六四"的阴爻之下，被阴气所逼迫，很难伸展抱负，勉强地表示卑逊，因此难免有羞辱之感。

"象传"说：性情高亢却勉为其难地表示谦卑，不快乐的样子把他那穷迫的意志表露无遗。

这一爻强调，要谦虚，却不必故装虚伪。

六四：悔亡，田获三品。

象曰：田获三品，有功也。

三品：打猎时，依射中的部位而分三类，这里用来比喻猎的丰硕。

"六四"下无援应，本应该后悔，但是阴爻居阴位，位置得当，自然能使悔恨消除。

"象传"说：因位置得当而能进取，善于处理事务，故能所向无过。

这一爻是说，善于处理事务者，受人拥护，得到的支持也多，这样的人能取得较大的功勋。

九五：贞吉，悔亡，无不利，无初有终。先庚三日，后庚三日，吉。

象曰：九五之吉，位正中也。

"九五"中正居于君位，刚直，对于巽卦的谦卑来说这点不适合，所以最初在发布命令之时，经过三天的审察，再经过三天的揣度，然后才下达这个命令，经过这么慎重的处理，当然会吉祥的。

"象传"说："九五"的吉祥是由于它当位，既中又正的。

这一爻是说，领导者居位端正，而且守持中道，他所发出的指令就能得到良好的执行。

上九：巽在床下，丧其资斧，贞凶。

象曰：巽在床下，上穷也。丧其资斧，正乎凶也。

"上九"刚爻柔位，处于这一卦的最上位，似乎谦逊到了极点，一听到君王的命令，就立即跪在地上，表示服从。然而，尽管"上九"似乎已经表示了最大的谦逊和服从，最终仍然免不了凶险之祸。

"象传"说："正乎凶也"。是说："上九"的这种表现算是正确的吗？实际上，它并未因此缓解"九五"对他的猜疑。

这一爻是说，柔顺应当恰如其分，不可过度。过分，也是失去了中正，到头来还是不利。

[巽卦点悟] 做人要刚柔并济

本卦是讲柔顺之道的，但同时也强调了刚正做人的必要性。柔顺是处世行事的一种方法，有利于利用时机和形势，使事情得到顺利推进和发展；而刚正则是做人必须坚守的一种品格。谄媚下流手段也许会一时得利，但终究会让人不屑，惟有秉刚持正，才能真正坚实地立足于世。

[巽卦例解] 郑庄公退敌之术

面对强大的敌人，必须找到一种最容易得手的作战策略，就像巽卦所说的，像"风"一样乘"虚"而入，入刚正克敌。东周时期的繻葛之战，郑庄公的取胜就充分证明了这种智慧的正确性。

东周初年，郑庄公因为权大势大，引起了周桓王的不满。公元前707年秋，周桓王召集陈、蔡、卫三诸侯国，出兵伐郑。

王师入境时，郑国的军人已经做好了一切准备。庄公遂令三军出师迎战。两军相向而进，很快便在郑国的采葛（今河南长葛北）相遇。两军布阵完毕，桓公到阵前观察敌情，正要下达冲阵号令时，见郑国中军阵内两杆大旗不停地摆动。随着大旗的挥舞，郑军两翼方阵，顿时擂鼓呐喊冲将过来。曼伯率领方阵，战车在前，步卒在后，队伍整齐，人马雄健，伴着震耳欲聋的鼓声，向陈军冲去。陈国军队本无斗志，一见郑军凶猛地冲来，立即四散奔逃。虢公林父统帅的蔡、卫两国军队，受到祭仲足所领方阵的冲击，也纷纷向后退却。

桓王见两翼溃败，着急万分，正想指挥中军出阵抵挡，哪知郑军中军和两翼部队一齐向他猛冲过来。王师中军在郑军三路夹击下，难以支持，很快就乱了阵脚。郑将祝聃冲入敌阵，见桓王立于车上督战，随即弯弓搭箭，只听"嗖"的一声，正中桓王的肩膀。幸而桓王还有点临危不惧的气概，他忍着疼痛，毫不惊慌，亲自殿后指挥应战，才使中军稳住阵脚，徐徐向后撤退。祝聃求功心切，见桓王中箭向后撤退，便要率领战车向前追去。

郑庄公连忙制止说："正人君子从来都很知足。我们与王师作战，本来是为了自救，现在桓王既已引军败退，怎敢过分相逼？能保住社稷安然无损，也就足够了。"遂下令收兵。

采葛之战，是一次典型的从弱处下手，以亦刚亦柔之道巧妙胜敌的战例，其战术原则，与巽卦所揭示的道理有相通之处。

兑卦第五十八 兑下兑上

——不能专听好话

兑：亨。利贞。

彖曰：兑，说（悦）也。刚中而柔外，说（悦）以利贞，是以顺乎天而应乎人。说（悦）以先民，民忘其劳；说（悦）以犯难，民忘其死。说（悦）之大，民劝矣哉！

象曰：丽泽，兑。君子以朋友讲习。

兑卦上、下卦都是"兑"即泽，两个泽连在一起，泽水相连流通，滋润万物，所以其象为"亨"。"兑"的一阴爻上升到了二阳爻之上，有愉悦之情由内及外溢于言表之象。兑：喜悦。

[爻辞新解]

初九：和兑，吉。

象曰：和兑之吉，行未疑也。

"初九"阳刚，虽然在这一卦的最下位，却不奉承谄媚，妄求进取。上卦的"九四"也是刚爻，与"初九"不相应，有不屑利用私人关系，而是以正大光明的态度，使人喜悦的形象，与人和谐，但不同流合污。因而和悦，吉祥。

"象传"说：因为是光明正大的与人和悦，对自己的行动，不会有疑惑。

这一爻，说明与人和悦，应当光明正大，而非奉承谄媚。

九二：孚兑，吉，悔亡。

象曰：孚兑之吉，信志也。

"九二"刚爻得中，心中诚信，以诚信与人和悦，当然吉祥。不过，"九二"刚爻柔位不正，预料会后悔，但由于志在诚信，后悔就消失了。

这一爻，说明应以诚信与人和悦。

六三：来兑，凶。

象曰：来兑之凶，位不当也。

"六三"是阴爻居下卦兑的最上位，不中不正，是内卦的主爻，在上无爻相应，专门以媚态诱惑别人，用以满足自己的虚荣心只能使正直的人讨厌，所以凶险。

"象传"说："位不当也"，是借爻位说明"六三"，行为不正当。

这一爻是说心术不正，以媚态取悦于人，是不会有好结果的。

九四：商兑未宁，介疾有喜。

象曰：九四之喜，有庆也。

"九四"上承"九五"之尊，下比"六三"之佞，刚居柔位，刚能守正，柔则不坚定，因此对于究竟是接受"六三"的谄媚求悦，还是上奉"九五"的刚中之尊，一时拿不定主意。经过一番思想斗争，终于决定与"六三"划清界线，不让他越过自己进而再去迷惑"九五"至尊，并疾恶"六三"阴柔邪恶，故爻辞又说"九四""介疾有喜"。

"九四"位居近君的大臣之位，这样"九四"的隔阴疾邪就有了匡济国家之功，其个人之喜也就成了国家之庆。

这一爻是说，战胜自我，建功于国。

九五：孚于剥，有厉。

象曰：孚于剥，位正当也。

"九五"阳刚居尊位，且得乎中正，但不能掉以轻心，"上六"为阴邪不正之人，别无系应，专附于"九五"，用巧言令色将自己的祸心包藏起来，引诱"九五"信任于他，以便消剥"九五"阳刚。所以爻辞告诫说："孚于剥，有厉。"

这里的"正当"是"正处在"的意思，而不是"正确恰当"的意思。

这一爻是说，不能受人巧言令色的迷惑。

上六：引兑。

象曰：上六：引兑，未光也。

"上六"是上卦的主爻，阴柔，在兑卦的极点，正在不择手段，取悦于人，引诱下方的两个阳爻。但这种取悦于人的手段，毕竟不是光明正大，对方是否会被引诱，就要看对方的定力，结果如何，难以判断，所以不能断定是吉是凶。

这一爻进一步地告诫，小人不择手段取悦于人的危险，必须戒惧。

［兑卦点悟］上下和悦，必须守正

兑卦，阐释和悦的原则。使人喜悦，自己也喜悦，可促使人际关系和谐，使人民喜悦，就能诚心诚意服从领导。不辞辛劳，不畏牺牲。这是顺天应人的道理，但动机必须纯正，应以正当有利，使人喜悦，而非不分是非。与人和悦，首先应当明辨是非，光明正大，而非阿谀谄媚。应当内刚外柔，坚持原则，和而不同。必须以诚信为本，动机纯正，手段正当。而且不可乡愿，应当断然排除邪恶。更应当警惕小人不择手段、取悦于人的可怕，防止刚正被邪恶包围，必须意志坚定，不可坠入小人的陷阱。

［兑卦例解］千万不要专听好话

虽然听到好话，人的心里会"兑"，但有点野外生活经验的人都知道，越是鲜艳的蘑菇越是有毒，玫瑰花虽然艳丽绝伦，却是浑身带刺。因此，仔细辨别那些"好话"的本质，是非常有必要的，否则，就有可能在"舒适"中掉进陷阱。春秋时期宋康王偏听好话而致失国的教训，至今给人以警示。

齐国派大军进攻宋国。消息传到了狂妄自大的宋康王那里，他不大相信，

便派人去侦察齐军到了什么地方。

不久，派去的人回来说："齐军已经越过了边境，全国上下，人心浮动。"

左右近臣都对宋康王说："这完全是俗话所说的'肉自己生出蛆虫'啊！凭着宋国的强大和齐军的虚弱，怎么能这样呢？"

于是宋康王大怒，把派去侦察的人杀掉了。接着又派人去察看。第二个人的回报仍然和前一个人一样，宋康王又大怒，马上又把他给杀了。这样一连杀了三个人，之后又派第四个人接着侦察。

当时，齐军已经要逼近宋国的国都，国人确实已经感到恐慌了。这个侦察兵在路上正好碰到了他的哥哥。

他哥哥见他匆匆往前去，便问："国家已经十分危险了，你这是要到哪里去呢？"

弟弟回答道："我是去替宋王侦察齐军的动向。没想到齐军已经离国都这么近了，国人已经这么恐慌。我现在担心的是，先前有三个侦察齐军动静的人，都是因为回报齐军已经逼近而被屈杀了。如今我回报真情是死，不回报真情也是死。这该怎么办呢？"

哥哥想了想，说："如果回报真情，你就会比国破后被杀和逃亡的人先遭受灾难。我看不如说点好听的吧！"

于是侦察兵回报宋康王说："根本没有看到齐军的影子，国人们也十分安定。"

宋康王听了十分高兴，左右近臣都说："看来那三个人没有误杀。"于是宋康王重赏了这个侦察兵。

齐军一路长驱直入，攻破了宋国的国都。宋康王这才醒悟过来，急忙登上车，飞快地逃命去了。

可见，好话虽然好听，但不符合事实的好话对国家危害非常之大。

现代社会也是这样，别人向你说的好话，你要仔细辨别。如果是真心的赞誉，我们要表示感谢；对于那些另有图谋的好话，我们要保持警惕；尤其是你如果身为领导的话，就更须小心，不要被别有用心之人"拍"晕。一旦这样，就不再是"兑"卦所说的和悦景象了，而是被人"忽悠"进了陷阱。

涣卦第五十九 坎下巽上

——治"涣"必须有力

涣：亨。王假有庙。利涉大川，利贞。

彖曰：涣，亨，刚来而不穷，柔得位乎外而上同。王假有庙，王乃在中也。利涉大川，乘木有功也。

象曰：风行水上，涣。先王以享于帝，立庙。

这一卦，下卦"坎"是水，上卦"巽"是风，风吹水上，形成水波离散的现象，所以称做涣卦，象征喜悦使郁闷涣散。

"九二"刚爻得中，"六三"与"六四"，两个阴爻同心同德，所以亨通。当天下离散时，君王应以至诚，到宗庙祈祷，获得神的保佑，使人们看到君王的诚意，因而感化，再重新聚结。所以也有挽救涣散的含意。又，上卦"巽"是木，下卦"坎"是水，木舟在水上行，也象征有利于渡河，但必须坚守正道。涣：水融解破裂，离散。假：至。

涣卦卦义是立足于揭示散与聚的对立统一关系而展开论述的。拯治涣散，由散至聚，并不是一蹴而就即可大功告成的，而是要采取切实的措施才能成就涣而求聚的大功。君王通过宗庙祭祀以聚合神灵之佑，同时也以此唤起人们的宗族意识乃至国家意识，凝聚万众之心，拯救涣散，渡过难关。

[爻辞新解]

初六：用拯马壮，吉。

象曰：初六之吉，顺也。

"初六"阴爻，在下卦的最下位，又是一卦的开始，意味着人心涣散的开始，但迹象还不很严重，相对而言，拯救也比较容易，但此时宜速不宜迟，时间拖得越长就越涣散。"初六"虽是柔爻，但充分体会到了眼下的形势，就像乘着健壮的马去拯救涣散，这样的精神，足以堪当重任，转危为安，获得

吉祥。

"象传"说："顺也"，是说"初六"能及早体察到涣散的形势，又能迅速地适应这种形势。

这一爻是说，拯救涣散，最好在开始时就积极行动，防止涣散之势的扩大。

九二：涣奔其机，悔亡。

象曰：涣奔其机，得愿也。

"初六"为涣散之初，可借用壮马来拯救，此是当救而救。"九二"则处于涣散已形成之时，与其救而无功，莫如急速离开危境到安稳的地方去。所以爻辞说"九二""涣奔其机"。不过"初六"由于处在涣散之初，又有"九二"刚中帮助，故可得"吉"。而"九二"已处于涣散之中，且依靠"初六"阴柔相助，故仅得"悔亡"。

其实散与聚是相对而言的。"九二"处涣散之时无可挽救而急就于"初六"，反而得以实现阴阳相聚的愿望，体现了散而能聚的涣卦卦义。

这一爻是说，另辟蹊径以求聚亨。

六三：涣其躬，无悔。

象曰：涣其躬，志在外也。

"六三"是阴柔之质，且不中不正，有私己之念，本该有悔，但他居于阳位，应于"上九"，有散其私心、忘身徇上之象，故能涣散自身，以忘身无私的精神去济涣，从而消除了导致后悔的错误，故爻辞曰："涣其躬，无悔。"

象传说："六三""志在外也"，于涣散之时能够忘身以济涣，虽不能完全济天下之涣，但却与"上九"之志相合，并得阴阳相聚，也体现了涣卦聚散相互依存的意义。

这一爻是说，改掉自身的不良习气，就能摆脱危险地境地。

六四：涣其群，元吉。涣有丘，匪夷所思。

象曰：涣其群元吉，光大也。

"六四"作为一个公正无私的君子，不仅能够解散自己的朋党，使国家得到大吉，而且还能解除各种有碍统一的小群割据势力，涣散小群而重新聚合如山丘般的大群——一个完整统一而强大的国家。做到这一点是很不容易的，这不仅要求"六四"自身素质要好，能大公无私，还要求"六四"具有政治家的抱负，拥有卓越的政治远见。这些都不是平常人思虑所能达到的，所以爻辞说"六四"的行为是"匪夷所思"。

"象传"说："涣其群元吉，光大也。"是对"六四"光明正大的思想行为的赞美。

这一爻是说，解除割据，有利于国家统一。

九五：涣汗其大号，涣王居，无咎。

象曰：王居无咎，正位也。

"汗"，在这里是形容疾病。"大号"，是君王的命令。

"九五"阳刚中正，身为天下的君主，面对人心涣散的局面，忧急如焚。但经过"六四"等人的努力，终于人心聚合，天下归一。这样，君王身出大汗，喻意疾病已经痊愈，号令又可以重新通行了，总算没有大的灾难。

"象传"说："正位也"，意思是，人心涣散时，身居王位，也无异于无位，等到人心重新聚合，天下归一，而后居正位，才能"无咎"。

这一爻说明人心涣散会造成政令不行的恶果，只有人心聚合，才有利于统一行动。

上九：涣其血，去逖出，无咎。

象曰：涣其血，远害也。

"血"，即伤害。"逖"，即远离。

"上九"阳爻，处于涣卦的极点。这一卦的下卦坎卦的三爻，都是处于涣散的危险中，而上卦巽的三爻，是形势已经好转。"上九"本来已经面对人心涣散有了好转的局面，但是与"六三"相应，因此，为了避免再次陷入涣散的危险中，远离"六三"，以免受到伤害，没有什么过失。"六三"与"上九"相应，能得"无悔"，"上九"应"六三"，反而有害，就在于所处的地位不同，一个是险中，一个是险外。

这一爻是说防止再受涣散之害，不失为明智。

[涣卦点悟] 救涣须先除弊

涣卦阐释挽救涣散的原则。人心若涣散，可致离心离德，重私利而忘公益，使风气败坏，破坏团结，必须及时拯救。因而，当显露涣散的迹象时，

就应当以强有力的对策，及时挽救。首先应顺应民情，先求安定；并且消灭派系，抑制私利，革除弊端，为公众造福。惟有及时行动才能促成团结，重新获得安定。

[涣卦例解] 汉景帝平叛统天下

涣散如果不及时有力地加以控制和消除，势必会导致大乱。惟有尽早采取行动，并且果断有力，才能消除涣散的割据状态，使国家安定。

汉初刘邦在翦除异姓王时，又分封自己的兄弟子侄九人为王，他们是齐王刘肥、楚王刘交、吴王刘濞、代王刘恒、淮南王刘长、梁王刘恢、赵王刘如意、淮阳王刘友、燕王刘建。企图以宗族血缘关系来维持朝廷的最高统治地位。汉初同姓诸侯王国的封地共有39郡，幅员辽阔，人口众多，占汉朝整个疆土的大半，皇帝直辖的政区不过15郡。

吴楚七国之乱爆发后，景帝派太尉周亚夫前往迎击，派郦寄率兵击赵，栾布领兵击胶西、胶东等齐地叛国，并以大将军窦婴驻屯荥阳，监齐、赵两地兵事。曾任吴国相的大臣袁盎，为泄私愤，建议景帝杀死晁错，恢复王国故地，请求七国罢兵。景帝因变起仓猝，又对晁错请他率军亲征平叛不满，便接受建议，处死晁错，向吴王求和。而吴王认为自己居于优势，已经取得了"东帝"的地位，拒不受诏，战事继续进行。

吴楚久攻睢阳不下，屡受损失，西进关中的计划无法实现，退路又受到威胁，便调转兵力进攻下邑，寻求与汉军主力决战。周亚夫深沟高垒，坚壁不出。吴楚联军求战不得，派部分兵力佯攻汉军营垒的东南角，转移其注意力，再以主力强攻西北角。这一企图被周亚夫及时识破，加强了营垒西北角的防御，粉碎了敌军的偷袭阴谋。

吴楚联军西进无望，求战不能，又被汉兵断绝粮道，给养不至。在粮尽兵疲、士卒大量叛逃的情况下，只得引兵退走。周亚夫乘势追击，大破敌军，楚王刘戊自杀，吴王刘濞丢掉大军，仅率数千人退保江南丹徒（江苏镇江），还想依托东越作最后挣扎。而东越王在汉军的威慑和重金利诱下，杀死了刘濞。吴楚起兵，历时三月，至此完全失败。

在齐地，胶西、胶东、菑川、济南四王的军队围攻齐都临淄，三月不下。汉将栾布率军救援来到，叛军兵疲意沮，全被击败，胶西王刘卬自杀，其余各王也被杀。赵王刘遂起兵后，集结力量，暗中联络匈奴，拟待吴、楚破梁以后，再西攻长安，坐享其成。当郦寄领兵向赵国进攻时，赵军立刻退保邯郸，坚守达七月之久。匈奴单于听说吴楚已败，不肯发兵救赵，致使栾布在平定齐地之后，得以从容回师，与郦寄合力攻赵，引水灌坏邯郸城，赵王遂于城破后自杀。至此，吴楚七国之乱结束。

吴楚七国之乱的平定，使地方割据势力受到了沉重的打击，在很大程度上解决了汉高祖分封同姓诸侯王所引起的政治矛盾。景帝乘势"抑损诸侯，减黜其国"，使他们的权力大大削弱，为后来汉武帝颁行"推恩令"，彻底结束汉初以来诸侯"涣散"割据的状态创造了必要的条件。

汉景帝的平叛，实质上就是一次挽救涣散局面，使之重归统一的行动。要"聚合"就必须消除导致涣散的力量，在强力打击这种阻力的同时，也必须以自身的精诚正道来形成一种向心力，使之向"中央"归附，从而达到聚合的目的。

节卦第六十 兑下坎上

——自我节制方可成事

节：亨。苦节，不可贞。

彖曰：节亨。刚柔分而刚得中，苦节不可贞，其道穷也。说以行险，当位以节，中正以通。天地节而四时成。节以制度，不伤财，不害民。

象曰：泽上有水，节。君子以制数度，议德行。

下卦"兑"是泽，上卦"坎"是水，水往泽中流，必须有所节制，不加节制会泛滥成灾，过分节制又会造成泽的干涸，因上、下卦之间的关系含有节制之义，故卦名为"节"。本卦包含有三阳三阴，上、下卦都是以阳居中，象征节制适度而能亨通。节：节制、节约。苦：为苦恼，痛苦，被……所苦。

能够节制自己的行为，就会通达顺利，但是因为节制自己而感到痛苦，就不可能坚持到底了。这是说，坚守正道，使自身具有良好的操守，必须能够节制自己的行为。但同时也不能"苦节"，否则就难以真正节制，就会出

问题。

[爻辞新解]

初九：不出户庭，无咎。

象曰：不出户庭，知通塞也。

"初九"以阳刚居下位，又适得其刚位，因而有向上前进的能力，然而在下位，还算是个开始，要前进还不是时候，因此就自我节制自己，不出门户庭院以待时机，这般地仔细小心，自然不会有什么过错。

"象传"说：足不出户是因为时机未到，通路被阻塞，只得自我节制了。

这一爻强调自制的重要，并且要谨言慎行。

九二：不出门庭，凶。

象曰：不出门庭凶，失时极也。

"九二"以阳刚居中位，又有刚健中正的君王"九五"可追随，是应该外出而救世或图发展的时候了，但"九二"却不出门户一步，这样过分的自制，失去机会当时还自认为正确。但实际上却导致无法施展自己的抱负，所以凶险。

"象传"说：足不出户之所以凶险，是因为以"九二"的刚健，就会失去出来做事的关键机会。

这一爻教人不可太过节制。

六三：不节若，则嗟若，无咎。

象曰：不节之嗟，又谁咎也。

"六三"阴爻，居下卦的最上位，意味着泽水已经上涨到泽面了，由于"六三"自身的力量弱小，不足以节制，只好叹息，表示遗憾。但也不应当受到什么责备。

"象传"说："又谁咎也"，意思是说，怎么能去责备"六三"呢？

这一爻是说，节制是在变化中进行的，强调节制并不容易。

六四：安节。亨。

象曰：安节之亨，承上道也。

"六四"阴爻阴位，已经处于上卦的坎水之地，又在上卦的下位，意味着

"六四"的节制，相对比较容易，因为"六四"上承"九五"，因此，"六四"只要顺其自然地随着九五"的节制去进行，就可以了，当然可以心安理得，并且亨通。

这一爻是说安守正道，顺其自然的节制。

九五：甘节，吉，往有尚。

象曰：甘节之吉，居中位也。

"九五"以阳刚居中，处于尊位，是节卦的卦主，《彖传》所说"当位以节，中正以通"，就是指"九五"而言的。

"九五"的节制是甘节，这是节制的最高境界。"九五"身为尊贵之君，节以制度，不伤财不害民，以节天下国家，这种甘节既施之于己，也施之于人，故而不仅像安节只获亨通，而且可以获得吉祥。在此情况下，如果有所行动，一定就可以受到嘉尚，故爻辞说"往有尚"。

这一爻强调节制要恰到好处。

上六：苦节贞凶。悔亡。

象曰：苦节贞凶，其道穷也。

"上六"居于节卦之极，节已过中失度，节制过苦，人们不堪忍受，故曰苦节。不过，节制之道虽然到了"上六"已经"道穷"，但是"上六"以柔居上，未失其正，行"节"之苦心，又不能完全否定掉，所以爻辞特别加以诫勉，要守持正固以防凶险，这样悔恨自可消亡，微含有劝"上六"回头，化"苦"为"甘"之义。

这一爻强调，守正备凶，慎处困穷。

[节卦点悟] 学会自我节制

"得常咬菜根，即做百事成"。节制而俭朴的生活能磨炼意志，锻炼吃苦耐劳，坚韧顽强的精神，使人们在通往理想的道路上，披荆斩棘，奋勇直前。如果把时间和精力花在个人生活上，迷恋于吃喝玩乐上，既消磨人的意志，又会分散工作精力。这样的人必定是平庸之辈。

[节卦例解] 清官海瑞千古留名

自我节制、俭朴是一种美德。真正品质高尚的人不仅能严格自律，而且还以能达到这种境界而感到内心干净顺畅。著名的清官海瑞，就是这方面的

典范。

明万历十五年（1587年）十月十四日，南京吏部右侍郎、署吏部尚书海瑞病逝。他的死讯传出后，南京的老百姓奔走相告，纷纷为他戴孝，失声痛哭，市民罢市哀悼他。当他的灵柩沿水路返乡时，南京百姓穿孝衣、戴孝帽夹江而送，沿途奠祭他的人绵延几百里。老百姓所以这样爱戴、敬仰海瑞，不仅因为他事事处处为百姓设想，为民谋利，刚直不阿，不畏权贵，而且他嫉恶如仇，律己极严。在官吏贪污成风，统治阶级奢靡无度的明朝后期，海瑞始终廉洁自律，这是极为难得的。

海瑞担任淳安知县后，平日他仍穿着布袍，吃的是糙米饭、菜汤，烧的薪柴让仆从樵采，除薪俸外没有任何其他收入。有一次海瑞买了二斤肉为他母亲祝寿，总督胡宗宪听说后，把海瑞家也吃肉了当成件新鲜事而转告他人。当时知县赴京师朝觐，按常规可以从里甲、杂项中摊派几百两乃至上千两银子，以便上下打点，所以京官把朝觐年看成是收租的年头。海瑞在淳安任上两次赴京，却只用了四十八两银子做路费，其他陋规一律裁革。

穆宗隆庆三年（1569年），海瑞升右佥都御史，被派任应天巡抚，总督应天（今南京）、苏州、常州、松江等十府粮储。他到任后（巡抚治所在苏州），立即颁布清除积弊、倡导廉政的宪约三十五条，不久又增加九条。海瑞以身作则，禁止对自己迎送，不许为他装修官舍住宅，饮食费用每天不超过三钱，拒收别人送的礼物，就连多年老朋友送的也婉言谢绝。由于海瑞推行廉政措施雷厉风行，一些贪官污吏吓得自动解印离职，权豪势家也不得不有所收敛，有的甚至跑到外省避风头。有一个权势之家为显示自己的威风和富有，把大门漆成红色。当他听说海瑞第二天要来时，连夜把门改漆成黑色。

海瑞在应天巡抚任上斥退贪官，打击豪强受到权贵们的中伤报复。海瑞只当了七个月巡抚，便被迫罢官回琼州老家。海瑞从32岁任南平教谕起，到这次被迫离职，当了17年官。这17年，他只靠俸禄买了一所住宅，家里只有十亩土地，"其清节为近古所罕有"。

海瑞在海南闲居十几年。他在老家过着穷书生的日子，家中只有四五个书橱，见不到当时官僚大地主家都有的玩物。穿的多是旧衣服，吃的是粗茶淡饭，除非有客人，极少饮酒，做荤菜。后由友人赞助，才买了几亩墓地。平日只是读书，并关心后学，从事写作。

万历十三年（1585年），经多人荐举，神宗皇帝起用海瑞为陪都南京都察院右都御史，不久又改任南京吏部右侍郎。这一年，海瑞已73岁。万历十五年十月，海瑞于南京病逝。他病重期间，兵部送的薪柴银多了七钱，他立即叫人退回。当时他身边只有仆从数人，弥留期间，根本不谈身后之私事。海瑞死后，都御史王用汲检视其遗物，发现他只有俸银十几两，葛布一端，旧衣服数件而已，丧事是王用汲御史为他操办的。

人们都叹服海瑞为国为民呕心沥血，刚直不阿，敢于犯颜直谏，为民请命，始终和不法的豪门权贵、贪官污吏作斗争。同时也非常钦佩他为官清廉，甘于过淡泊的生活，赞誉他既不怕死，又不爱钱。海瑞的这种严格自律精神和甘节如饴的风范，不仅造福了黎民，也为自己赢得百姓的真诚爱戴，留下了千秋美名。这种精神是值得人们去继承和传扬的。

中孚卦第六十一 ☲ 兑下巽上

——诚信是做人做事之道

中孚：中孚，豚鱼吉。利涉大川，利贞。

彖曰：中孚，柔在内而刚得中，说而巽，孚乃化邦也。豚鱼吉，信及豚鱼也。利涉大川，乘木舟虚也。中孚以利贞，乃应乎天也。

象曰：泽上有风，中孚。君子以议狱缓死。

本卦上下各有两阳，中间则为两阴，为中心空虚亦即虚心之象。上下两卦分而视之，"九二"、"九五"均为阳爻居中，为中心充实之相。上卦"巽"是风是木，下挂"兑"是泽是悦，木浮泽上，故有利涉大川之言；和风吹着静止的湖面，因而又寓有感动之义。中孚：内心有诚信，有信念。豚鱼：愚笨无知的动物。

本卦说明信念能够感动一切。有信念之人，无论做什么事情，都能如愿以偿，无论遇到什么困难都能克服。即使会受苦遭难，只要心中有坚定的信念，最后终可得到想要的结果。

[爻辞新解]

初九：虞吉，有它不燕。

象曰：初九虞吉，志未变也。

虞：猜测，提防。不燕：不安。

"初九"阳刚得正而且是最下爻，一开始不敢轻易相信，因而有所揣测，更有所提防，等到确信真实无伪时，才算是吉祥。虚心贵在内心踏实而不多欲，如果多欲望难免胡思乱想，多疑惑而不安宁。

"象传"说："初九"的吉祥，在于坚定信念，不多疑虚而改变初衷。

这一爻是说，内心要坚定，欲望要适可，不要为私心杂念所困扰。

九二：鸣鹤在阴，其子和之。我有好爵，吾与尔靡之。

象曰：其子和之，中心愿也。

这是众多"爻辞"中最美的句子。"阴"是日荫，"靡"是分散的意思。"九二"与"九五"，在内外卦得中，阳刚充实，象征心中诚信，虽然远离，但仍能相互呼应。就像鹤在阴暗处鸣叫，看不到远处，小鹤也会应和。

"象传"说：这是心中的愿望，能相互沟通的缘故。"爵"是酒杯，"好爵"指"九二"在下卦得中。自己有好酒，愿意与你同杯共享，也比喻彼此的诚意能够沟通。

这一爻，说明必须能够沟通，引起共鸣，始能发挥作用。

六三：得敌，或鼓或罢，或泣或歌。

象曰：或鼓或罢，位不当也。

"六三"阴爻阳位，有盲目冲进的倾向。但前面有"六四"阻挡，"六三"想要击鼓进攻，又停止后退，忽然悲泣，又欢喜高歌，完全是不知所措的模样。

"象传"说：因为"六三"阴爻阳位不正，地位不当，而"六四"则阴爻阴位得正。所以，"六三"没有战胜的可能，却又满怀敌意，以致不知如何是好。

这一爻，说明必须坚定不移，否则就会不知所措。

六四：月几望，马匹亡，无咎。

象曰：马匹亡，绝类上也。

"望"是满月，"匹"是两头马。"六四"阴爻阴位得正，最接近"五"的君位，是地位最高的大臣。"六四"与"初九"相应，就像一对马。然而，

"六四"却与同类的"初九"断绝，要向上顺从"九五"，亦即"象传"的解释，应断绝无能的伙伴，追随伟大的人物，才会没有灾难。

这一爻，说明做事应选择对象。

九五：有孚挛如，无咎。

象曰：有孚挛如，位正当也。

"挛如"是相互携手。"九五"在上卦得中，阳刚充实，具备心中诚信的"中孚"德性，又在尊位，成为这一卦的主体。在下方，又有同样具备中孚德性的"九二"，成为携手并肩的同志。

"象传"所说：地位正当，所以无咎。

这一爻，说明坚定信念携手并进，才能相得益彰。

上九：翰音登于天，贞凶。

象曰：翰音登于天，何可长也？

翰音：根据礼记上的说法，翰音是鸡。

"上九"阳刚不正且在最上爻，已是"中孚"卦的终极，因此过度自信，不务实际，追求虚名，就像鸡那般的孤高自鸣，虽鸣叫声能上达于天际，却也不能飞升于天空，如此地追求虚名声势，如果再长久不改，必定有凶险。

"象传"说：欺世盗名，虚有的声势哪能长久。

这一爻是说，那些口口声声美化自己的人，大多喜欢欺世盗名，对这种人应该警惕。

[中孚卦点悟] 人生岂可无诚信

本卦讲的是诚信。一个人心中有德有信，无论是做人做事，一生都会顺风顺水。而心无诚信，对人冷漠或虚伪，对事不负责任，甚至以假象欺世盗名的人，最终必然会露出真面目，为人唾弃，难以立足于世。

诚信不仅是对社会和他人的尊重，更是对自己负责的表现。无论从哪个方面讲，做人都不可失去诚信。

[中孚卦例解] 坚定信念终能成功

中孚卦讲的是人的诚信。人无信不立。倘若一个人丧失了这种品质，则无异于自毁立世之根本。春秋时期的漆商虞孚，企图蒙骗他人，结果自己落得一败涂地。

虞孚与计然和范蠡同时代，他不甘于过贫苦的生活，看到朋友们经商致富，他也跃跃欲试。他首先找到计然，向他请教致富的方法，计然对虞孚说："现在漆的销路很好，你为什么不种些漆树，采漆卖漆呢？"虞孚听了十分高兴，就向计然请教种漆树的技术，计然则有问必答，耐心指教。虞孚回去之后，起早贪黑辛勤劳作，经过一段时间的艰苦工作，终于开垦出了一个规模相当可观的漆树园。三年之后，漆树长成，可以割树得漆了，虞孚高兴的不得了，因为如果能割数百斛的漆，就可以赚很多的钱，他便将所割得的漆准备运到吴国去卖。正在此时，他的妻兄来看他，一看有这么多漆就对虞孚说："我常到吴国去经商，知道在吴国怎样销售漆，搞好了，可以获得数倍的利钱呐！"虞孚急于发财，便一再询问怎么办才能获得更多的利，他的妻兄说："漆在吴国是畅销货，我看到不少卖漆的人都煮漆树叶，用煮出来的漆叶膏和漆混在一起卖，这样可以获得加倍的利润，而吴国的人也发现不了。"虞孚听了，来了劲头，连夜取漆叶煮成漆叶膏装成几百瓮和漆一起运往吴国。当时由于吴越两国关系十分紧张，互不通商，漆在吴国确实是十分地紧俏。吴国的漆贩子们听说虞孚来卖漆，都兴奋不已，跑道郊外迎接他，而且还为他安排好了食宿。在住地吴国的漆贩子一看他的漆，果然是上品好漆，便讲好价钱，贴好封条，约定次日交钱取货。

等到漆贩子们一离开，虞孚便开启封条，连夜将漆煮的膏子和入上好的漆中，想以此来谋取高额利润。不想由于手忙脚乱之中，留下一些痕迹。次日漆贩子如约而来，发现漆瓮上的封条有启动过的痕迹，便产生了怀疑，找了个借口，当时并没有成交，说是过几天再来。可虞孚在旅馆里一连等了好几天，也不见吴国的漆贩子再露面。时间一长，掺了漆叶膏子的漆都变了质。结果一两漆都没有卖成，连上好的漆也赔了进去。吴国的漆贩子们听说以后，都批评他说："商人做买卖要诚实，商品质量是不能骗人的，今天你落到这个田地，谁又会可怜你呢？"虞孚没有钱回越国去，只好在吴国乞讨为生，还常常受到大家的讥笑，最后穷困潦倒而死。

人在世间，诚信尤为重要。欺诈之徒，时间长了，人们终究会认清他的本来面目，就会鄙视他、蔑视他、远离他。一个人要讲信用，国家的统治者也要对人民讲信用，没有信用就什么事情也办不成。古来成大事者，大多是重诚信，有法度的大智大仁之才。

小过卦第六十二 ䷽ 艮下震上

——"过"与"敛"都要适度

小过：亨。利贞。可小事，不可大事。飞鸟遗之音，不宜上，宜下，大吉。

彖曰：小过，小者过而亨也。过以利贞，与时行也。柔得中，是以小事吉也。刚失位而不中，是以不可大事也。有飞鸟之象焉。飞鸟遗之音，不宜上，宜下，大吉，上逆而下顺也。

象曰：山上有雷，小过。君子以行过乎恭，丧过乎哀，用过乎俭。

下卦"艮"是山，上卦"震"是雷，山上响雷，威而不猛，故谓"小过"。二阳爻处在四阴爻中间，阴爻须通过二阳爻才能会合。因为上、下卦均有阴爻处中，而二阳爻"九三"不中，"九四"不正，所以有小事可通而大事不可通之论。又，二阳爻处在中间，上、下各有二阴爻，其形如飞鸟，所以又有飞鸟遗音之喻。过：胜过，超越。

超越常规要讲究分寸，才可通达顺利。做小的事情可以超越常规，做大事不能超越常规。"超越"有超越的好处，但是不能事事"超越"，也不能不讲分寸地"超越"。任何事物都有它的客观规律，违背这些规律，事情就不会办好。

[爻辞新解]

初六：飞鸟以凶。

象曰：飞鸟以凶，不可如何也。

"初六"处于小过卦之始，阴柔之质居于阳刚之位，而且不得其中，正是不宜有所行动，而应安止、栖宿的时候。但"初六"明知上有"九二"相阻，却不能自禁，而往应"九四"，势必会折断翅膀，坠落于地，不会有好结果的。

这一爻是说，不安本分，自取其害。

六二：过其祖，遇其妣。不及其君，遇其臣。无咎。

象曰：不及其君，臣不可过也。

祖是祖父，喻指"九四"；妣，与下文的"君"都喻指"六五"；臣，当然是喻指"六二"了。"六二"柔顺居中得正，它可以适当地在前进中超越"九三"与"九四"，从而得以与"六五"之妣相遇合，但是因为"六五"是尊位，"六二"不能擅自超越，于是就像臣仆对待君主那样去顺从"六五"，"六五"遂得以遇合"六二"，故而说"过其祖，遇其妣，不及其君，遇其臣"。

这一爻强调，超越要适当。

九三：弗过防之，从或戕之，凶。

象曰：从或戕之，凶如何也？

"戕"是杀害，他国的人杀害君，称做戕。

"九三"阳刚得正，是刚直的君子，所以勇往直前。但与"九三"相应的"上六"，却是阴柔的小人，如果"九三"谨慎不过分，就可以防止；如果屈从，就有被杀害的危险。

"象传"说：这是如何的凶险。

这一爻，强调过与敛的分际，应当明辨。

九四：无咎。弗过遇之，往厉必戒。勿用永贞。

象曰：弗过遇之，位不当也。往厉必戒，终不可长也。

"九四"刚爻柔位，刚而兼柔，不会逞强，所以无咎。"九四"与"初六"相应，"初六"是阴柔小人，一心想侥幸高升。但"九四"刚柔并济，不会过分，虽然相遇，仍然可以相安无事。

"象传"说："九四"处在与"初六"相应的不当地位，不能不相遇。但"九四"刚爻阴位，不会用强，如果是阴爻，也许就会处置过当。但采取积极的态度，会有危险，必须警惕。因为"初六"是小人，最后不可能长久，不必操之过急。

这一爻，说明刚与柔、过与敛，必须因应变通，不可固执。

六五：密云不雨，自我西郊。公弋取彼在穴。

> 象曰：密云不雨，已上也。

"弋"是带绳的箭，射出后可以拉回。"六五"在君位，但阴爻力弱，心有余而力不足，无力从事积极的事业，所以说密云不雨。云属于阴，西是阴的方位，"六五"阴爻阴位，因而用"密云"、"西郊"比喻。这一爻，虽然没有占断吉凶，但"六五"与"六二"两个阴爻在一起，明显的不足以成大事。

"象传"说：已经过高了。阳下降，阴上升，阴阳交合，才会落雨；但"六五"阴过高，不能与阳相遇，所以不雨。

这一爻，告诫过度强求不足以成大事。

上六：弗遇过之，飞鸟离之，凶，是谓灾眚。

> 象曰：弗遇过之，已亢也。

灾眚：天灾人祸。亢：高

"上六"是终极爻，而且又是阴柔的小人，阴气太过，而又不知节制，此卦不宜往上，却又一味地像飞鸟般地往上飞腾，越高就越无所终，更无处栖身，所以是很危险的行径。这种行为，要是有天灾人祸的降临，其实也是自作自受，怨不得他人的。

"象传"说："上六"的阴气升得太高了，才会惹出许多祸害。

这一爻告诫人们，极端超越，必然招致灾祸。

[小过卦点悟] 做事应把握分寸

"小过"卦的中心思想在于阐释"过"与"敛"的道理。行动有时难免过度，过度与收敛的分际必须明辨，这种道理在生活中显得极为重要，无论是处理人际关系，还是去办理事情，都应有一个"度"。"过"与"敛"超越分寸，是不会有结果的，不但会使事情无法成功，有时甚至会因"过分"而惹出是非。因此，卦的意义是极有现实启示作用的。

[小过卦例解] 一心立功功难成

社会有冷酷的一面，那种不懂收敛，单凭一腔热情而随意"小过"的人常常是失败者。凡事若多些理性，多点心眼，不仅能成就事业，更可少惹些麻烦。这是社会固有的本质，不认清此理，当是一最大的隐患。下面的故事，对人就很有教益。

自从小石成为董事长的特别助理，各单位的主管都紧张了起来，因为稍稍反应慢一点，小石自己便冲了下来。

也许因为小石毕竟是留美的企管博士，虽然年纪不过三十出头，办事效率可了不得，进公司没多久，把每个单位全搞清楚了。当然搞清楚也就有了麻烦，很快，张经理、王副理，分别卷了铺盖。前一天小石才在他们的单位转了一圈，翻了翻本子，第二天居然就发出了免职通知。

从小石进来，原来已够精明的董事长，更是如虎添翼，事事能洞烛先机了。

小石跟董事长非亲非故，只不过是一次面谈，就得到那么大的权力！董事长的道理很简单：

"时代不同了！需要用现代方法与观念来管理，才能经得起考验，聘个外来的年轻人，没有旧的瓜葛，做事放得开手，也显得客观。"

几乎每次主管会议，董事长都要当着大家夸小石，说要由小石帮他，为公司做一次全面的整顿，改善公司的体制，冲得更高更远。

小石的评估计划终于出炉了，所有的主管都屏息以待，看看要怎样"变天"……

"在了解每个部门的作业之后，我觉得公司需要全面电脑化、透明化，把所有的资料全部输入电脑，要查哪批货、哪笔账乃至估价的细节，一按键就清清楚楚地出来，既增加了效率，减少了人情干扰，又可以防弊！"

小石把一份厚厚的计划书，交给了董事长："上面写得很详细，连电脑的容量、机型，都做了评估，花不了多少钱，您只要交给采购部门，找人估价就成了，到时候我会协助安装，并教大家使用……"

"好！好！好！我来看看！"董事长频频点头，又转过身，"华小姐，你也研究研究！"

一个月就能办妥的事，居然拖了近半年。难道董事长和华小姐要研究这么久吗？不过每次开会，他必定竖起大拇指，大声说：

"石博士这个计划真是太伟大了，我愈看愈佩服，一定要做！一定要做！"

大家都猜到小石很快会升到一级主管，果然董事长在会议上宣布了这个消息：

"石博士留美多年，我们公司应该积极借重他的才干，以开拓海外市场，所以我决定设立美国办事处，请石博士担任驻美代表，同时为了使他无后顾之忧，公司要为他在美国买一栋房子，全家的机票、搬家和子女的教育费，全由公司负担。"

多么优厚的待遇啊！人人都露出羡慕的眼光。

只是公司的全面电脑化，由谁来负责呢？

"我正在研究！"每次有人问，董事长都这么说："一定要做！一定要做！"

许多人读了这个故事，都会说小石把事做过了头，董事长为了让公司不致因他而"脱节"所以把他外放。

虽然小石确实是个人才，但他做事的方法毕竟太"生猛"了，不但完全冲淡了人情，连原来的秩序也企图一下子全打破，让人无所适从。结果就难免四面楚歌，连董事长也不能再让他放任下去了。这就是因为违反了"小过"卦所揭示的规律，而产生的不良后果。

既济卦第六十三 ䷾ 离下坎上

——居安当思危

既济：亨。小利贞。初吉终乱。

彖曰：既济亨，小者亨也。利贞。刚柔正而位当也。初吉，柔得中也；终止则乱，其道穷也。

象曰：水在火上，既济。君子以思患而豫防之。

本卦中的阳爻都在奇数位，阴爻都在偶数位，是六十四卦中惟一六爻皆正的卦象，因而象征成功，故名为"既济"。然而，阳、阴爻各安其位，又背离变化法则，走向了保守与衰败。又：上卦"坎"是水，下卦"离"是火，水在火上，象征烹饪，成功之后的享受；但是，水克火，水倘若倾倒，火就会熄灭，就会享受不成。既：已经。济：渡，成。

水在火上可以煮成食物，象征事已成，这是水火相济发挥功用的一面；但是水火还有相灭的一面，水决则火灭，火炎则水涸。君子观此卦，意识到

既济中隐伏着矛盾，要采取措施预防既济转向未济，所以要在无患之时"思患"，预为防备，以保其"初吉"之亨而去其"终乱"之忧。

[爻辞新解]

初九：曳其轮，濡其尾，无咎。

象曰：曳其轮，义无咎也。

"曳"，即牵拉。"濡"，浸湿。

"初九"阳爻，是这一卦的开始，意味着成功的开始。"初九"虽然驾着大车，已经过河，到了彼岸，但车轮迂陷在水泥里，仍然需要加一把劲儿。象征着"初九"须经历了艰难和危险，才能到达彼岸。

"象传"说："义无咎也"，是说"初九"的成功，也是理所应当的。

这一爻是说，成功来之不易，应当保持谨慎，事先防止一切可能的不良后果。

六二：妇丧其茀，勿逐，七日得。

象曰：七日得，以中道也。

茀，头巾。

"六二"阴爻柔位，处于下卦的中位，在此以妇人做比喻，本想出门前行，但头巾丢失，不利于成行。由于"六二"，正是处于成功的开始，最好是坐享其成就可以了，不宜于有别的作为，因为此时，正是阴阳相和的局面，象征着天下平安无事，至于丢失的头巾，不必去积极寻找，七日之后就会有人送来。

"象传"说：以中道也，就是说"仁"得中，因此得以中正之道行事。

这一爻是说，成功之后，应当安守其位，保持相对稳定。告诫行动会破坏稳定。

九三：高宗伐鬼方，三年克之，小人勿用。

象曰：三年克之，惫也。

高宗：即是武丁，殷商的中兴令主。鬼方：殷商时北方异族。

"九三"阳刚得正，但不在中位，虽然在"既济"卦中，但成功也不是件容易的事。如同殷高宗讨伐北方的鬼方，却经过了三年之久，才将鬼方征服。胜利之后，就该休养生息，不该再有起兵作战计划，因此不可任用小人，以免兴风作浪，扰乱民生。

"象传"说：一场战争，苦战了三年才结束，已把军民都弄得精疲力尽了。

这一爻强调，绝不可让小人得势，否则要付出很大的代价才能平息这种祸患。

六四：繻有衣袽终日戒。

象曰：终日戒，有所疑也。

繻：寒衣。袽，坏絮。

"六四"柔顺居正位，能够谨慎小心，凡事有所防患。如此一来，灾难发生的机会就很少了。即使发生了，也因为有所准备而不致手忙脚乱，乱了方寸。

"象传"说：每日戒慎小心，是因为有所疑惧，忧心着灾祸将要来临，所以终日防备，以保安全。

这一爻是说，人应该有居安思危之心，如此才能守正防范。

九五：东邻杀牛，不如西邻之禴祭，实受其福。

象曰：东邻杀牛，不如西邻之时也。实受其福，吉大来也。

禴：在商朝时是春祭，在周朝时是夏祭。

"九五"刚健中正，居于君位，在这相济成功的卦中，正值太平之日，这时已趋于极盛时代，正走向没落的道路，这时也易于步上骄逸奢侈的恶习上，所以当时时检讨自己，提醒自己不可太骄纵，不可太浪费。所以在祭祀之时，与其杀牛、供牺牲，弄得太过铺张，还不如像西邻的祭祀那样简约。凡祭祀不在祭品丰盛不丰盛，而在于祭祀的时辰和内心的恭敬与否，所以西邻的称时及虔敬才能得到实质上的福祉。

"象传"说：在这承平之时，惟恐极盛而趋于衰败，是应该祭祀以求永保昌隆之时，而西邻虔诚简约的祭祀，倒要胜过东邻铺张的举动，所以守成不易，惟有继续努力，不贪求安逸享乐，才会大吉大利，要不然衰败的危机就即将临头了。

这一爻强调，骄奢自满足以害事，简节诚信方能保终生。

上六：濡其首，厉。

象曰：濡其首，何可久也？

"上六"在最上位，相当狐狸的头。这一卦"坎"是水，"上六"在水的最上方，是头浸到水的形象。"上六"阴弱，冒险渡河，就像狐狸渡河，头浸到水，当然凶多吉少。

"象传"说：这样怎么能长久呢？

这一爻，说明不可被成功冲昏了头，盲目冲进，招致危险。

[既济卦点悟] 创业不易，守业更难

本卦阐释了在事业成功之后应该怎样防微杜渐、保持久盛不衰的原则。成功，给人带来欢乐，然而物极则反的自然法则又令人不安。创业不易，守成更难。因此，成功之后更须多思慎行，切忌持胜躁动，得而复失。

应懂水能载舟亦能覆舟的道理，时时戒惧，发现漏洞、弊病及时弥补，不能姑息养奸任其发展；时时警惕因为安乐而滋生的骄奢之心，切莫以为天下已经在握而掉以轻心，要始终保持乾乾夕惕的心态，诚敬待人，不可一味沉溺在成功的欢乐中，而不知灭顶之灾的将至。

[既济卦例解] 吴王亡国的历史教训

盛极必衰，为必然现象。惟有坚守正道，继续不断向前，始能减缓、减少由盈而亏所造成的损害，应当思患而防止于未然，不可被表面的盛大迷惑，必须时刻提高警觉，戒慎恐惧，防微杜渐。否则就会造成不可挽救的严重后果。吴王夫差先灭掉越国，后又为越国所灭的故事就充分说明了既济卦所蕴涵的这些道理。

周敬王二十六年（公元前494年），吴王夫差任命伍子胥为大将，伯嚭为副将，带领军队进攻越国。越国大败，越王勾践采纳大夫文种的建议，选了8名美女，20双白璧，千镒黄金，由文种连夜去找吴太宰伯嚭，欲跟吴王讲和。

伯嚭是个贪财好色的小人，善于奉承拍马，他见了美女、宝玉、黄金，欢喜异常，他一口答应，求和之事包在他身上。结果，夫差不仅未杀勾践，三年后又放他回归故国，使其得以积蓄力量，伺机复仇。

而夫差对勾践的野心毫无察觉。吴王夫差伐齐得胜，勾践也亲自赶来祝贺。夫差十分高兴，设宴招待勾践，当面宣布再给勾践一部分封地作为赏赐。伍子胥见这情景，又出来反对一通。夫差恼羞成怒，说："你这老贼专权擅威，念你是先王有功之臣，不忍杀你，你可自谋出路去吧！"

伍子胥匆匆走了。这时伯嚭又进谗言说:"听说伍子胥将儿子托给齐国大臣鲍氏,有叛吴之心,大王可以查问。"吴王怒气未息,听伯嚭这么说,马上派人赐给伍子胥一把宝剑,让他自杀。伍子胥接过宝剑,长叹一声,对家人说:"我死后你们将我的眼珠放在东门上,我要看着越军开进来!"

果如伍子胥所料,公元前478年,越王勾践再次发兵攻打吴国。吴国连打了几个败仗。伯嚭抵挡不住,投降了越国。吴王夫差被逼得走投无路,这时候才后悔当初不听伍子胥的忠告,羞愧难言,自杀了。他临死之前吩咐说:"我死后,你们一定要用布把我的脸遮住,我实在没脸面去见伍子胥啊!"

夫差的亡国,可以说完全是咎由自取。他在暂时的"既济"之后,不但志得意满,不注重自身的休养与继续努力,连对死对头也掉以轻心,骄奢大意,结果,由"既济"陷入了深渊,以致追悔莫及。这种教训,不能不让人叹惋与警醒。

未济卦第六十四 坎下离上

——前进的路上不可冒进

未济:亨。小狐汔济,濡其尾,无攸利。

彖曰:未济亨,柔得中也。小狐汔济,未出中也。濡其尾,无攸利,不续终也。虽不当位,刚柔应也。

象曰:火在水上,未济。君子以慎辨物居方。

本卦六爻都不正:阴爻居阳位,阳爻居阴位。然而,正由于阴阳爻都不在其位,蕴涵着回归正位的要求,使得未来充满着变化的可能和希望。由于各爻都能阴阳相应,又使得本卦充满着活力。其中,上卦"离"是火,下卦"坎"是水,火往上蹿,水往下流,上、下卦背道而驰,象征事业未成;但是,火与水各循自己的本性而动,象征本卦所蕴涵的变化符合自然发展规律。未济:没有完成,无穷尽。汔:几乎近。濡:潮湿,浸。未济是亨通的,是未穷之意,未穷则有"生生不息"之理。

作《周易》者将"未济"安排在六十四卦的最后一卦，包含有揭示《周易》道真谛的深意。正如《周易集解》引崔憬语所指出的："夫《周易》之为道，穷则变，变则通，而以'未济'终者，亦物不可穷也。""未济"即未穷也，未穷则有"生生之义"。这样，《周易》虽只有六十四卦，但最后一卦的"生生之义"使它不仅没有在终点停下来，反而以终点为起点又展开新一轮的矛盾运动过程。

[爻辞新解]

初六：濡其尾，吝。

象曰：濡其尾，亦不知极也。

"初六"处于未济卦的开始，阴爻阳位，不中，意味着渡河的条件还不成熟，加上"初六"是柔弱的幼狐，仅想凭着一时的勇气渡过河去，结果是尾巴浸在水里，还没到岸，气力就跟不上了，没有成功，难免会有一些羞吝。

"象传"说："亦不知极也"，是说"初六"，不知道自己力量的极限所在，不自量力。

这一爻是说前进应当认清客观条件，不可单凭勇气冒进。

九二：曳其轮，贞吉。

象曰：九二贞吉，中以行正也。

"九二"阳爻阴位，虽不正，但处于下卦的中位，认清目前渡河的条件仍未成熟，因此，不轻易前进，与其没有把握渡险成功，不如暂时先安守本位，就像拉住了车轮一样。由于坚守中正，得到吉祥。

"象传"说："中以行正也"，意思是说，"九二"虽不正，但中比正更重要，守住了中，就能行正道。

这一爻是说，不做无谓的冒险，坚守中正，不轻举妄动。

六三：未济，征凶。利涉大川。

象曰：未济，征凶，位不当也。

"六三"在"坎"卦的最上位，本来是将脱离险境而进入成功的，但却阴柔无力，以致想要急于向前进，是非常不利，还有凶险的。但也因"六三"的柔弱胆小，便怀有戒慎恐惧之心，并且仔仔细细地深思熟虑，再像渡大川一样地去冒险犯难，最后还是能渡过危险，而安然无事，所以说有利。

"象传"说："六三"快跳出"坎"卦，可脱离危险了，但是却以阴爻居阳位，不中不正，位置不当，才说冒然前往会有危险。

这一爻强调，前进必须要经过严密的策划，仔细的考虑、判断，才可决定是否去冒险。

九四：贞吉，悔亡，震用伐鬼方，三年，有赏于大国。

象曰：贞吉悔亡，志行也。

"九四"以阳爻居阴位，位置不正，但由于能刚柔并济，固守正道，所以能够吉祥，而使悔恨消除。"九四"近君位，可说是大臣，又是刚强威武，足以担负起征兵讨伐的重任。所以如果用其讨征鬼方，必定能威武震撼异族，经过三年的作战，定能达成使命，而得到重重的赏赐。

"象传"说："九四"有志于平治乱世，如今能发展他的抱负，达成心愿，也就不会有悔恨的事情，而能够真正吉利。

这一爻是说，能够固守正道，并善于用人者，会得到成功与吉祥。

六五：贞吉，无悔。君子之光有孚，吉。

象曰：君子之光，其晖吉也。

"晖"：即辉。

"六五"阴爻阳位，处于上卦的中位，象征着柔而能刚，刚柔相济。不仅"六五"始终能坚守中正之道，以诚信待人，一直等待时机的"九二"也前来相助，齐心协力，共同渡险，终于渡河成功。重见光明，当然获得吉祥。

"象传"说："其晖吉也"，是说经历了未济这场艰难险阻的磨炼之后，"君子"光辉的德性，此时更加大放光彩。

这一爻是说，越是在即将成功的时刻，越要坚守中正，诚信，凭此才可以同心同德，齐心协力，渡过险关。

上九：有孚于饮酒，无咎。濡其首，有孚失是。

象曰：饮酒濡首，亦不知节也。

"上九"阳爻阴位，是未济卦的最上位，也就是未济卦的终点，未济的终点就是既济。经过艰难险阻之后，又取得了成功。因此，以"有孚于饮酒"，比喻满怀着喜悦心情，庆祝太平。但是，与此同时，潜伏着新的危机，又要面临新的灾难，这种危机和灾难，不是来自别处，正是酝酿于饮酒作乐之中，

那就又要重新陷入"濡其首"的危险境地。"饮酒"本身意味着既济,成功,"濡其首"又意味着未济,失败。两者似乎截然对立,其间的关系又在哪里呢,是怎样发生转化的呢?"象传"回答说:"亦不知节也",就是因为不能节制,不能适中,不能守中,所以,毫无戒慎恐惧之心,一味沉溺于酒食的享乐之中,以致最终被"酒""濡其首",又走向自身的对立面了。

这一爻,是概括了既济与未济的关系,强调了节制。

[未济卦点悟] "未济"路上不可冒进

本卦以小狐涉渡等譬喻,叙述了在对理想彼岸亦即事业成功的渴望和追求时的一般道理。当自身力量还不足以成就事业时,须养精蓄锐,不可急于求成。在前进途中,须处处谨慎,执于正道。对于前进途中可能遇到的艰难险阻,要有充分的思想准备,不可盲目妄动,以免身陷险境不能自拔。

[未济卦例解] 盲目冒进遭败绩

企业在走向成功的过程中,必须经过扩张才可以从"未济"达到"既济",然而,如果行动过当,过于"贪吃"的话,势必会造成"消化不良"。双龙药业因盲目投资而遭败绩的例子,就从一个侧面说明了这一点。

双龙药业公司上市的第二年即1998年,便兼并南方某制药总厂,兼并北京某制药工业研究所和北京制药机械设备厂,并将有关兼并款项先期支付给对方。

此后,公司对外投资便一发不可收拾。截至2003年年底,长期投资合计112180.26万元,公司已在全国10个省市组建了20家控股公司、6家参股公司,由一个地域型企业迅速发展为全国性现代医药企业集团。

经过高速扩张之后,尽管双龙药业主营业务收入从上市前1996年的2.08亿元猛增到了2003年的42.49亿元,增长了20.43倍,但2003年净利润仅6463.06万元,只比1996年税后利润5066.26万元增加了27.57%。8年来,公司效益的增长幅度仅为主营业务收入增长幅度的1.35%。

A药厂是双龙药业最早收购的企业和在华东的战略要点,资料显示,双龙药业历年投入的资金超过1.2亿元,2003年11月,"A药厂把过期药手工剥出更换出厂日期重新出售"被媒体曝光。对此,双龙药业曾两次发布公告,称"A药厂"市场份额较小,不会影响公司总体业绩。事实上,"A药厂"产品在2002年的销售仅有300多万元，即便是"A药厂"全年停产，也不会对年销售高达40多亿元的双龙业绩造成影响。但双龙药业年报却显示，2003年的亏损高达3521.59万元。

就是这样一家公司，双龙药业近几年却屡屡向其追加投资，2003年公司还为昆山双龙贷款8000万元进行担保。并且，就在2003年8月9日，双龙药业还将原昆山双龙总经理严永明聘为上市公司副总经理。

另外，公司配股募集资金组建全国性大输液集团项目在2002年就有10个，实际使用资金共14119.62万元。就这样，经过几年的收购兼并，双龙药业已经成为我国大输液产业的龙头老大。

但是，大输液产品的残酷市场竞争却让双龙药业始料未及。在4000多家企业共同竞争的大输液市场，由于成本问题，很多大企业都竞争不过小企业。龙头老大没能获得垄断价格，也没享受到规模扩大带来成本降低的好处，因为同业企业的产能通过GMP改造都大有提高。

双龙药业大输液产品销售在"非典"期间一度降低到历史最低水平。"非典"过后，由于市场供大于求，市场竞争白热化，大输液产品持续降价，输液公司盈利空间缩小。双龙药业高管人员说，双龙药业确实没有预料到大输液市场的竞争如此激烈。

残酷的市场竞争导致双龙药业的大输液子公司经营大多出现严重困难。

公开资料显示，近3年来，双龙药业对外投资规模居高不减。2001年，双龙药业对外投资2.56亿元；2002年，对外投资4.24亿元；2003年，达到4.36亿元。

公司终于到了资不抵债、不得不等待被人收购的地步。

其实，在中国资本市场，像双龙药业一样未领悟未济卦告诫而患有投资饥渴症的上市公司不在少数，也各自遇到了不同的麻烦。

看来，不懂"既济"的道理，不知深浅地盲目冒进，是非常危险的，无论是做企业，还是在其他方面，都应当引以为戒。